PAULO FREIRE

Paulo Freire, Recife'de (Brezilya) orta sınıftan bir ailenin çocuğu olarak 1921'de doğmuş, 1997'de yine Brezilya'da ölmüştür. 1929'da ABD'de baş gösteren ekonomik bunalımın Brezilya'yı etkilemesiyle ailesi yoksullaşır. Yoksulların hayatı hakkında ilk deneyleri bu dönemde olur. Eğitim felsefesi konusunda "çarpıcı" çalışmalarıyla tanınır.

Eğitim ve öğrenme sorunlarıyla gençlik yıllarında ilgilenmeye başlar. 1959'da Recife Üniversitesi'nde doktorasını verir. Daha sonra aynı üniversitede Eğitim Tarihi ve Felsefesi profesörü olarak görev yapar.

1947'de halkı özgürleştirmeyi amaçlayan bir okuma yazma yöntemi önerir. Bu yöntem, okuma yazma öğrenenlerin günlük yaşamından doğrudan esinlenmiş bir gereci ve bunu konu alan metinleri kullanarak onları gerçek anlamda siyasal olarak bilinçlendirmeye dayanmaktadır. Yöntem, piskoposluğun da desteğiyle, Goulart hükümeti tarafından 1963-64'te resmileştirilir. İlk uygulamada, 300 işçiye, 45 günde okuma yazma öğretilir. 1964 darbesinden sonra iki kez tutuklanır, önerdiği yöntem iktidara karşı tehlikeli bulunur ve ülkesini terk etmek zorunda kalır. Ancak öğretisi pek çok Latin Amerika özgürleşme hareketine kaynak olur. 16 yıllık sürgün hayatının ilk beş yılını Şili'de UNESCO ve Şili Tarım Reformu Enstitüsü'nde çalışarak geçirir. Yetişkin eğitimi programlarında görev alır. Sonra, Harvard Üniversitesi Eğitim Okulu'nda misafir hoca olarak dersler verir. Daha sonra, Cenevre'deki Dünya Kiliseler Birliği'nin Eğitim Bürosu'nda özel danışman olur.

En ünlü eseri olan *Ezilenlerin Pedagojisi*'ni, Harward yıllarında yazmıştır. Amerika'nın Vietnam'a müdahalesi, 1965'te alevlenip sokaklara dökülen ırk kökenli toplumsal çalkantılar, özellikle öğrenci olayları bu kitaba kaynak olmuştur. Ezilenlerin ve dışlananların sadece üçüncü dünyada var olmadığını anlayarak, üçüncü dünya kavramını coğrafi sınırlarından çıkarıp siyasi alana taşıması da bu kitabıyla gerçekleşir. 1986 senesinde UNESCO'nun "Barış ve Eğitim" ödülüne layık görüldü.

BAŞLICA YAPITLARI: Education for Critical Consciousness (1967); *Cultural Action for Freedom* (1967); *Pedagogy in Process: Letters to Guinea-Bissau* (1978); *The Politics of Education: Culture, Power and Liberation* (1985); *Literacy: Reading the Word and the World* (Donald Makedo'yla birlikte, 1987) [*Okuryazarlık: Sözcükleri ve Dünyayı Okumak,* Çev. Serap Ayhan, İmge Kitabevi, 1998]; *Pedagogy of the City* (1993); *Mentoring the mentor: A Critical Dialogue with Paulo Freire* (1997); *Pedagogy of the Heart* (A.M.A. Freire'yle birlikte, 1997) [*Yüreğin Pedagojisi,* Çev. Özgür Orhangazi, Ütopya Yayınevi, 2000] ve *Politics and Education* (1998).

Bugün Sao Paola'da, Freire'nin yöntemleriyle eğitim veren, Instituto Paolo Freire adlı bir kurum bulunuyor. Ayrıca, Brezilya'nın ve dünyanın pek çok başka üniversitesinde adına enstitüler ve merkezler kurulmuş durumda. www. paulofreire.org sitesinden daha ayrıntılı bilgi edinilebilir.

Ayrıntı: 33
İnceleme Dizisi: 18

Ezilenlerin Pedagojisi
Paulo Freire

Kitabın Özgün Adı
Pedagogia do Oprimido

İngilizce'den Çeviren
Dilek Hattatoğlu

Almanca'dan Yayıma Hazırlayan
Erol Özbek

Son Okuma
Mehmet Celep & Ahmet Batmaz

Çeviride Kullanılan Metinler
Pedagogy of the Oppressed/Paulo Freire
The Continuum Publishing Corporation New York-1982
Portekizce'den Çeviren: Myra Bergman Ramos

Pedagogik der Unterdrückten
Bildung als Praxis der Freiheit/Paulo Freire
Rowohlt, Hamburg-1990
Portekizce'den Çeviren: Werner Simpfendörfer

© 2003 by the Children of Paulo Freire

Kapak İllüstrasyonu
Sevinç Altan

Kapak Tasarımı
Arslan Kahraman

Dizgi
Esin Tapan Yetiş

Baskı ve Cilt
Kayhan Matbaacılık San. ve Tic. Ltd. Şti.
Merkez Efendi Mah. Fazılpaşa Cad. No: 8/2 Topkapı/İstanbul
Tel.: (0212) 612 31 85 - 576 00 66
Sertifika No: 12156

Birinci Basım *1991*
On Dördüncü Basım: *Nisan 2017*
Baskı Adedi *2000*

ISBN 978-975-539-090-1
Sertifika No.: 10704

AYRINTI YAYINLARI
Basım Dağıtım San. ve Tic. A.Ş.
Hobyar Mah. Cemal Nadir Sok. No: 3 Eminönü - İstanbul
Tel.: (0212) 512 15 00 - 01 - 05 Fax: (0212) 512 15 11
www.ayrintiyayinlari.com.tr & info@ayrintiyayinlari.com.tr

 twitter.com/ayrintiyayinevi   facebook.com/ayrintiyayinevi   instagram.com/ayrintiyayinlari

Paulo Freire
Ezilenlerin Pedagojisi

Ezilenlere
ve onlarla acı çeken,
onların safında mücadele edenlere.

Çeviri üstüne

Elinizdeki kitabı Dilek İngilizce'den Türkçe'ye çevirdi. Ancak, metnin Portekizce'den İngilizce'ye çevrilmiş bir metin olması işini zorlaştırdı.

İngilizce metindeki bazı pasajları muğlak, birden fazla anlama çekilebilir buldu. Terimler de yeterince tanımlanmış görünmüyordu. Bu nedenle, metnin bir de Almanca çevirisinden karşılaştırılması gereğini duydu. Almanca çevirisinde "Yazarı tarafından onaylanmış çeviri" ibaresi güven vericiydi. Bu nedenle ben işe koyulduğumda Almanca'sına biraz daha fazla itibar ettim. Özellikle Freire'in kendine özgü terimleri Almanca metinde daha kesin bir şekilde tanımlanmış ve sınırları çizilmiş görünüyordu. Yine de İngilizce metin ile Almanca metin birbiriyle çeliştiğinde, Türkçe çeviriyi Almanca metne uygun hale getirme yanlısı davranmadım. Almanca metin tereddütlerimizi ve İngilizce metindeki belirsizlikleri gidermemize yardımcı oldu. Bu çaba sonucunda, terimleri büyük ölçüde yazarın özgün kullanımına uygun şekilde yeniden ürettiğimize (Dilek ile çekişerek yaptık bunu) inanıyorum.

Freire'in terimlerinin hayli kendine özgü tanımları var. Bu nedenle kitabın sonunda yer alan terimler sözlüğünü hazırlama gereğini duyduk. Terimlere yabancı olan okur, bu sayede kolaylıkla terimleri kafasında yerli yerine oturtabilecektir. Ayrıca konuyla daha yakından ilgili olan okurlar, söz konusu terimin niçin bir başkasına tercih edildiğinin açıklaması ile İngilizce ve Almanca karşılıklarını da bulabilecektir.

Erol Özbek

İçindekiler

Ezilenlerin pedagojisinin gerekçesi. Ezenlerle ezilenler arasındaki çelişki ve bu çelişkinin nasıl aşılacağı. Ezme ve ezenler; ezilme ve ezilenler. Özgürleşme: Ne bir armağandır ne kendi kazanacağınız bir şeydir, karşılıklı bir süreçtir.

Baskının aracı olarak "bankacı" eğitim modeli, bu modelin varsayımları ve eleştirisi. Özgürleşmenin aracı olarak problem tanımlayıcı eğitim modeli, bu modelin varsayımları. "Bankacı" model ve öğretmen-öğrenci çelişkisi. Problem tanımlayıcı model ve öğretmen-öğrenci çelişkisinin aşılması. Eğitim, karşılıklı bir süreçtir ve dünya aracılığıyla gerçekleşir. Yetkinleşmemiş bir varlık olduğunun bilincindeki yetkinleşmemiş bir varlık olarak insan ve onun daha tam insan olma gayreti.

Diyalogculuk: Özgürlüğün praksisi olarak eğitimin özü. Diyalogculuk ve diyalog. Diyalog ve program içeriği arayışı. İnsan - dünya ilişkisi, "üretken konular" ve özgürlüğün pratiği olarak eğitimin program içeriği. "Üretken konu"ların araştırılması ve metodolojisi. Eleştirel bilincin "üretken konular"ın araştırılması yoluyla uyanışı.
Araştırmanın çeşitli aşamaları.

4. Bölüm:..120
Kültürel eylemin karşıt teorilerinin zeminleri olarak diyalog karşıtlığı
ve diyalogculuk. Ezmenin aracı olarak diyalog karşıtlığı ve özgürleşmenin aracı olarak diyalogculuk. Diyalog karşıtı eylemin kuramı ve özellikleri: Boyun eğdirme (fetih), böl ve yönet, manipülasyon ve kültürel
istila. Diyalogcu eylemin kuramı ve özellikleri: İşbirliği, birlik, örgütlenme ve kültürel sentez.

İngilizce Basıma Önsöz
Richard Shaull

Son birkaç yılda Brezilyalı eğitimci Paulo Freire'in düşünce ve eserleri Brezilya'nın kuzeydoğusundan bütün kıtaya yayıldı ve sadece eğitim alanına değil, ulusal gelişme mücadelesine de dikkate değer etki yaptı. Tam da Latin Amerika'da yoksunlaştırılmış kitlelerin geleneksel uyuşukluklarından silkinip, ülkelerinin gelişmesine özneler olarak katılma çabasına girdikleri anda Paulo Freire, okuma yazma bilmeyenler için bir öğretim yöntemi geliştirerek bu sürece olağanüstü katkıda bulundu. Okuma yazma öğrenirken yeni bir kendilik bilinci edinen ve kendilerini içinde buldukları sosyal duruma eleştirel bakmaya başlayanlar, pek çok durumda onlara bu katılım imkânını vermeyi reddeden toplumu dönüştürmek üzere harekete geçmeye başlıyor. Eğitim yeniden altüst edici bir güç oldu. ABD'de bizler, Paulo Freire'in eserlerini gitgide daha fazla tanımaya başladık. Ancak şimdiye kadar onu asıl olarak, Üçüncü Dünya'daki okuma yazma bilmeyen yetişkinlerin eğitilmesine katkıları bakımından düşündük. Daha yakından bakarsak, Freire'in metodolojisi ve eğitim felsefesinin de Latin Amerika'nın mülksüzleştirilmişleri kadar, bizim için de önemli olduğunu görebiliriz. Onların özgür özneler haline gelme ve toplumlarının dönüşümüne katılma mücadeleleri pek çok bakımdan, sadece siyahların ve Meksika kökenli Amerikalıların mücadelesine değil, bu ülkedeki orta sınıf gençlerin mücadelesine de benzemektedir. Ve gelişen ülkelerin dünyasındaki bu mücadelenin sertliği ve yoğunluğu, bize kendi durumumuzla yüzleşirken yeni bir bakış, yeni modeller ve yeni bir umut sağlayabilir. Bu nedenle, *Ezilenlerin Pedagojisi*'nin İngilizce'de yayımlanmasını bir olay olarak değerlendiriyorum.

Paulo Freire'in düşüncesi, çevresindeki ezilenlerin olağanüstü yoksulluğuna ve acısına yaratıcı bir zekânın ve duyarlı bir vicdanın verdiği karşılıktır. Freire 1921'de Recife'te, Üçüncü Dünya'nın en berbat yoksulluk ve geri kalmışlık ortamlarından birinin merkezinde doğdu. Kısa süre içinde bu gerçekliği dolaysız olarak yaşamak zorunda kaldı. 1929'da Birleşik Devletler'deki ekonomik bunalım Brezilya'yı etkilerken Freire'in orta sınıf ailesinin kararsız dengesi bozuldu ve Freire kendini "yeryüzünün lanetlileri"nin kaderini paylaşır buldu. Bu, hayatı üzerinde önemli etki yaptı. Freire açlığın kıvrandıran acılarıyla tanışmaya ve açlığın yarattığı kayıtsızlık yüzünden okulda geri kalmaya başladı. Bu ayrıca, on bir yaşındayken, başka çocukların kendi yaşadığı yoksulluğu yaşamaması için hayatını açlığa karşı mücadeleye adamaya karar vermesine de yol açtı.

Daha erken yaşlarda yoksulların hayatını paylaşması, Freire'in, mülksüzleştirilmişlerin "sessizlik kültürü" diye tanımladığı şeyi keşfetmesine yol açtı. Mülksüzleştirilmişlerin cehaletinin ve uyuşukluğunun, kurbanı oldukları ekonomik, sosyal ve siyasi egemenliğin –ve vesayetçiliğin– oluşturduğu ortamın doğrudan ürünü olduğunu anlamaya başladı. Dünyalarının somut gerçekliklerini bilmeye ve bunlara yanıt vermeye teşvik edilmedikleri ve bunun için gereken donanıma sahip olmadıkları gibi, böylesi bir eleştirel farkındalığın ve tepkinin pratik olarak imkânsız kılındığı bir duruma "gömülmüş" halde tutuluyorlardı. Freire, eğitim sisteminin, bir bütün olarak bu sessizlik kültürünün sürdürülmesinin başlıca araçlarından biri olduğunu açıkça gördü.

Eğitim sorunuyla hayli hayati bir tarzda yüzleşen Freire, dikkatini bu alana yönelterek üzerinde çalışmaya başladı. Yıllar süren araştırma ve düşünme sürecinin ürünleri, eğitim felsefesi alanında hayli yeni ve yaratıcı eserler oldu. Bir yandan yeni bir dünyanın yaratılması için erkekleri ve kadınları özgürleştirme mücadelesi içerisinde dolaysız olarak yer alırken bir yandan da konumları ve felsefi görüşleri çok farklı kişilerin düşünce ve deneyimlerine eğildi: Kendi sözleriyle, "Sartre ve Mounier'ye, Erich Fromm ve Louis Althusser'e, Ortega y Gasset ve Mao'ya, Martin Luther King ve Che Guevara'ya, Unamuno ve Marcuse'e". Bu kişilerin bakış tarzlarından, tamamen kendine ait ve Latin Amerika'nın somut gerçekliklerine cevap vermeye çalışan bir eğitim perspektifi geliştirmekte yararlandı.

Eğitim felsefesi konusundaki düşüncesini ilk kez 1959'da Recife Üniversitesi'ndeki doktora tezinde ifade etti. Sonra aynı üniversitede eğitim tarihi ve felsefesi profesörü olarak çalıştı. Aynı kentte okuma yazma bilmeyenleri eğitme konusundaki ilk deneylerine girişti. Geliştirdiği metodoloji Brezilya'nın kuzeydoğusunda Katolikler ve diğerleri tarafından okuma yazma seferberliklerinde yaygın olarak kullanıldı ve eski düzen tarafından öylesine bir tehdit olarak algılandı ki Freire 1964'teki askeri darbeden sonra derhal hapsedildi. 70 gün sonra serbest bırakıldığında ülkeden sınır dışı edildi ve Şili'ye gitti. Orada 5 yıl kaldı; UNESCO ve Şili Tarım Reformu Enstitüsü'nde yetişkin eğitimi programlarında çalıştı. Sonra Harvard Üniversitesi'nin Eğitim Okulu'nda danışman olarak görev yaptı, kırsal ve kentsel bölgelerde yeni eğitim deneyleriyle ilgili bir dizi grupla yakın işbirliği içinde çalıştı.

Freire, Portekizce ve İspanyolca pek çok makale yazdı. İlk kitabı *Educação Como Prática da Liberdade* (Özgürleşme Pratiği Olarak Eğitim) 1967'de Brezilya'da yayımlandı. Son ve en olgun eseri *Ezilenlerin Pedagojisi*, Freire'in ülkemizde yayımlanan ilk eseridir.

Bu kısa giriş yazısında, yazarın sayfalar boyunca geliştirdiği düşünceleri birkaç paragrafta özetlemek imkânsız. Bu, Freire'in düşüncesinin zenginliğine, derinliğine ve karmaşıklığına bir saldırı olurdu. Ama belki bir tanık olarak konuşabilirim; Paulo Freire'in düşüncesiyle diyaloğa girmeyi niçin heyecan verici bir serüven olarak gördüğümden bahsedebilirim. Halen, pek çok akademik çevrede yapılan entelektüel çalışmaların soyutluğundan ve kısırlığından bıkmış biri olarak ben, tarihi bir bağlamda oluşturulan, yeni bir sosyal düzen yaratma mücadelesinin ortasında gerçekleştirilen ve böylece kuram ve praksisin yeni bir birliğini temsil eden bir akıl yürütme sürecinin heyecanını duydum. Ve Paulo Freire çapındaki bir adamın, entelektüelin insanileştirici yetisinin yeniden keşfedilmesine öncülük etmesinden, düşüncenin kabul gören sınırları reddetme ve yeni bir geleceğin yolunu açma gücünü sergilemesinden cesaret buldum.

Freire bunu şu temel varsayımdan hareket ettiği için yapabilmiştir: (Freire'in deyişiyle) "İnsanın ontolojik yetisi, kendi dünyası üzerinde eylemde bulunan ve bu dünyayı dönüştüren bir özne olmak ve bunu yaparken bireysel ve kolektif olarak daha tam ve daha zengin bir hayata giden yepyeni olanaklara doğru hareket etmektir". Freire'in değindiği bu *dünya*, durağan ve kapalı bir düzen, insanın kabul etmek zorunda olduğu, kendini uydurmak zorunda olduğu *verili* bir gerçeklik olmaktan çok, üzerinde çalışılması ve çözülmesi gereken bir problemdir; insanın tarihi yaratırken kullandığı malzemedir, belirli bir zaman ve yerde insandışılaştırıcı etkenleri alt ederek ve niteliksel bakımdan yeni olanı yaratma cesareti göstererek yerine getirdiği bir görevdir. Freire için şimdiki zamanda bu görevin kaynaklarını bizim Batı dünyamızın ileri teknolojisi sağlamaktadır; fakat bizi bugünkü düzeni reddetmeye ve tarihin sona ermediğini göstermeye iten sosyal bakış, asıl olarak Üçüncü Dünya halklarının acılarından ve mücadelelerinden kaynaklanır.

Freire'in savı (ki artık çok geniş bir deneyim birikimiyle desteklenmektedir) ne kadar "cahil" veya "sessizlik kültürü"ne gömülü olursa olsun, her insanın ötekilerle diyalog içinde yüzleşerek dünyasına eleştirel bakma yeteneğinde olduğudur. Böylesi bir yüzleşme için uygun araçlar sağlandığında insan kendi kişisel ve sosyal gerçekliğini de, bu gerçekliğin çelişkilerini de kademe kademe algılayabilir, bu gerçekliğe ilişkin kendi algılayışının bilincine varabilir ve bu gerçekliği eleştirel biçimde ele alabilir. Bu süreçte eski, vesayetçi öğretmen-öğrenci ilişkisi alt edilir. Bir köylü bu süreci komşusuyla, dışarıdan getirilen bir "öğretmen"le olduğundan daha etkin başarabilir. "İnsanlar dünya aracılığıyla birbirlerini eğitirler".

Bu olurken, söz yeni bir güç kazanır. Artık bir soyutlama veya sihir değildir, insanın kendisini çevreleyen şeyleri adlandırırken, kendisini ve potansiyelini keşfettiği bir araçtır. Freire'in ifadesiyle her insan *kendi sözünü söyleme, dünyayı adlandırma* hakkını yeniden kazanır.

Okuma yazma bilmeyen bir köylü böylesi bir eğitim deneyine katılırken kendi hakkında yeni bir bilince kavuşur, yeni bir haysiyet duygusu kazanır ve yeni bir umutla canlanır. Birkaç saatlik dersten sonra köylüler, bu keşiflerini tekrar tekrar açıklamışlardır: "Bir insan olduğumu, eğitilmiş bir insan olduğumu şimdi anlıyorum". "Körmüşüz, gözlerimiz şimdi açıldı", "Bundan önce kelimeler bana hiçbir şey söylemezdi, şimdi benimle konuşuyorlar ve ben onları konuşturabiliyorum". "Artık kooperatif çiftliğinde atıl bir güç olmayacağım". Okumayı öğrenme sürecinde bu olurken insanlar, kültürün yaratıcıları olduklarını ve tüm işlerinde yaratıcı olabileceklerini keşfederler. "Çalışıyorum ve çalışarak dünyayı dönüştürüyorum". Ve tamamen marjinalleştirilmiş olanlar böylesine radikal bir dönüşüme uğrarken, sadece çevrelerinde olup biten değişikliklere tepki veren nesneler olmayı artık kabullenemezler. Bugüne kadar onları ezenlere hizmet etmiş olan toplum yapılarını değiştirme mücadelesinde kendileri hakkında karar almaları daha muhtemeldir. Bu nedenle geçenlerde, önde gelen bir Brezilyalı ulusal gelişme araştırmacısı, halk arasında bu tip eğitim çalışmasının; sosyal değişim ve gelişmede yeni bir etken, "Üçüncü Dünya'nın yönlendirilmesinde –sayesinde–, geleneksel yapıların üstesinden gelinebileceği ve modern dünyaya girilebilecek yeni bir araç" olduğunu belirtmiştir.

İlk bakışta Paulo Freire'in Latin Amerika'da okuma yazma bilmeyenleri eğitme yöntemi –bu ülkede kendimizi içinde bulduğumuzdan–, farklı bir dünyaya ait görünmektedir. Elbette burada taklit edilmesi gerektiğini iddia etmek saçma olurdu. Fakat iki durum arasında göz ardı edilmemesi gereken belirli paralellikler vardır. Bizim ileri teknolojili toplumumuz çoğumuzu hızla nesneler haline getiriyor ve bizi sistemin mantığına uygun şekilde programlıyor. Bunun gerçekleşme derecesine göre de yeni bir "sessizlik kültürü"ne gömülmüş hale geliyoruz.

Paradoks, bizi bu hale getiren teknolojinin aynı zamanda ne olup bittiği hakkında yeni bir duyarlılık da yaratmasındadır. Özellikle gençler arasında, eski otorite kavramlarının aşınmasıyla birlikte yeni medya, bu yeni köleliğin açıkça bilincine varılmasının yolunu açtı. Gençler kendi sözlerini söyleme haklarının kendilerinden çalınmış olduğunu ve bu hakkı tekrar kazanma mücadelesinden daha önemli pek az şey olduğunu kavrıyorlar. Ve ayrıca bugünkü eğitim sisteminin –anaokulundan üniversiteye– onların düşmanı olduğunu da kavrıyorlar.

Tarafsız eğitim süreci diye bir şey yoktur. Eğitim ya genç kuşağın bugünkü sistemin mantığına entegrasyonunu kolaylaştırmakta, sisteme uymasını sağlamakta kullanılan bir araç olarak işler *ya da* erkeklerin ve kadınların gerçekliği eleştirel ve yaratıcı olarak ele aldıkları, dünyalarının dönüştürülmesine nasıl katılacaklarını keşfettikleri bir araç, "bir özgürlük pratiği" haline gelir. Bu süreci kolaylaştıran bir eğitim metodolojisinin gelişmesi, bizim toplumumuz içinde de kaçınılmaz olarak bir gerilime ve çatışmaya yol açacaktır; fakat yeni bir insanın oluşumuna katkıda bulunup Batı tarihinde yeni bir dönemin başlangıç işareti de olabilir. Bu göreve kendilerini adayanlar ve bu deneyin kavram ve araçlarını arayanlar için, Paulo Freire'in düşüncesi önümüzdeki yıllarda da önemli bir katkı sağlayabilir.

Önsöz
Paulo Freire

Ezilenlerin Pedagojisi'ne girişi oluşturan bu sayfalar, siyasi sürgünde geçen son altı yıl boyunca yaptığım gözlemlerin sonucudur. Bunlar, Brezilya'daki eğitim faaliyetlerim sırasında edindiğim gözlemlerle zenginleştirilmiştir.

Hem *conscientizaçao*'nun* rolünü analiz eden eğitim kurslarında, hem gerçekten özgürleştirici bir eğitimin fiili deneylerini yürütürken, kitabın birinci bölümünde tartışılan "özgürlük korkusu"yla karşılaştım. Eğitim kursuna

---

* Conscientizaçao terimi, sosyal siyasi ve ekonomik çelişkileri kavramak ve gerçekliğin insanları ezen koşullarına karşı harekete geçmek için gereken öğrenme süreci anlamına gelir. Bkz. 3. Bölüm. (ç.n.)

katılanların sık sık *"conscientizaçao'nun tehlikeleri"*ne dikkat çekmeleri kendi özgürlük korkularını açığa vuruyordu. "Eleştirel bilinç anarşiktir" diyorlardı. Kimileri buna, eleştirel bilincin kargaşaya yol açabileceğini ekliyordu. Bununla birlikte kimileri de şunu itiraf ediyordu: "Niye inkâr edeyim? Özgürlükten korkuyordum. Artık korkmuyorum!"

Bu tartışmalardan birinde grup, insanların belirli bir haksızlık durumuna ilişkin *conscientizaçao*'sunun onları "yıkıcı fanatizm"e veya "dünyalarının tamamıyla çöktüğü duygusu"na yöneltip yöneltmeyeceğini tartışıyordu. Tartışmanın ortasında uzun yıllar fabrika işçisi olarak çalışmış bir adam söz aldı: "Belki de burada işçi sınıfı kökenli tek kişi benim. Şimdi söylediğiniz her şeyi anladığımı söyleyemem ama bir şey söyleyebilirim; bu kursa başladığım zaman ben *saf* (naif) birisiydim ve ne kadar saf olduğumu fark ettiğim zaman *eleştirel* olmaya başladım. Fakat bu keşif beni fanatik yapmadı; ayrıca hiçbir çöküş duygusu içinde de değilim".

Conscientizaçao'nun muhtemel etkilerine kuşkuyla yaklaşılması, kuşkuyla yaklaşanın her zaman açıkça ifadelendirmediği bir önermeyi içinde barındırır: Haksızlık kurbanlarının kendilerini böyle kabul etmemeleri daha iyidir. Bununla birlikte gerçekte *conscientizaçao*, insanları "yıkıcı fanatizm"e yöneltmez. Tersine, insanların sorumlu özneler* olarak tarihi sürece girmelerini mümkün kılmak suretiyle *conscientizaçao* onları kendine güven arayışına sokar ve böylece de fanatizmi önler.

---

* "Özne" terimi, bilinen ve üzerinde edimde bulunulan "nesne"nin tersine, bilerek edimde bulunanı niteler. (ç.n.)

Eleştirel bilincin uyanması, sosyal hoşnutsuzlukların ifade edilmesinin yolunu hazırlar çünkü bu hoşnutsuzluklar baskıcı bir durumun gerçek bileşenleridir.[1]

Özgürlük korkusu ki korkuyu taşıyanın farkında olması şart değildir, kişinin hayaletler görmesine yol açar. Böyle bir birey için, özgürlüğün risklerine yeğlediği güvenlik sağlama gayreti aslında bir sığınak olur. Hegel'in açıkladığı gibi:

Özgürlük yalnızca, hayatın tehlikeye atılmasıyla elde edilir... hayatını ortaya koymamış bir birey, kuşkusuz bir kişi olarak tanınabilir; fakat o, bağımsız bir özbilinç olarak bu tanımanın gerçeğine erişememiştir.[2]

Bununla birlikte, insanlar özgürlük korkularını ender olarak kabul ederler ve daha çok, kendilerini özgürlük savunucuları şeklinde sunarak bu korkuyu –bazen bilinçsizce– kamufle etme eğiliminde olurlar. Kendilerine özgürlüğün bekçiliğini yakıştırarak, kuşkularına ve endişelerine köklü bir serinkanlılık havası kazandırırlar. Fakat özgürlüğü, statükonun sürdürülmesiyle karıştırırlar: Böylece eğer *conscientizaçao*, statükoyu tartışmalı kılma tehdidi taşıyorsa o zaman özgürlüğün kendisi için de tehdit oluşturuyor gibi görünür.

Ezilenlerin Pedagojisi sadece düşünce ve incelemeyle ortaya çıkmadı; bu kitap somut durumlara dayanır, (köylü veya kentli) emekçilerin ve eğitim çalışması sırasında doğrudan veya dolaylı gözlediğim orta sınıf insanlarının tepkilerini tanımlar. Bundan sonraki gözlemler, bu giriş niteliğindeki eserde ortaya konan noktaları sonraki ça-

1. Francisco Weffert, *Paulo Freire'in Educação Como Prática da Liberdade* (Özgürleşme Pratiği Olarak Eğitim) (Rio de Janerio, 1967) kitabına yazdığı önsözde.
2. Georg Hegel, *The Phenomenology of Mind* (New York, 1967), s. 233. [*Tinin Görüngübilimi*, Çev. Aziz Yardımlı, İdea Yay., 1986]

lışmalarda değiştirme veya doğrulama imkânı sağlaya-
caktır.

Bu kitap muhtemelen bazı okurlardan olumsuz tepkiler
alacaktır. Kimi okurlar benim insanın özgürleşmesi sorunu
karşısındaki görüşümü tamamen idealist bulacaktır, hatta
doğal yeteneğin, sevginin, diyaloğun, umudun, alçakgö-
nüllülüğün ve duygudaşlığın tartışılmasını bir sürü gerici
lafazanlık olarak değerlendirenler de çıkabilir. Kimileri,
ezenleri memnun eden bir baskı durumunu kınayışımı ka-
bul etmeyecektir (veya kabul etmek istemeyecektir). Dola-
yısıyla da deneysel olduğunu itiraf ettiğim bu eser, radikal-
ler içindir. Eminim ki Hıristiyanlar ve Marksistler benimle
kısmen veya tamamen fikir uyuşmazlığı içinde olsalar bile,
kitabı sonuna kadar okumayı sürdüreceklerdir. Fakat kapa-
lı, "irrasyonel" tavırları dogmatik bir şekilde benimseyen
okurlar, bu kitabın açacağını umduğum diyaloğu reddede-
ceklerdir.

Fanatizmle beslenen sekterlik, her zaman hadım edi-
cidir. Eleştirel bir ruhla beslenen radikalleşme ise daima
yaratıcıdır. Sekterlik gizemlileştirir ve böylece de yaban-
cılaştırır; radikalleşme eleştirir ve böylece de özgürleştirir.
Radikalleşme kişinin seçmiş olduğu tavra artan bir bağlı-
lığı içinde barındırır ve böylelikle somut, nesnel gerçekliği
dönüştürme çabasına daha sıkı angaje olmayı getirir. Buna
karşılık gizemlileştirdiği ve irrasyonel olduğu için sekter-
lik, gerçekliği sahte (ve bu nedenle de değiştirilemez) bir
"gerçeklik"e dönüştürür.

Sekterlik hangi siyasi kampta olursa olsun, insanlığın
kurtuluşu önündeki bir engeldir. Sağcı versiyon ne yazık
ki her zaman doğal karşıtına, yani devrimcinin radikalleş-
mesine yol açmaz. Devrimcilerin sağın sekterliğine karşı-
lık verirken sekterliğe düşerek gericileşmesi hiç de ender
değildir. Bununla birlikte bu olasılık, radikalin, seçkinlerin
uslu bir piyonu haline gelmesine yol açmamalıdır. Özgür-

leşme sürecine giren radikal, ezenin şiddeti karşısında edilgen kalamaz.

Öte yandan radikal, asla bir öznelci değildir. Onun için öznel olan ancak nesnel olanla (analizinin nesnesini oluşturan somut gerçeklik) ilişkisi içinde var olur. Böylelikle öznellik ve nesnellik, eylemle bir dayanışma içinde bilgi üreten bir diyalektik birlik oluştururlar. Bunun tersi de doğrudur.

Sektere gelince, savları ne olursa olsun irrasyonelliğinin körleştirdiği sekter, gerçekliğin dinamiğini algılamaz (veya algılayamaz) ya da gerçekliğin dinamiğini yanlış yorumlar. Diyalektik düşündüğünde de bu, "evcilleştirilmiş bir diyalektik"tir. Sağcı sekter (ben onlara eskiden "doğuştan sekter"[3] derdim) tarihsel süreci yavaşlatmayı, tarihi "evcilleştirme"yi ve böylelikle insanları evcilleştirmeyi ister. Sekterleşmiş solcu, gerçekliği ve tarihi diyalektik olarak yorumlamaya kalkıştığı zaman tamamen yolunu şaşırır ve asli olarak kaderci görüşlere düşer.

Sağcı sekter, solcu sekterden şöyle ayrılır: Sağcı sekter bugünü evcilleştirmeye kalkışır, öyle ki yarın, bu evcilleştirilmiş bugünü yeniden üretecektir (umduğu budur). Solcu sekter ise yarının önceden kurulmuş olduğunu düşünür; bir tür kaçınılmaz kader, kısmet veya akıbet. Sağcı sekter için geçmişe bağlanan "bugün", verili ve değişmezdir; solcu sekter için "yarın" önceden kararlaştırılıp ilan edilmiş, kaçınılmazcasına önceden hükmedilmiştir. Bu sağcı da bu solcu da gericidir çünkü ikisi de yanlış tarih görüşlerinden yola çıkarak özgürlüğü göz ardı eden eylem biçimleri geliştirirler. Birinin "terbiyeli" bir bugün ve ötekinin önceden belirlenmiş bir yarın tasarlaması olgusu, onların kollarını kavuşturdukları ve seyirci (sağcı sekter bugünün süreceğini umarken, solcu sekter zaten "bilinen" yarının üstün gel-

---

3. *Educação como Prática da Liberdade* (Özgürleşme Pratiği Olarak Eğitim) adlı kitaptan.

mesini bekleyecektir) haline geldikleri anlamına gelmez. Tersine bu kişiler, kendilerini kaçamayacakları "kesinlik döngüleri"ne kapatarak, kendi gerçeklerini "yaparlar". Bu, yarını kurma mücadelesi veren ve bu inşa ediminin içerdiği riskleri göze alan insanların gerçeği değildir. Bu, yan yana savaşan ve bu yarının nasıl kurulacağını birlikte öğrenen insanların gerçeği de değildir; ki böylesi bir gerçek, yarının insanlara sunulması, onların da alması değildir, yarın onlar tarafından yaratılır. Her iki tip sekter de tarihi aynı ölçüde kendi tekeline alır, tarihi halk olmaksızın tamama erdirir; bu da halka karşı olmanın bir başka biçimidir.

Kendini "kendi" gerçeğine kapatan sağcı sekter artık doğal rolünü yerine getirmekten başka bir şey yapamazken, sekter ve katı hale gelen solcu kendi doğasını yadsımış olur. Bununla birlikte her biri "kendi" gerçeğini anlatırken bu gerçeğin sorgulanması halinde kendini tehdit edilmiş hisseder. Böylelikle her biri "kendi" gerçeği olmayan şeyleri yalan sayar. Gazeteci Marcio Moreira Alves'in vaktiyle bana dediği gibi: "Her ikisi de kuşku yokluğundan mustaripler".

İnsanın özgürleşmesine bağlanan radikal, içinde gerçekliği de hapsettiği bir "kesinlik döngüsü"nün mahkûmu haline gelmez. Tersine, ne kadar radikalse, gerçekliğe o kadar iyi nüfuz eder; öyle ki, gerçekliği daha iyi tanıyarak daha iyi dönüştürebilir. Yalın haldeki dünyayla karşılaşmaktan, onu işitmekten, o dünyayı görmekten korkmaz.[4] Halkla karşılaşmaktan veya halkla diyaloğa girmekten korkmaz. Kendini, tarihi veya halkı tekeline almış olarak

---

4. "Kuramsal bilgi partinin bir avuç 'akademisyen'inin ayrıcalığı olarak kaldıkça, parti her zaman için, yanlış yollara sürüklenme tehlikesiyle karşı karşıya olacaktır". Rosa Luxemburg, *Reform and Revolution*, Aktaran C. Wright Mills, *The Marxists* (Marksistler), (New York, 1963), [Rosa Luxemburg, önsöz, *Sozialreform oder Revolution?* Berlin 1900. Yeniden yayımlandığı yer: Rosa Luxemburg, Politische Schriften 1, Frankfurt/M., 1966.], [*Sosyal Reform mu Devrim mi?*, Çev. Nihal Yılmaz, Belge Yay.,1993]

görmez veya ezilenlerin kurtarıcısı olarak da görmez: Ama kendini, tarih içinde ezilenlerin safında dövüşmekle yükümlü kılar.

Önümüzdeki sayfalarda giriş niteliğindeki ana hatları sunulan *Ezilenlerin Pedagojisi*, radikaller için bir görevdir; bu görev sekterler tarafından yerine getirilemez. Bu eserin okurları arasında hataları ve yanlış anlamaları düzeltecek, iddiaları derinleştirecek ve benim kavrayamadığım yönlere parmak basacak ölçüde eleştirel olanlar varsa, memnun olurum. Kimilerinin, devrimci kültürel eylemi, yani hiçbir somut tecrübemin bulunmadığı bir konuyu tartışmaya hakkım olup olmadığını sorgulamaları mümkün. Bununla birlikte, devrimci eyleme kişisel olarak katılmamış olmam, bu tema üzerinde düşünmeye hakkım olmadığını göstermez. Kaldı ki, halkla diyalog kuran ve problem tanımlayıcı bir eğitim anlayışına sahip bir eğitimci olarak, bu kitaptaki iddiaları ortaya atma riskine girmemi gerektirecek ölçüde zengin malzeme topladım.

Bu sayfalardaki hiç değilse iki şeyin kalıcı olacağını umuyorum: Halka duyduğum güven ile insanlara ve içinde sevmenin daha kolay olacağı bir dünyanın yaratılmasına duyduğum inanç.

Burada, eserime gösterdiği anlayış ve teşvik için karım ve "ilk okurum" Elza'ya şükranımı ifade etmek isterim. Bu kitap bana olduğu kadar ona da aittir. Ayrıca el yazmalarım üzerinde yaptıkları yorumlar için arkadaşlarıma teşekkürlerimi sunuyorum. Bazı adların eksik kalması riskini göze alarak João da Veiga Coutinho, Richard Shaull, Jim Lamb, Myra ve Jovelino Ramos, Paulo de Tarso, Almino Affonso, Plinio Sampaio, Ernani Maria Fiori, Marcela Gajardo, José Luis Fiori ve João Zacarioti'yi anmak şart. Buradaki savlarımın sorumluluğu elbette ki sadece bana aittir.

1. Bölüm

Değer yargısal bir bakış açısından[1] insanlaşma problemi daima insanın temel problemi olageldiyse de artık kaçınılması imkânsız bir mesele niteliğini kazanmaktadır.[2]

---

1. Bu bakış açısı etik, estetik ve dini değer yargılarını içerir.
2. Günümüzün direniş hareketleri, özellikle de gençlik arasındakiler, doğal olarak içinde oluştukları ortamın özelliklerini yansıtırlar ama öz olarak, insanı ve dünya içindeki, dünya ile birlikte bir varlık olarak insan için duyulan kaygıyı belirtirler; insanın ne "olduğu" ve nasıl olabileceği kaygısıdır bu. Tüketim uygarlığını kınamakla, her türden bürokrasiyi eleştirmekle, üniversitelerin değişmesini talep etmekle (özellikle önem verdikleri şey, katı kurallı öğretmen-öğrenci ilişkisini değiştirmek ve bu ilişkiyi gerçekliğin genel bağlamı içindeki yerine oturtmaktır), gerçekliğin ta kendisinin değişmesini iste-

İnsanlaşma kaygısı öncelikle, insandışılaşmanın sadece ontolojik bir olasılık değil; ayrıca tarihsel bir gerçeklik olarak da fark edilmesini sağlar. Ve insan, insandışılaşma derecesini algılarken, insanlaşma uygulanabilir bir olasılık mıdır diye kendine sorar. Tarih içinde, somut ve nesnel bağlamlarda, yetkinleşmemişliğinin bilincindeki yetkinleşmemiş bir varlık olarak insan için gerek insanlaşma, gerek insandışılaşma birer olasılıktır.

Fakat hem insanlaşma hem de insandışılaşma gerçek alternatifler oldukları halde, yalnızca insanlaşma insanın yetisidir. Bu yeti, sürekli olumsuzlanmaktadır ancak bu olumsuzlamayla aynı zamanda olumlanır da. İnsanlaşma; adaletsizlik, sömürü, baskı ve ezenlerin şiddetiyle engellenir; ezilenlerin özgürlük ve adalet özlemiyle, kaybettikleri insanlığı yeniden kazanma mücadelesiyle olumlanır.

Sadece insanlığı çalınmış olanları değil, ayrıca (başka bir şekilde olsa da) onların insanlığını çalmış olanları da niteleyen insandışılaşma, daha insan haline gelme yetisinin bir *tahrifidir*. Bu tahrifat tarih içinde gerçekleşir fakat tarihi bir yeti değildir. Gerçekten de insandışılaşmanın tarihi bir yeti olarak kabulü, ya kinizme ya da mutlak umutsuzluğa yol açar. Bu takdirde insanlaşma mücadelesi, emeğin özgürleşmesi mücadelesi, yabancılaşmanın aşılması mücadelesi, insanların kişiler olarak tanınması mücadelesi anlamsızlaşır. Bu mücadele yalnızca, insandışılaşmanın somut bir tarihsel olgu olmasına rağmen verili bir akıbet *değil* de, ezenlerin şiddetini doğuran ve karşılığında da ezilenleri insandışılaştıran adaletsiz bir düzenin sonucu olması sayesinde mümkün olabilir.

---

mekle (ki üniversitenin gerçekten yenilenmesi buna bağlıdır), eskimiş yönetmeliklere ve yerleşik kurumlara saldırmakla, kararı verecek öznenin insan olduğunu göstermeye çalışırlar. Böylelikle de tüm bu hareketler insan merkezli olmaktan çok antropolojik olan çağımızın tarzını yansıtırlar.

Daha tam insan olmanın bir tahrifi olduğundan daha az insan olmak, ezilenlerin er geç kendilerini bu hale getirenlere karşı mücadele etmesine yol açar. Bu mücadelenin anlam taşıması için ezilenler, (insanlığı yaratmanın bir yolu olan) insanlıklarını yeniden kazanma peşinde, misilleme olarak ezenlerinin ezenleri haline gelmemelidirler; hem ezilenlerin hem de ezenlerin insanlığını yeniden sağlayanlar olmalıdırlar.

O halde, ezilenlerin büyük insani ve tarihi görevi şudur: Kendilerini ve aynı zamanda da ezenlerini özgürleştirmek. İktidarlarını kullanarak ezen, sömüren ve gasp eden ezenler, bu iktidardan ne ezilenleri ne de kendilerini özgürleştirme gücünü alamazlar. Sadece ezilenlerin zayıflığından doğan erk, hem ezilenleri hem de ezenleri özgürleştirecek kadar kuvvetli olacaktır. Ezilenlerin zayıflığı karşısında ezenlerin erkini "yumuşatma" yolundaki herhangi bir girişim kendini hemen hemen her zaman sahte yüce gönüllülük şeklinde ortaya koyar, hatta asla bunun ötesine geçmez. "Yüce gönüllülükleri"ni sürekli ifade etme fırsatına sahip olmak için ezenler aynı zamanda adaletsizliği de ebedileştirmek zorundadırlar. Adaletsiz bir sosyal düzen; ölüm, çaresizlik ve sefaletle beslenen bu "yüce gönüllülük"ün sürekli kaynağıdır; bu da sahte yüce gönüllülük dağıtıcılarının, bu yüce gönüllülüğün kaynağına en ufak bir tehdit yöneldiğinde niçin paniğe kapıldıklarını açıklar.

Gerçek yüce gönüllülük, sahte yardımseverliği besleyen nedenleri yok etme mücadelesinin ta kendisindedir. Sahte yardımseverlik, korku içindekileri, boyun eğdirilmişleri, "hayatın reddedilmişleri"ni, titrek ellerle avuç açmak zorunda bırakır. Gerçek yüce gönüllülük bu ellerin –ister bireylere ister halklara ait olsunlar– yardıma giderek daha az gerek duymasını, iş gören ve dünyayı dönüştüren insan elleri haline gelmesini sağlamaya çalışmaktan geçer.

Yine de bu eğitilme ve çırak olma isteği bizzat ezilenlerden ve ezilenlerle gerçekten dayanışma halinde olanlardan gelmelidir. Bireyler de halklar da insanlıklarını yeniden kazanmak için mücadele ederek doğru yüce gönüllülüğü yeniden oluşturmaya girişeceklerdir. Kim, ezen bir toplumun korkunç anlamını kavramaya, ezilenlerden daha hazırlıklıdır ki? Kim baskının etkilerinden ezilenlerden daha fazla zarar görür? Kim, özgürleşmenin gerekliliğini onlardan daha iyi anlayabilir? Onlar özgürleşmeyi, şans eseri değil; bu özgürleşme arayışı praksisiyle, özgürleşme için mücadele etme gereğini tanıyarak kazanacaklardır. Ve bu kavga, ezilenlerin kendisine verdiği amaç sayesinde, ezenlerin şiddetinin özünü oluşturan –sahte yardımseverlik kisvesinde bile olsa– sevgisizliğe karşı hakiki bir sevgi edimi oluşturacaktır.

Fakat mücadelenin başlangıç aşamasında ezilenler hemen hemen her zaman özgürleşmeye çabalamak yerine, kendileri de ezenler, yani "astlarını ezenler" haline gelme eğilimindedirler. Onların düşüncelerinin yapısı, onları biçimlendiren somut, varoluşsal durumun çelişkileriyle koşullandırılmıştır. Onların ideali insan olmaktır; fakat onlar için insan olmak, ezen olmaktır. Bu, onların insanlık modelidir. Bu olgu, ezilenlerin var olma tecrübelerinin belirli bir ânında, ezenlere "meyletme" tavrını benimsemelerinden doğar. Bu koşullar altında, ezeni yeterince nesnelleştirerek "değerlendiremezler"; onu kendilerinin "dışında" keşfedemezler. Bu, ille de ezilenlerin horlandıklarının farkında olmadıkları anlamına gelmez. Fakat kendilerini, ezilenler olarak algılayışları, içinde ezildikleri gerçekliğe gömülmüşlükleriyle örselenmiştir. Bu düzeyde kendilerini, ezenlerin karşıtları olarak algılamaları henüz çelişkinin üstesinden gelme mücadelesine angaje olmaları demek değildir;* ku-

---

* Bu kitapta, "çelişki" (contradiction) terimi, karşıt sosyal gruplar arasındaki diyalektik çatışmayı (conflict) belirtmektedir. (ç.n.)

tuplardan biri özgürleşmenin değil, karşı kutbuyla özdeşleşmenin özlemini çekmektedir.

Bu durumda ezilenler, "yeni insan"ı, baskının, ezmenin yerini özgürleşmeye bırakmasıyla bu çelişkinin çözümlenmesinden doğacak insan olarak görmezler. Onlar için yeni insan, ezen konumuna gelmiş kendileridir. Onlar için yeni insan bireyseldir; kendilerini ezenlerle özdeşleştirdikleri için, ezilen bir sınıfın kişileri ya da üyeleri oldukları bilincinden yoksundurlar. Tarım reformu isteyişlerinin nedeni özgür insanlar haline gelmek değildir, toprağı ele geçirmek ve böylece toprak sahipleri veya daha açıkçası öteki çalışanların patronları olmaktır. Bir kez denetçiliğe "terfi" ettiğinde eski arkadaşlarına karşı toprak sahibinin kendisinden daha zorba davranmayan köylü pek enderdir. Bu, köylünün durumunun, yani ezilme durumunun değişmeden kalması yüzündendir. Bu örnekte denetçi, işini sağlama almak için toprak sahibi kadar hatta daha da fazla haşin olmak zorundadır. Böylece önceki savımız; mücadelelerinin başlangıç aşamasında ezilenlerin, "insanlık" modellerini ezenlerde bulması örneklenmiş oluyor.

Bir özgürleşme süreci oluşturarak ezilenlerin somut durumunu dönüşüme uğratan devrim bile bu olguyla yüzleşmek zorunda. Devrime doğrudan veya dolaylı olarak katılan ezilenlerin çoğu –ki eski düzenin mitleriyle koşullanmışlardır– devrimi kendi özel devrimleri haline sokmaya niyetlenirler. Eski ezenlerinin gölgesi hâlâ üzerlerindedir.

Ezilenlere zarar veren "özgürlük korkusu",[3] onları ezenlerin rolünü arzulamaya yönelten veya onları ezilen rolüne bağlayan korku incelenmelidir. Ezen ve ezilen arasındaki ilişkinin temel öğelerinden biri, kural belirlemedir (presc-

---

3. Bu özgürlük korkusuna, tabii farklı bir biçimde, ezenlerde de rastlarız. Ezilenler özgürlüğe kavuşmaktan, ezenler ise ezme "özgürlüğü"nü kaybetmekten korkarlar.

ription). Her kural belirleyiş, bir insanın başka bir insana seçimini dayatması demektir, bu da belirlenen insanın bilincini, belirleyeninkiyle uyumlu bir bilince dönüştürür. Böylelikle ezilenlerin davranışı belirlenmiş davranıştır; ezenin ilkelerini izler.

Ezenin imajını içselleştirerek ezenlerin ilkelerini benimsemiş haldeki ezilenler, özgürlükten korkar haldedirler. Özgürlük onların bu imajı reddetmelerini, yerine özerkliği ve sorumluluğu getirmelerini gerektirirdi. Özgürlük fethedilir, armağan olarak alınamaz. Özgürlüğün izini, sürekli ve sorumlulukla sürmek gerekir. Özgürlük insanın dışında bir ideal değildir; mit haline gelen bir fikir de değildir. İnsanın yetkinleşme arayışının olmazsa olmaz bir koşuludur.

Ezilme durumunun üstesinden gelmek için insanlar öncelikle bunun nedenlerini eleştirel bir bakışla tanımalıdırlar, öyle ki eylemi dönüştürmek suretiyle yeni bir durum, daha yetkin bir insanlığın hedeflenmesini mümkün kılacak bir durum yaratabilsinler. Fakat daha yetkin insan olma mücadelesi zaten durumu dönüştürme mücadelesinde başlamıştır. Ezilme durumu hem ezenlerin hem de onların ezdiklerinin zarar gördüğü bir insandışılaşmış ve insandışılaştırıcı bütünlük olduğu halde, hem ezenler hem de ezilenler için daha tam insan olabilme mücadelesini yürütmesi gerekenler, kendi insanlıkları bastırılmış olmasına rağmen, ezilenlerdir; ötekileri insandışılaştırdığı için kendileri de insandışılaşan ezenler, bu mücadeleyi yürütme yeteneğinden yoksundurlar.

Bununla birlikte, içine gömülü bulundukları egemenlik yapısına uyum sağlamış ve bu yapıya teslim olmuş ezilenler, kendilerini, bu mücadelenin gerektirdiği riskleri göze almaya yetersiz hissettikleri sürece, özgürlük mücadelesini yürütmekten alıkonurlar. Dahası, onların özgürlük mücadelesi sadece ezenleri değil, ayrıca baskının daha da artmasından korkan kendi ezilen yoldaşlarını da tehdit eder.

Kendi içlerinde özgür olma özlemini keşfettiklerinde, bu özlemin ancak yoldaşlarında da aynı özlem olarak ortaya çıktığı zaman gerçeğe dönüştürülebileceğini de kavrarlar. Fakat özgürlük korkusunun etkisi altındayken, ötekilere başvurmayı veya ötekilerin başvurularını dinlemeyi, hatta kendi vicdanlarının sesine kulak vermeyi bile reddederler. Sürü halinde yaşamayı, gerçek yoldaşlığa yeğlerler; özgürlüksüzlük durumuna uyum sağlamanın güvenliğini, özgürlüğün yarattığı yaratıcı tinsel ortaklığa ve hele özgürlüğün peşinden gitmeye yeğlerler.

Ezilenler, ta içlerinde oluşmuş olan ikiliğin acısını çekerler. Özgürlük olmaksızın sahici olamayacaklarını keşfederler. Ancak kendileri olarak var olmayı arzulamalarına rağmen, bundan korkarlar. Ezilenler, aynı anda hem kendileridir hem de bilinçlerini içselleştirmiş oldukları ezenleridir. Çatışma, tamamen kendileri olmak ile bölünmüş olmak, içindeki ezeni püskürtmekle püskürtmemek, insani dayanışma ile yabancılaşma, belirlenmiş kurala uymak ile seçme yapabilmek, seyirci olmak ile oyuncu olmak, eylemde bulunmak ile ezenlerin eylemi yoluyla eylemlilik yanılsamasına kapılmak, konuşmak ile yaratma ve yeniden yaratma ve dünyayı dönüştürme kudreti hadım edilmiş halde sessiz kalmak arasındaki seçimde yatar. Bu, ezilenler için trajik bir ikilemdir ve eğitimlerinde hesaba katılmalıdır.

Bu kitap, yazarının "ezilenlerin pedagojisi" olarak adlandırdığı pedagojinin bazı yönlerini sunacaktır; bu pedagoji, insanlıklarını yeniden kazanma yolundaki kesintisiz mücadelede (ister bireyler ister halklar olsun) ezilenlerle *birlikte* şekillenmelidir; ezilenler *için* değil. Bu pedagoji ezilme olgusunu ve nedenlerini, ezilenlerin hakkında düşüneceği nesneler haline getirir ve bu düşünme sürecinden de özgürleşme mücadelesine katılımları doğacaktır. Ve mücadele içerisinde bu pedagoji oluşturulacak ve yeniden oluşturulacaktır.

Asıl problem şudur: Bölünmüş, kendileri olarak var olmayan varlıklar olarak ezilenler, özgürleşmelerini sağlayacak bir pedagojiyi geliştirmeye nasıl katılabilirler? Ancak kendilerinin, ezenlerin "ev sahipleri" olduklarını fark ettikleri zaman özgürleştirici pedagojilerinin doğumuna katkıda bulunabilirler. *Olmanın, gibi olmak* ve *gibi olmanın da ezenler gibi olmak* olduğu ikilik içinde yaşadıkları sürece bu katkı imkânsızdır. Ezilenlerin pedagojisi, ezilenlerin, hem kendilerinin hem de onları ezenlerin insandışılaşmanın cisimleşmeleri olduğunu fark etmelerinin bir aracıdır.

Yani özgürleşme bir doğumdur hem de acılı bir doğum. Ortaya çıkan insan yeni bir insandır ve varoluşu ancak ezen-ezilen çelişkisi tüm insanların insanlaşmasıyla alt edildiğinde mümkündür. Ya da başka bir deyişle, bu çelişkinin çözümü, bu yeni insanı dünyaya getirme çabasından doğar: Artık ezen de yoktur ezilen de, sadece özgürlüğe ulaşma sürecindeki insan vardır.

Bu çözüm idealist terimlerle başarılamaz. Ezilenler özgürleşme mücadelesine girebilmek için ezilme gerçekliğini, çıkışı olmayan kapalı bir dünya olarak değil, dönüştürebilecekleri kısıtlayıcı bir durum olarak idrak etmelidirler. Bu idrak, özgürleşme için gereklidir fakat yeterli koşul değildir; bu idrakin özgürleştirici eylem için yönlendirici güç haline gelmesi gerekir. Aynı şekilde ezilenlerin, ezenlerle diyalektik bir ilişki içinde, ezenlerin antitezi olarak var olduklarını; onlar olmadan ezenlerin de var olmayacağını[4] fark etmeleri kendi başına özgürleşme demek değildir. Ezilenler, tutsağı oldukları çelişkiyi; ancak bu idrak onları kendilerini özgür kılma mücadelesine kattığı zaman aşabilirler.

Bu, kişi olarak ezenler bakımından da doğrudur. Kendisinin ezen olduğunu fark etmek ciddi ölçüde acıya yol açabilir; fakat bunun, o kişinin ezilenlerle dayanışmasına yol

---

4. Bkz. Hegel, a.g.e., s. 236-237 [Almanca: s. 146-150].

açması zorunlu değildir. Onları sürekli sıkı sıkıya bağımlılık konumunda tutarken, ezilenlere babacan davranarak suçunu rasyonelleştirmek olacak iş değildir. Dayanışma, kişinin dayanıştığı kişilerin ortamına girmesini gerektirir; radikal bir tutumdur. Eğer ezilenleri karakterize eden şey, onların efendinin bilincine boyun eğmeleriyse, Hegel'in gösterdiği gibi[5] ezilenlerle doğru dayanışma, onları "başkaları için varlıklar" haline sokan nesnel gerçekliği dönüştürmek üzere onların safında mücadele etmek demektir. Ezen, ezilenlerle ancak onları soyut bir kategori saymayı bırakıp, haksızlığa maruz kalmış, söz hakları ellerinden alınmış, emeklerini satarken aldatılmış kişiler olarak algıladığı zaman dayanışır; sahte, duygusal ve bireyci tavırlardan vazgeçtiği, sevgi ediminin riskine girdiği zaman. Doğru dayanışma ancak bu sevgi edimi tamsa, varoluşsal bir boyut kazanmış, praksise dönüşmüşse vardır. İnsanların kişiler olduğunu, kişilerin ise özgür olmaları gerektiğini olumlamak ve yine de bu olumlamayı gerçeklik haline getirmek için hiçbir şey yapmamak yüzsüzlüktür.

Ezen-ezilen çelişkisi somut bir durum içinde kurulduğu için, bu çelişkinin çözümlenişi *nesnel olarak* doğrulanabilmelidir. Bu nedenle radikal görev –hem kendinin ezen durumda olduğunu fark eden insan için hem de ezilenler için– ezilmeyi doğuran somut durumun dönüştürülmesidir.

Gerçekliğin nesnel dönüşümü için bu radikal talebi sunmak, ezilmenin tanınmasını, ezilmenin kendi kendine ortadan kalkmasını bekleme sabrına dönüştürerek saptıracak olan öznelci hareketsizlikle mücadele etmek, yapıları değiştirme mücadelesinde öznelliğin rolünü dışlamayı gerek-

---

5. Efendilerin bilinci ile ezilenlerin bilinci arasındaki diyalektik ilişkiyi analiz eden Hegel şöyle der: "Birincisi bağımsızdır ve temel doğası kendi için olmaktır; öteki bağımlıdır ve özü başkası için yaşamak veya var olmaktır. İlki efendidir, ikincisi ise kul". a.g.e., s. 234 [Alm. s. 146].

tirmez. Tersine, öznellik içermeyen bir nesnellik tasavvur edilemez. Bu ikisi bir diğeri olmadan var olamazlar, birbirine karşıt kutuplar haline getirilemezler. Nesnelliği öznellikten ayırmak, gerçekliği analiz ederken ya da gerçekliğe yönelik eylemde öznelliğin inkârı, nesnelciliktir. Öte yandan analizde veya eylemde nesnelliğin payının inkâr edilmesi, öznelcilikle sonuçlanır; bu da tekbenci görüşlere yol açar ve nesnel gerçekliği yadsıyarak eylemin kendisini inkâr eder. Burada nesnelcilik de öznelcilik de hatta psikolojizm de savunulmuyor. Söz konusu olan, nesnelliğin ve öznelliğin sürekli diyalektik ilişkisidir.

Dünyayı ve tarihi dönüştürme sürecinde öznelliğin önemini inkâr etmek naif ve kolaycıdır; imkânsız olanı, yani insansız bir dünyayı kabul etmektir. Dünyasız bir insan öngören öznelcilik ne kadar dahiceyse, bu nesnelci görüş de ancak o kadar deha ürünüdür. Dünya ve insan bir diğeri olmadan var olamaz, karşılıklı etkileşim içinde var olurlar. Marx böylesi bir kutupsallığı savunmaz, hiçbir eleştirel, gerçekçi düşünür de savunmaz. Marx'ın eleştirdiği ve bilimsel olarak yıktığı şey öznellik değildi, öznelcilik ve psikolojizmdi. Nesnel sosyal gerçeklik, tesadüfen var olmadığı, insan eyleminin ürünü olduğu gibi tesadüfi olarak da dönüştürülmez. Eğer ("praksisin ters çevrimi"nde onlara gerisin geri dönen ve onları belirleyen) sosyal gerçekliği üreten insanlarsa, o zaman bu gerçekliği dönüştürmek insanlar için tarihsel bir görevdir.

Ezen hale gelen bir gerçeklik, insanların ezenler ve ezilenler olarak farklılaşmalarına yol açar. Görevleri, kendileriyle gerçek dayanışma gösterenlerle birlikte, kendilerini özgürleştirmek için mücadele etmek olan ezilenler bu mücadele praksisi aracılığıyla ezilme gerçeğini eleştirel olarak kavrayabilmelidirler. Özgürleşmenin başarılmasının önündeki en büyük engellerden biri, baskıcı/ezen gerçekliğin içindekileri massetmesi ve böylece de insanların bilincini kaplamasıdır.[6] İşlevsel açıdan baskı, evcilleştiricidir. Baskının esaretinden kurtulmak için onun içinden ayağa kalkmak ve ona karşı çıkmak gerekir. Bu ancak praksis yoluyla yapılabilir: Dönüştürmek amacıyla dünya üzerinde düşünmek ve eylemde bulunmak.

Gerçekteki ezilmeyi, ona ezilmenin *bilincini* katarak daha da sıkıntı verici kılmak, rezilliği yaygınlaştırarak daha da rezilleştirmek gerekir.[7]

"Gerçekteki ezilme, ona ezilmenin bilincini katarak daha da sıkıntı verici" kılındığında, bu, öznel ile nesnel olan arasındaki diyalektik ilişkiye karşılık düşer. Gerçek praksis ancak bu bağlamda mümkündür ve onsuz ezen-ezilen çelişkisinin çözümlenmesi imkânsızdır. Bu hedefe ulaşmak için ezilenler gerçeklikle eleştirel olarak yüzleşmelidirler, aynı zamanda da bu gerçekliği nesneleştirmeli ve ona yönelik eylemde bulunmalıdırlar. Arkasından bu eleştirel müdahale gelmiyorsa, salt algılanışı, nesnel gerçekliğin dönüştürülmesine yol açmayacaktır; çünkü hakiki bir algılama gerçekleşmemiştir. Birisi salt öznelci bir algılayışla nesnel gerçekliği gözden kaçırıp, sahte bir gerçeklik ikamesi yarattığında söz konusu olan, tam da budur.

---

6. "Özgürleştirici edim bir kavrama ve isteme ânını zorunlu olarak içerir. Bu türden edimler hem bu kavrama ve isteme ânından önce gelir hem de onu izler; önce bir hazırlık süreci işlevini görür, sonra da tarih içinde etkili olmayı ve kendini tarih içinde sürdürmeyi sağlar. Buna karşılık egemenlik edimi, bu tarihi boyutu içermeyebilir; çünkü egemenlik yapısı, kendi mekanik ve bilinçsiz işlevselliğiyle sürdürülür". José Luis Fiori'nin yayımlanmamış bir çalışmasından; alıntı yapmama izin verdiği için kendisine teşekkür borçluyum.

7. Karl Marx ve Friedrich Engels, *La Sagrada Familia y otras Escritos* (Mexico,1962), s. 6. [*Kutsal Aile,* Çev. K. Somer, Sol Yay., 1994] İtalikler bana aittir. [Almanca basımda kaynak, Karl Marx, *Zur kritik der Hegelschen Rechtsphilosophie,* Marx-Engels-Studienansgabe 1, Fischer Bücherei 764, s. 20 (*Hegel'in Hukuk Felsefesinin Eleştirisi,* Çev. Kenan Somer, Sol Yay., 1997) olarak gösterilmiştir.] (İngilizce metinde bu alıntı Portekizce bırakılmıştı -ç.n.)

Çarpık algılamanın başka bir biçimi, algılayanın bireysel veya sınıfsal çıkarları nesnel gerçeklikteki bir değişimle tehdit edilecekse ortaya çıkar. İlk örnekte, bu gerçeklik kurgusal olduğu için gerçekliğe hiçbir eleştirel müdahale yoktur; ikinci örnekte de yoktur çünkü müdahale algılayanın sınıf çıkarlarıyla çelişecektir. İkinci vakada algılayanın eğilimi "nevrotik" hareket etmek olacaktır. Olgu vardır; fakat olgu da bu olgudan doğabilecek sonuç da aleyhine olabilir. Böylece olguyu tamamen inkâr etmek değil de "farklı görmek" zorunlu hale gelir. Bir savunma mekanizması işlevini gören bu rasyonelleştirme, nihayetinde öznelcilikten başka bir şey değildir. İnkâr edilmeyen fakat içerdiği gerçek rasyonalize edilen bir olgu, nesnel temelini kaybeder. Somut olmaktan çıkar ve algılayanın sınıfını savunmak için yarattığı bir mit haline gelir.

İnsanları gerçekliğe eleştirel müdahaleden caydırmak için yasaklar ve güçlükler icat edilmesinin nedenlerinden biri burada yatar (bu konu 4. Bölüm'de ayrıntılı olarak tartışılacaktır). Ezen, böylesi bir eleştirel müdahalenin kendi yararına olmayacağını gayet iyi bilir. Onun *yararına olan* insanların kendilerini ezen gerçeklik karşısında aciz halde, gömülmüşlük durumunda yaşamayı sürdürmesidir. Burada Lukács'ın devrimci partiye yaptığı uyarıyı anmak yerinde olacaktır:

... [Parti] Marx'ın ifadesiyle, kitlelere kendi eylemlerini açıklamak zorundadır; böylelikle sadece proletaryanın devrimci deneyimlerinin sürekliliğini sağlamış olmakla kalmayıp, bu deneyimlerin geliştirilmesini de bilinçli ve aktif olarak ilerletmiş olur.[8]

---

8. Georg Lukács, *Lénine*, (Paris, 1965), s. 62. [Almanca: G.Lukács, *Lenin*, Viyana 1924. Yeniden basım: Neuwied ve Berlin 1967, s. 33 ve sonrası.] (*Lenin'in Düşüncesi*, Çev. Mehmet R. Zaralı, Belge Yay., 1979)

Kuşkusuz, zorunluluğu vurgularken Lukács, eleştirel müdahale problemini tartışma gündemine getirir. "Kitlelere kendi eylemini açıklamak", bu eylemi, hem ortaya çıkmasına yol açan nesnel olgularla ilişkisi bakımından hem de hedefleri bakımından açıklamak ve aydınlatmaktır. İnsanlar, kendi dönüştürücü eylemlerinin nesnesi olması gereken, bu meydan okur gerçekliği ne kadar deşifre ederlerse, bu gerçekliğe o kadar eleştirel şekilde nüfuz etmiş olurlar. Bu şekilde "deneyimlerinin geliştirilmesini de bilinçli ve aktif olarak ilerletmiş olurlar". Nesnel gerçeklik olmasaydı, insanın "ben olmayan"ını oluşturan ve onu tavır almaya zorlayan dünya olmasaydı, insan eylemi de olmazdı; tıpkı insan bir "tasarı" olmasaydı, kendini aşma, kendi gerçekliğini kavramak ve dönüştürmek üzere anlama yeteneği olmasaydı, insan eyleminin olmayacağı gibi.

Diyalektik düşüncede dünya ve eylem ayrılmaz biçimde karşılıklı bağımlılık içindedirler. Fakat eylem ancak sadece bir uğraş değil ayrıca bir düşünme de olduğu zaman, yani düşüncenin karşı kutbuna konulamadığı zaman insanidir. Düşünme ki eylemin temelidir, hem Lukács'ın "kitlelere kendi eylemini açıklama" görevinde hem de bu açıklamaya atfettiği, "bu deneyimlerin geliştirilmesini bilinçli ve aktif olarak ilerletmek" hedefinde de içkindir.

Bununla birlikte bizim görevimiz, insanlara kendi eylemlerini açıklamak değil, eylemleri hakkında onlarla konuşmaktır. Ne de olsa, hiçbir gerçeklik kendi kendine dönüşmez[9] ve Lukács'ın devrimci partiye atfettiği "kitlelere kendi eylemlerini açıklama" görevi bizim, insanların prak-

---

9. "İnsanların koşulların ve eğitimin ürünü oldukları, dolayısıyla değişen insanların başka koşulların ve değişen eğitimin ürünü oldukları şeklindeki materyalist öğreti, koşulları değiştirenin insanlar olduğunu, eğitimcinin kendisinin de eğitilmesi gerektiğini unutur". *Karl Marx ve Friedrich Engels Selected Works* (Seçme Eserler), (New York, 1968), s. 28. [Almanca: F. Engels: Redigierte Thesen von Karl Marx über Feuerbach. Marx-Engels Studiemansgabe, 1 Fischer Bücherei 764, s. 142].

sis aracılığıyla gerçekliğe eleştirel müdahalede bulunması gerektiği iddiamızla çakışır. Kendi özgürleşmesi için mücadeleye giren insanların pedagojisi olan ezilenlerin pedagojisinin kökleri buradadır. Ve kendini ezilen olarak tanıyan veya böyle tanımaya başlayanlar bu pedagojiyi geliştirenler arasında olmalıdırlar. Gerçekten özgürleştirici hiçbir pedagoji, onlara talihsizler muamelesi yaparak ve ezenlerin safları arasından öyküneeekleri modeller sunarak ezilenlerle arasına mesafe koyamaz. Ezilenler kendi kurtuluş mücadelelerinde kendi kendilerinin örneği olmalıdırlar.

Gerçekten hümanist (insancıl değil) bir yüce gönüllülükle hareket eden ezilenlerin pedagojisi, kendini bir insan pedagojisi olarak sunar. Ezenlerin bencil çıkarlarını (vesayetçilik şeklindeki sahte yüce gönüllülük kılığına bürünmüş bir bencillik) esas alan ve ezilenleri, insancıllığının nesnesi haline getiren bir pedagoji, baskı durumunu bizzat ayakta tutar ve kendisinde cisimleştirir. Böylesi bir pedagoji insandışılaşmanın bir aracıdır. Bu, daha önce de belirttiğimiz gibi, ezilenlerin pedagojisinin ezenler tarafından geliştirilemez veya uygulanamaz oluşunu da açıklar. Ezenler, özgürleştirici bir eğitimi, sadece savunmakla kalmayıp ayrıca gerçekten hayata geçirselerdi, bu başlı başına bir çelişki olurdu.

Fakat özgürleştirici bir eğitimin hayata geçirilmesi siyasi iktidar gerektiriyorsa ve bu da ezilenlerde yoksa, o halde ezilenlerin pedagojisinin devrimden önce uygulanması nasıl mümkün olur? Bu en önemli sorundur, buna en azından geçici bir yanıtı 4. Bölüm'de ana hatlarıyla tasarlayacağız. Yanıtın bir yönü ancak siyasi iktidar tarafından değiştirilebilen *sistematik eğitim* ile ezilenlerin örgütlenmesi sürecinde ezilenler ile birlikte uygulanması gereken *eğitim projeleri* arasındaki ayrımda aranmalıdır.

Hümanist ve özgürlükçü bir pedagoji olması bakımından, ezilenlerin pedagojisinin açıkça seçilen iki ayrı aşaması vardır: Birinci aşamada ezilenler, içinde ezildikleri dünyayı deşifre ederler ve praksis aracılığıyla, bu dünyanın dönüştürülmesine kendilerini adarlar. İkinci aşamada ki bu aşamada içinde ezildikleri gerçeklik zaten dönüştürülmüştür, bu pedagoji ezilenlere ait olmaktan çıkar ve sürekli özgürleşme sürecinde tüm insanların pedagojisi haline gelir. Her iki aşamada da derine inen eylemlerle egemenlik kültürüne, kültürel bakımdan karşı çıkılması söz konusudur.[10] Bu karşı çıkış, ilk aşamada ezilenlerin içinde ezildikleri dünyayı algılama tarzındaki değişim; ikinci aşamada ise devrimci dönüşümle ortaya çıkan yeni düzenin üzerine bir karabasan gibi çöken, eski düzende yaratılmış ve geliştirilmiş mitlerin kovulması yoluyla gerçekleşir.

İlk aşamanın pedagojisi, ezilen bilinci ve ezen bilinci problemiyle, ezen insanların ve ezilen insanların sorunuyla ilgilenmek zorundadır. Bu pedagoji, onların davranışını, onların dünya görüşünü, onların ahlakını göz önüne almak zorundadır. Özel bir problem, ezilenlerin ikiliğidir: Çelişkilidirler, bölünmüşlerdir, somut bir baskı ve şiddet durumunda biçimlenmişlerdir ve bu durum içinde var olmaktadırlar.

"A"nın nesnel olarak "B"yi sömürdüğü veya sorumlu bir kişi olarak özgüvenini pekiştirmesini engellediği herhangi bir durum, bir baskı durumudur. Böylesi bir durum, sahte yüce gönüllülükle şirinleştirilmiş olsa bile, kendiliğinden şiddet yaratır; çünkü insanın daha yetkin insan olma yönündeki ontolojik ve tarihsel yetisini engeller. Bir baskı ilişkisinin kurulmasıyla şiddet *zaten* başlamıştır. Tarihte hiçbir zaman şiddet ezilenlerden kaynaklanmamıştır. Eğer kendileri şiddetin sonucu iseler nasıl şiddetin başlatıcısı olabilirler ki? Nesnel başlangıcı, onların ezilenler olarak var olmalarıyla ortaya çıkmış olan bir şeyin taşıyıcısı olmaları nasıl mümkün olabilir ki? Öncesinde boyun eğmişlik-

---

10. Bu, Mao'nun kültür devriminin temel yönü gibi görünüyor.

lerine temel oluşturacak bir şiddet durumu olmamış olsaydı, ezilenler de olmazdı.

Şiddet; ezen, sömüren, ötekileri kişi saymayanlarca başlatılır; yoksa ezilen, sömürülen, kişi sayılmayanlarca değil. Antipatiyi başlatanlar, sevilmeyenler değildir, sadece kendilerini sevdikleri için aslında sevmeyi beceremeyenlerdir. Terörü başlatan; çaresizler, teröre maruz kalanlar değil, iktidarları sayesinde "hayatın reddedilmişleri"ni ortaya çıkaran somut durumu yaratan tedhişçilerdir. Despotizmi başlatan, zulmedilenler değildir, zalimlerdir. Nefreti başlatan, horlananlar değil, horlayanlardır. İnsanı olumsuzlayan, kendilerine insan olma hakkı tanınmayanlar değil, onlardan insanlığı esirgeyenlerdir (bunlar böylece kendi insanlıklarını da olumsuzlamış olurlar). Güçlünün egemenliği altında zayıf düşürülmüş olanlar değil, onları güçsüz kılmış güçlülerdir zor kullanan.

Bununla birlikte ezenler için (ezenlerin şiddetine tepki gösterecek olsalar), kötü niyetli, tedhişçi, barbar, kalleş veya savaş istekli olanlar daima (hiçbir zaman açıkça "ezilenler" olarak nitelendirmedikleri; ama –hemşeri olup olmadıklarına bağlı olarak– "o insanlar", "kör ve kıskanç kitleler", "vahşiler", "yerliler" veya "yıkıcılar" diye adlandırdıkları) ezilenlerdir.

Ancak ne kadar paradoksal görünse de tam da ezilenlerin, onları ezenlerin şiddetine gösterdiği tepkide bir sevgi ifadesi görülebilir. İsyan süreci (bu süreç daima ya da hemen hemen –daima– ezenlerin başlangıçtaki şiddeti kadar şiddetlidir) bilinçli ya da bilinçsiz olarak, sevgiyi başlatabilir. Ezenlerin şiddeti ezilenlerin tam insan olmalarını önlerken ezilenlerin bu şiddete tepkisi insan olma hakkını gerçeğe dönüştürme arzusuna dayanır. Ezenler ötekileri insandışılaştırır ve onların haklarını ihlal ederken, kendileri de insandışı hale gelirler. İnsan olma mücadelesi veren ezilenler, ezenlerin egemen olma ve baskı iktidarını ortadan kaldırırken, baskı uygulaması sırasında kaybetmiş oldukları insanlığı da ezenlere yeniden kazandırırlar.

Kendilerini özgürleştirmeleriyle, kendilerini ezenleri de özgürleştirebilecek olan yalnızca ve yalnızca ezilenlerdir. Bir sınıf olarak ezenler ne başkalarını ne de kendilerini özgürleştirebilirler. Bu nedenle ezilenlerin içinde hapsoldukları çelişkiyi çözümleme mücadelesi vermeleri hayati önem taşır; ve bu çelişki, yeni insanın, yani ne ezen ne de ezilen olan, özgürleşme sürecindeki insanın ortaya çıkmasıyla çözülecektir. Eğer ezilenlerin amacı yetkin insan olmaksa, bu çelişkinin öğelerini tersyüz etmekle ya da sadece kutupları birbiriyle değiştirerek amaçlarına ulaşamayacaklardır.

Bu bir basitleştirme gibi gelebilir ama değildir. Ezen-ezilen çelişkisinin çözümlenişi gerçekte, ezilenlerin sınıf olarak ortadan kalkmasını içerir. Bununla birlikte, eskinin ezilenlerinin, eski ezenlerine dayattığı ve eskinin ezenlerinin önceki konumlarını yeniden kazanmalarını önleyen kısıtlamalar *baskı* oluşturmaz. Bir edim ancak insanları daha tam insan olmaktan alıkoyduğu zaman baskıcıdır. Dolayısıyla, bu zorunlu kısıtlamalar *kendi başına* dünün ezilenlerinin bugünün ezenleri haline geldiklerini göstermez. Baskıcı yönetimin restorasyonunu önleyen edimler, baskıcı yönetimi yaratan ve sürdüren edimlerle karşılaştırılamaz; birkaç kişinin, çoğunluktan insan olma hakkını esirgediği edimlerle de karşılaştırılamaz.

Bununla birlikte yeni rejim hükmedici bir "bürokrasi"[11] haline geldiği an, mücadelenin hümanist boyutu kaybolur ve artık özgürleşmeden söz edilemez. Ezen-ezilen çelişkisinin gerçek çözümünün durumun sadece tersyüz edilme-

---

11. Yalnız bu katılık, öncenin ezenlerine, eski baskıcı düzeni yeniden kuramamaları için uygulanması gereken kısıtlamalarla özdeşleştirilmemelidir. Daha çok, atıl hale gelen ve eski baskıcı, bürokratik devlet aygıtını (ki Marx'ın usanmadan tekrar tekrar vurguladığı gibi kesin bir şekilde sınırlarına çekilmesi sağlanmalıdır) kullanmak suretiyle halka karşı hale gelen devrimi anlatır.

sinde, kutupların yer değiştirmesinde olmadığını vurgulayışımız bundandır. Bu çelişkinin çözümü, eski ezenlerin yerini –özgürleşmeleri adına– ezilenleri boyunduruk altına almayı sürdüren yeni ezenlerin alması da değildir.

Fakat özgürleşmiş işçilerin yeni bir ortam kurmasıyla çelişki gerçekten çözüldüğü zaman bile, eskinin ezenleri özgürleşme hissetmezler. Tersine kendilerini hakikaten ezilmiş sayarlar. Başkalarını baskı altına alma deneyimiyle koşullandıkları için önceki durumlarından başka herhangi bir durum onlara baskı gibi gelir. Eskiden yiyebilir, giyebilir, eğitim görebilir, yolculuk yapabilir ve Beethoven dinleyebilirlerdi; ama milyonlar açtı, giysileri veya ayakkabıları yoktu, öğrenim görmez veya yolculuk yapmazdı, hele Beethoven'ı hiç dinleyemezdi. Kamunun hakları adına bu hayat tarzına getirilen her kısıtlama, eskinin ezen kesimine bireysel haklarının derinden ihlali gibi görünür; oysa kendileri, açlıktan zarar gören ve ölen, acı çeken, umutsuzluk içindeki milyonlara hiç saygı göstermemişlerdi. Ezenler için "insani varlık" sadece kendileridir; öteki insanlar "şeyler"dir. Ezenler için sadece bir tek hak vardır: Kendilerinin barış içinde yaşama hakkı. Buna karşılık ezilenlerin hakkı ise –ki bu hakları bile her zaman saygı görmez, olsa olsa kabullenilir– hayatta kalmaktır. Ve bu zoraki kabul de sadece ezilenlerin varlığı, kendi varoluşları için zorunlu olduğundan gerçekleşir.

Bu tavır, dünyanın ve insanın bu kavranma şekli (ki zorunlu olarak, yeni bir rejimin kurulmasına, ezenlerin direnmesini getirir), egemen sınıf olma deneyimleriyle açıklanabilir. Bir kez, bir şiddet ve baskı durumu kurulunca bu, içinde hapsolmuş olanların hepsi için tam bir hayat ve davranış tarzı doğurur; ister ezen ister ezilen olsunlar. Her iki grup da bu durumun içine gömülüdür ve her ikisi de ezilme durumunun damgasını taşır. Ezilmenin varoluşsal durumlarının analizi, ezme/ezilmenin –iktidar sahiplerinin gerçekleştirdiği– bir şiddet edimiyle başladığını ortaya koyar. Bu şiddet, bir süreç olarak, hem şiddetin vârisleri haline gelen hem de şiddet ikliminde biçimlenen ezenler arasında kuşaktan kuşağa aktarılır. Bu iklim, ezenin içinde güçlü bir sahip olma bilinci –dünyaya ve insanlara sahiptir– yaratır. Dünyanın ve insanların doğrudan, somut, maddi sahiplenilmesi olmasa ezenlerin bilinci kendini anlayamaz, hatta var olamazdı. Fromm, bu bilincin, böylesi bir sahiplenme olmaksızın "dünyayla bağlantısını kaybedeceği"ni söyler. Ezenlerin bilinci, kendisini çevreleyen her şeyi egemenliğinin bir nesnesine dönüştürme eğilimindedir. Yeryüzü, toprak, üretim, insanların yarattıkları, insanların kendileri, zaman, her şey onun tasarrufundaki nesneler statüsüne indirgenir.

Sınır tanımaz sahiplenme tutkuları içinde ezenler, her şeyi satın alma güçlerinin nesnelerine dönüştürmelerinin mümkün olduğu kanısına varırlar; katı materyalist nitelikteki varoluş kavramlarının kaynağı budur. Para her şeyin ölçüsüdür; kâr, başlıca amaçtır. Ezenler için değerli olan, daha fazlasına sahip olmaktır –daima daha fazlasına– hatta ezilenlerin daha azına sahip olması veya hiçbir şeysiz kalması pahasına. Onlar için *olmak, sahip olmaktır* ve "sahipler" sınıfı olmaktır.

Bir ezilme durumundan çıkar sağlayanlar olarak ezenler; *sahip olmak, olma*nın bir koşulu ise bunun tüm insanlar için zorunlu bir koşul olacağını algılayamazlar. İşte bu yüzden yüce gönüllülükleri sahtedir. İnsanlık bir "şey"dir ve onlar insanlığa, sadece kendilerine özgü bir hak olarak miras aldıkları bir mülk olarak sahiptirler. "Ötekiler"in, halkın insanlaşması, ezenlerin bilincine, insanlığın kazanılması olarak değil, yıkıcılık olarak görünür.

Ezenler, bir imtiyaz olarak *daha fazlasına sahip olma* tekellerinin, ötekileri ve kendilerini insandışılaştırdığını anlamazlar. Sahiplenen bir sınıf olarak bencilce *sahip olma* peşinde oluşlarıyla, kendi mülkleri içinde boğulduklarını ve artık var olmadıklarını, sadece *sahip* olduklarını göremezler. Onlar için daha fazlasına *sahip olmak* kişinin devredilemez bir hakkıdır, onların kendi "çaba"ları, "riskleri göze alma cesaretleri"yle elde ettikleri bir haktır. Eğer ötekiler daha fazlasına sahip değilse, bu onların beceriksiz ve tembel olduklarındandır, en kötüsü de hâkim sınıfın "cömert jestleri"ne karşı gösterdikleri mazur görülmesi imkânsız nankörlüktür. "Nankör" ve "kıskanç" oldukları için ezilenler gözden kaçırılmaması gereken potansiyel düşmanlar olarak değerlendirilirler.

Başka türlü de olmazdı zaten. Ezilenlerin insanlaşması yıkıcılık anlamına geliyorsa, aynı şey özgürlükleri için de geçerlidir. Bu nedenle sürekli denetlenmeleri gerekir. Ve ezenler, ezilenleri ne kadar denetlerse, onları o kadar açıkça ruhsuz "şeyler"e dönüştürürler. Ezenlerin bilincinin, bu karşılaştığı her şeyi ve herkesi "ruhsuzlaştırma" eğilimi kuşkusuz, sahip olma hırsıyla birlikte bir sadizm eğilimine karşılık düşer. Fromm şöyle diyor:

> Sadist dürtünün özünde başka bir kişi (ya da öteki canlı varlıklar) üzerinde kesin egemenlik kurmanın getirdiği zevk yatar. Aynı düşünceyi, "sadizmin amacı insanı bir nesneye, canlı bir şeyi cansız bir şeye dönüştürmektir" diyerek de dile getirebiliriz; çünkü tam ve kesin denetim altında canlılar yaşamın tek temel niteliğini, özgürlüğü yitirirler.[12]

Sadist sevgi sapkın bir sevgidir; ölümü sevmektir, hayatı değil. Bu yüzden ezenlerin bilincinin ve ölümsever dünya görüşünün bir karakteristiği, sadizmdir. Ezenlerin bilinci, egemenlik uğruna, hayatı karakterize eden arayış güdüsünü, tez canlılığı ve yaratıcı gücü bastırmaya çalışırken,

---

12. Erich Fromm, *The Heart of Man* (New York, 1966), s. 32. [*Sevginin ve Şiddetin Kaynağı,* Çev. Yurdanur Salman - Nalân İçten, s. 28, Payel Yay., 1987]

hayatı öldürür. Ezenler amaçları için giderek artan ölçüde, güçlü aygıtlar oldukları su götürmeyen bilimi ve teknolojiyi kullanıyorlar; amaçları da ezme/ezilme düzeninin manipülasyon ve baskı yoluyla sürdürülmesidir.[13] Ezilenlerin, nesneler, "şeyler" olarak, ezenlerinin kendileri için biçtiği amaçlar dışında hiçbir amaçları yoktur.

Şimdiye kadar betimlediğimiz bağlamdan hareketle, önemi su götürmez bir başka sorun ortaya çıkar: Ezen sınıfın bazı üyelerinin, ezilenlerin özgürleşme mücadelesine katılması, böylelikle çelişkinin bir kutbundan ötekine geçmeleri olgusu. Onlarınki temel bir roldür ve bu mücadelenin tarihi boyunca da temel bir rol olagelmiştir. Bununla birlikte, sömürücüler veya kayıtsız seyirciler veya kabaca sömürünün mirasçıları olmayı bırakıp, sömürülenler safına geçerlerken hemen hemen daima, beraberlerinde kökenlerinin damgalarını da getirirler: Bunlar, halkın düşünme, isteme ve bilme yeteneğine güvenmemelerini de içeren önyargıları ve çarpıtmalarıdır. Dolayısıyla halkın davasının bu taraftarları sürekli olarak ezenlerinki kadar kötü türden bir yüce gönüllülüğe kapılma tehlikesi içindedirler. Ezenlerin yüce gönüllülüğü adaletsiz bir düzenden beslenir; bu yüce gönüllülüğü haklı göstermek için bu düzen sürdürülmek zorundadır. Öte yandan ezilenlerin safına geçenler adaletsiz düzeni dönüştürmeyi hakikaten arzularlar. Ama kökenleri yüzünden, dönüşümün uygulayıcılarının kendileri olması gerektiğine inanırlar. Halk hakkında konuşurlar fakat ona güvenmezler. Oysa halka güvenmek, devrimci değişimin olmazsa olmaz önkoşuludur. Gerçek bir hümanist, halkın mücadelesine katılmasına neden olan, halka duyduğu güven ile ayırt edilebilir, bu güven olmaksızın halk adına yaptığı binlerce eylemle değil.

---

13. "Sosyal denetimin egemen biçimleri" için bkz Herbert Marcuse, *One -Dimensional Man* (Boston, 1964) [*Tek Boyutlu İnsan*, Çev. Aziz Yardımlı, İdea Yay., 1991] ve *Eros and Civilization* (Boston, 1955) [*Eros ve Uygarlık*, Çev. A. Yardımlı, İdea Yay., 1982].

Kendilerini gerçekten halka adayanlar, sürekli olarak kendilerini yeniden sınamalıdırlar. Bu saf seçimi, kaypak davranışa izin vermeyecek ölçüde radikaldir. Bu kendini adamayı törenle yapıp da aynı zamanda kendini, –halka verilmesi (ya da dayatılması) gereken– devrimci bilgeliğin sahibi olarak görmek, eskiyi olduğu gibi sürdürmek olurdu. Özgürleşme davasına adanmışlığını ilan eden ama henüz tamamen cahil saymakta devam ettiği halkla birlikteliğe giremeyen bir insan, acı şekilde kendini kandırır. Ezilenlerin safına katılan, halka yaklaşan; fakat onların attığı her adımda, ifade ettikleri her kuşkuda, sundukları her öneride, "statü"sünü dayatmaya kalkışan kişi, kökenini özlüyor demektir.

Halka dönmek derinlemesine bir yeniden doğuş gerektirir. Buna katlananlar yeni bir varoluş biçimi benimsemek zorundadırlar; eskiden oldukları gibi kalamazlar. Ezilenlerin safına katılanlar çeşitli anlarda egemenlik yapısını yansıtan özel yaşama tarzlarını ve davranışlarını sadece ezilenlerle arkadaşlık içinde kavrayabilirler. Özelliklerinden birisi ezilenlerin yukarıda açıkladığımız varoluşsal ikiliğidir; yani ezilenlerin, aynı zamanda hem kendileri hem de görüntüsünü içselleştirdikleri ezenleri olmalarıdır. Dolayısıyla, kendi ezenlerini ve kendi bilinçlerini somut biçimde "keşfedene" kadar, hemen hemen her zaman içinde bulundukları duruma karşı kaderci tavırlar ifade ederler.

> Köylü, bağımlı olduğunu anladığı zaman, bağımlılığını aşma cesaretini kazanmaya başlar. O zamana kadar, patronuna hak verir ve "Benim elimden ne gelir? Ben sadece bir köylüyüm" der.[14]

Üstünkörü analiz edildiğinde bu kadercilik kimi zaman ulusal karakterin özelliği olan bir uysallık olarak yorumla-

---

14. Bir köylünün bu kitabın yazarıyla yaptığı bir söyleşideki sözleri.

nır. Oysa uysallık kisvesindeki kadercilik, tarihi ve sosyolojik bir durumun ürünüdür; bir halkın davranışının asli özelliği değildir. Hemen hemen her zaman alınyazısının, kaderin ya da talihin –kaçınılmaz güçlerin– gücüyle veya çarpık bir Tanrı anlayışıyla ilişkilidir. Büyü ve mitin egemenliği altında ezilenler (özellikle de hemen hemen doğanın kucağında bulunan köylüler)[15] sömürünün ürünü olan çilelerini Tanrı'nın iradesi gibi görürler; sanki bu "örgütlü karışıklığın" yaratıcısı Tanrı'ymış gibi.

Gerçekliğe gömülmüş haldeki ezilenler, görüntüsünü içselleştirdikleri ezenlerin çıkarlarına hizmet eden "düzen"i açık seçik göremezler. Bu düzenin kısıtlamalarına çarpıp yıprandıkça çoklukla bir tür yatay şiddet ortaya dökerler ve incir çekirdeğini doldurmayacak nedenler yüzünden kendi arkadaşlarına vururlar.

> Sömürgeleştirilmiş insan, kemiklerinde birikmiş olan bu saldırganlığı, ilk olarak kendi insanlarına karşı dışa vuracaktır. Bu, zencilerin birbirlerini dövdükleri, polisin ve yargıçların Kuzey Afrika'daki şaşırtıcı suç dalgası karşısında ne yapacaklarını bilmedikleri zamanlardır. Avrupalı göçmenler ya da polis ona dilediğince vurabildiği, küfredebildiği ve yaltaklanarak yerine getirdiği emirler verebildiği halde, aynı yerlinin başka bir yerlinin en ufak bir düşmanlığında veya bir saldırgan bakışında bıçağına sarıldığını görürsünüz; çünkü yerlinin son sığınağı, kendi kişiliğini kardeşine karşı savunmaktır.[16]

Bu davranışta muhtemelen bir kez daha, içinde bulundukları ikiliği sergilemektedirler. Ezen, ezilen arkadaşlarının içinde yaşadığı için, arkadaşlarına saldırdıkları zaman, dolaylı olarak ezene de saldırmış olurlar.

---

15. Karş. için bak. Candido Mendes, *Memento de Vivos -A Esquerda Católica no Brasil*, (Rio, 1966).
16. Frantz Fanon, *The Wretched of the Earth* (New York 1968), s. 52. [*Yeryüzünün Lanetlileri*, Çev. Şen Süer, Versus Yay., 2016] (Çeviri bize aitç.n.)

Öte yandan varoluş deneyimlerinin belirli bir noktasında ezilenler, ezen ve ezenin hayat tarzı tarafından karşı konulmaz şekilde cezp edilirler. Bu hayat tarzını paylaşmak onları kendilerinden geçiren bir özlem haline gelir. Ezilenler, yabancılaşmanın etkisiyle ne pahasına olursa olsun ezene benzemek, onu taklit etmek, onu izlemek isterler. Bu olgu özellikle, üst sınıfın "mümtaz" insanlarına denk olma özlemini duyan orta sınıf ezilenlerde hâkimdir. "Sömürgeleştirilmiş zihniyet"in olağanüstü yetkinlikteki bir analizini yapmış olan Albert Memmi, sömürgecilerden iğrendiğini ama aynı zamanda da "tutkuyla" sömürgecinin cazibesine kapıldığını şöyle anlatır:

> Sömürgeci ikide bir yığınla sömürgeleştirilmiş insanı katlettiği halde, işçilerine nasıl bakabilirdi? Sömürgeleştirilmiş olan, böylesi aşırı talepleri yerine getirecek kadar nasıl kendini inkâr edebilirdi? Sömürgeciden nefret ettiği halde, ona aynı zamanda nasıl böylesine tutkuyla hayranlık duyabilirdi? Bu hayranlığı elimde olmaksızın ben de hissettim.[17]

Kendini aşağılamak, ezilenlerin bir başka özelliğidir; ezenlerinin kendileri hakkındaki görüşünü içselleştirmelerinden kaynaklanan bir özelliktir bu. Hiçbir şeye yaramadıklarını, hiçbir şey bilmediklerini, herhangi bir şey öğrenmekten aciz olduklarını –hasta, tembel ve verimsiz olduklarını– o kadar sık duyarlar ki sonunda kendi acizliklerine ikna olurlar.

> Köylüler patrondan aşağı oldukları hissindedirler çünkü patron onlara neyin ne olduğunu bilen ve işi çekip çevirebilen tek kişi gibi görünür.[18]

---

17. Albert Memmi, *The Colonizer and The Colonized*, (Boston, 1967), s. X. [*Sömürgecinin Portresi/Sömürgeleştirilenin Portresi*, Çev. Şen Süer, Versus Yay., 2014]
18. Yazarla yaptığı görüşmede bir köylünün sözleri.

Kendilerini cahil olarak nitelerler ve bilgi sahibi tek kişinin "öğretmen" olduğunu, onu dinlemeleri gerektiğini söylerler. Onlara belletilmiş bilgi kriterleri de klasik kriterlerdir. Bir kültür grubuna katılan bir köylü, "Niye önce resimleri açıklamıyorsun? Daha kısa sürerdi ve biz de başımızı ağrıtmazdık"* demişti.

Kendilerinin de dünyayla ve öteki insanlarla ilişkileri içinde öğrendikleri "bir şeyleri bildikleri"ni genellikle düşünmezler. İçinde bulundukları ikiliği yaratan koşullar göz önüne alındığında kendilerine güven duymayışları gayet doğaldır.

Eğitim projelerindeki köylülerin hararetli hararetli verimli bir konuyu tartışmaya başlayıp, sonra ansızın susmaları ve eğitimciye, "Kusura bakmayın, sessiz olmamız ve sizin konuşmanıza imkân vermemiz gerekirdi. Bilgi sizde, biz hiçbir şey bilmiyoruz" demeleri hiç de az rastlanır değildir. Sık sık kendileriyle hayvanlar arasında hiçbir fark olmadığı konusunda ısrar ederler; bir farklılığın varlığını kabul ettikleri zaman da bu, hayvanlar lehinedir. "Onlar, bizden daha özgürler".

Bununla birlikte bu kendine güvensizliğin, ezilme durumundaki ilk değişimlerle nasıl ortadan kalkmaya başladığını gözlemek çarpıcıdır. Bir köylü liderinin bir *asentamiento*** toplantısında şunları söylediğini işittim: "Bize hep tembel ve sarhoş olduğumuz için verimsiz olduğumuzu söyleyip durdular. Hepsi yalan. İnsan olarak saygı gördüğümüze göre, herkese göstereceğiz ki, hiçbir zaman sarhoş veya tembel değildik. Sömürülüyorduk!"

İkilikleri sürdükçe ezilenler direnmeye cesaret edemez ve kendilerine hiç güvenemez olurlar. Ezenlerin yenil-

* Karş. için bak. 3. bölüm, s. 88. (ç.n.)
** Asentamiento, Şili tarım reformu deneyi sırasındaki bir üretim birimidir. (ç.n.)

mezliğine ve güçlülüğüne, hiç düşünmeksizin büyülü bir inanç beslerler.[19] Toprak sahibinin erkinin büyülü gücü özellikle kırsal bölgelerde hüküm sürer. Bir sosyolog arkadaşım Latin Amerika ülkelerinden birinde kısa bir süre önce bir latifundiyayı ele geçirmiş olan bir grup silahlı köylüden söz etmişti. Taktik nedenlerle bu köylüler, toprak sahibini rehine olarak tutmayı planlamışlardı. Fakat toprak sahibine muhafızlık edecek cesarete sahip tek bir köylü çıkmadı. Toprak sahibinin varlığı bile ürkütücüydü. Ayrıca patrona karşı direnişe geçme ediminin suçluluk duyguları yaratmış olması da mümkündür. Patron aslında onların "içinde"ydi.

Ezilenler, ezenlerinin yenilebilirliğinin örneklerini görmelidir ki, aksi yöndeki bir inanç içlerinde boy atmaya başlayabilsin. O zamana kadar da gönülsüz, korkak ve kanadı kırık olmaya devam edeceklerdir.[20] Ezilenler, durumlarının nedenlerinin farkına varmadıkça, sömürülmelerini kaderci bir şekilde "kabul" ederler. Dahası özgürlükleri ve kaderlerini tayin hakkı için mücadele zorunluluğuyla karşı karşıya kaldıklarında da, edilgen ve yabancılaşmış bir tarzda tepki göstermeye yatkındırlar. Bununla birlikte, yavaş yavaş isyancı eylem biçimlerini deneme eğilimine girerler. Özgürleşme için çalışırken, ne bu edilgenlik unutulmalıdır ne de uyanma ânını kaçırmalıdır.

Ezilenlerin kendilerini, ezenlere ait olan "şeyler" gibi hissetmeleri, dünya ve kendi haklarındaki görüşlerinin gerçek olmayışıyla ilgilidir. Ezenler için *olmak sahip olmaktır*; hemen hemen her zaman da hiçbir şeyi olmayanların sırtından sahip olmaktır. Ezilenler için, varoluşsal tecrübelerinin belirli bir noktasında *olmak*, ezene benzemek

---

19. "Köylü, patrondan neredeyse içgüdüsel bir korku duyar". Bir köylüyle söyleşiden.
20. Bkz. Régis Debray, *Revolution in the Revolution?* (New York, 1967) [*Devrimde Devrim,* Çev. Ferit Muzaffer, BDS Yay., 1990].

değildir; fakat ezenin *altında olmak*tır, ona bağımlı olmaktır. Dolayısıyla da ezilenler duygusal olarak bağımlıdırlar.

Köylü bağımlı biridir. İstediğini söyleyemez. Bağımlılığını keşfettiği âna kadar acı çeker. Hırsını evde çıkarır, çocuklarına bağırır, döver ve yıldırır. Karısından yakınır, her şeyin korkunç olduğunu düşünür. Hırsını patrondan çıkarmaz çünkü onun üstün bir varlık olduğunu düşünür. Çoğu kere köylü dertlerini içkiyle hafifletir.[21]

Bu tam duygusal bağımlılık, ezilenlerde, Fromm'un ölümsever davranış dediği şeye yol açabilir: Hayatın yıkımı; kendi hayatlarının veya ezilen arkadaşların hayatlarının.

Ezilenler ancak ezenleri keşfettikleri ve özgürleşme için örgütlü mücadeleye girdikleri zaman kendilerine inanmaya başlarlar. Bu keşif sadece düşünce düzeyinde olamaz, eylemi içermelidir. Öte yandan da salt eylemcilikle sınırlı kalamaz, ciddi şekilde düşünme etkinliğini gerektirir. Ancak bu koşullar yerine geldiğinde buna praksis denebilir. Önkoşulu eylem olan, ezilenlerle eleştirel ve özgürleştirici diyalog, özgürleşme mücadelesinin her aşamasında sürdürülmelidir.[22] Bu diyaloğun içeriği tarihi koşullara ve ezilenlerin gerçekliği hangi ölçüde algıladıklarına bağlı olarak değişebilir ve değişmelidir. Fakat diyalog yerine monoloğu, sloganları ve bildirileri geçirmek, ezilenleri evcilleştirme araçlarıyla özgürleştirmeye kalkışmak demektir. Ezilenleri, özgürleşme edimine kendi düşünsel katılımları olmaksızın özgürleştirmeye kalkışanlar, onlara yanan bir binadan kurtarılması gereken nesneler muamelesi yapmış olur. Bu da onları popülizmin tuzağına düşürmek ve onları manipüle edilebilen kitlelere dönüştürmektir.

---

21. Bir köylüyle yapılan söyleşiden.
22. Elbette açık olarak değil; böylesi sadece ezenlerin öfkesini kışkırtmak olurdu ve daha da fazla baskıya yol açardı.

Özgürleşmelerinin bütün aşamalarında, ezilenler kendilerini ontolojik ve tarihsel yetileri olan, yetkin insan olmaya çalışan insanlar olarak tanımalıdırlar. Düşünme ve eylem, insanlığın özünü tarihsel biçimlerinden ayırma hatasına düşülmediği takdirde, kaçınılmaz hale gelir.

Ezilenlerin, içinde bulundukları somut durum hakkında düşünmeleri gereğinde ısrar etmek, masa başı devrimciliğine davetiye çıkarmak demek değildir. Tersine düşünme –gerçek düşünme– eyleme yöneltir. Öte yandan, durum eylem gerektirdiği zaman bu eylem sadece, sonuçları eleştirel bir düşünmenin nesnesi haline gelirse gerçek bir praksis olacaktır. Bu bakımdan praksis, ezilenlerin yeni *varoluş nedenidir* [*raison d'être*]. Bu tarihsel *varoluş nedeni* ânını başlatan devrim, aynı zamanda ezilenlerin adanmış bilinçlerinin katılımı olmadan işlerlik kazanamaz. Onsuz, bu eylem salt aktivizm olarak kalır.

Bununla birlikte bu tür bir praksise ulaşmak için, ezilenlere ve onların akıl yeteneklerine güvenmek şarttır. Bu güvenden yoksun olanlar, diyalog, düşünce ve iletişim başlatamayacak (veya bunları terk edecek) slogan, bildiri ve talimatlara kapılacaktır. Özgürleşme davasına yüzeysel katılmalar bu tehlikeyi beraberinde getirir.

Ezilenlerin safında siyasi eylem kelimenin tam anlamıyla pedagojik bir eylem olmalıdır. Ve bu nedenle ezilenler *ile birlikte* eylem olmalıdır. Özgürleşme için çalışanlar, ezilenlerin duygusal bağımlılığından –ezilenleri çevreleyen ve gerçeğe uymayan dünya görüşlerini yaratan somut egemenlik durumunun ürünü olan bir bağımlılıktır bu– yararlanmaya kalkışmamalıdırlar. Bağımlılığı, daha büyük bağımlılık yaratmak üzere kullananlar, baskıcı bir taktiğe başvurmuş olurlar.

Özgürlükçü eylem, bu bağımlılığı bir zayıf nokta olarak tanımalı, düşünce ve eylem yoluyla onu bağımsızlığa dönüştürmeye girişmelidir. Bununla birlikte en iyi niyetli önderlik bile, bağımsızlığı bir armağan olarak veremez. Ezilenlerin özgürleşmesi insanların özgürleşmesidir, şeylerin özgürleşmesi değildir. Dolayısıyla, kimse tek başına kendi çabasıyla kendini özgürleştiremeyeceği gibi, kimse de başkaları tarafından özgürleştirilemez. İnsani bir olgu olan özgürleşme yarı insanlar tarafından başarılamaz. İnsanlara yarı insani varlıklar olarak davranma girişimleri, onları insandışılaştırır. Ancak insanların uğradıkları baskı yüzünden zaten insandışılaştırıldıkları yerde bir de onları özgürleştirme süreci insandışılaştıran yöntemlere başvurmamalıdır.

Özgürleşme görevini yürütecek devrimci bir önderlik için doğru yöntem bu nedenle, "özgürlükçü propaganda" *değildir*. Önderlik ayrıca, ezilenlere bir özgürlük inancı "aşılamak" ve böylece onların güvenini kazanacağını düşünmek yoluna da başvuramaz. Doğru yöntem diyalogdan geçer. Ezilenlerin, kendi özgürleşmeleri için mücadele etmeleri gerektiğine ikna olmaları, devrimci önderliğin bir armağanı değildir, onların kendi *conscientizaçao*'larının sonucudur.

Devrimci önderler, mücadelenin gerekliliğine ilişkin –eğer gerçekse tabii– kendi inançlarının (bu da devrimci bilgeliğin vazgeçilmez bir boyutudur) onlara başka kimse tarafından verilmediğini göz önünde tutmak zorundadırlar. Bu inanç paketlenip satılamaz; ona, düşünme ve eylemin birliği sayesinde ulaşılır. Önderlerin, bu durumu eleştirmesine ve değiştirmek istemesine yol açmış olan şey ancak tarihsel bir ortam içinde, gerçeklik içinde giriştikleri etkinliktir.

Aynı şekilde (ikna edilmedikçe mücadeleye kendilerini bağlamayan ve böyle bir bağlanmaya girmediklerinde de bu mücadelenin zorunlu koşullarının önünde engel oluşturan) ezilenler, bu inanca özneler olarak ulaşmalıdır, nesneler olarak değil. Bunun ötesinde de, kendilerini kuşatan ve damgasını taşıdıkları duruma eleştirel olarak müdahale etmelidirler. Bunu, propaganda sağlayamaz. Mücadelenin gerekliliği inancı (bu inanç olmazsa mücadele yürütülemez) devrimci önderlik için vazgeçilmez olduğu ölçüde (aslında bu önderliği yaratan şey, bu inançtır) ezilenler için de zorunludur. Zorunludur; tabii ezilenler *ile* değil, ezilenler *için* dönüşüm gerçekleştirmek istenmiyorsa. Benim inancım, sadece ezilenler ile dönüşümün geçerli olduğu şeklindedir.[23]

Bu değerlendirmelerin sunulmasındaki hedef, devrimin içsel pedagojik karakterini savunmaktır. Özgürleşmelerini sağlayacak mücadeleyi ezilenlerin kendisinin üstlenmesi gerektiğini –açıkça belli bir gerçek– vurgulamış olan tüm çağların devrimcileri bu önermeyle birlikte onun içerdiği mücadelenin pedagojik yönünü de tanımışlardır. Bununla birlikte bu önderlerin pek çoğu (belki pedagojiye karşı doğal ve anlaşılır antipatileri yüzünden) ezenlerin kullanmış olduğu "eğitim" yöntemlerini uygular hale gelmişlerdir. Özgürleşme sürecinde pedagojik eylemi reddetmezler fakat ikna etmek için propagandayı kullanırlar.

Ezilenlerin, insanlaşma mücadelesini üstlendikleri zaman; o andan başlayarak mücadelenin tüm sorumluluğunu da kabul ettiklerini anlamaları esastır. Ezilenlerin, uğruna mücadele ettikleri özgürlük sadece aç kalmama özgürlüğü değil,

> ... yaratma ve kurma özgürlüğü, şaşabilme ve göze alabilme özgürlüğü. Böyle bir özgürlüğü tatmak için etkin ve sorumlu bir birey olmak gerekir; tutsak ya da çarkın iyi yağlanmış bir dişlisi olan birey değil. (...) İnsanların tutsak olmamaları da yetmez; toplumsal koşullar robotların doğmasına yol açarsa sonuç yaşam sevgisi değil, ölüm sevgisi olacaktır.[24]

---

23. Bu noktalar 4. Bölüm'de tartışılacaktır.
24. Fromm, a.g.e. s. 52-53. [Türkçesinde s. 49]

Baskının/ezmenin, ölümü yücelten ikliminde biçimlenmiş olan ezilenler, mücadeleleri aracılığıyla, hayatı vurgulayan bir insanlaşma yolunu bulmak zorundadırlar. Bu da sırf daha fazla yiyeceği olmaktan ibaret değildir (ama bu yanı mutlaka bulunmalıdır). Ezilenleri mahvetmiş olan şey zaten, durumlarının onları nesnelere indirgemiş olmasıdır. İnsanlıklarını yeniden kazanmak için, nesne olmaktan çıkıp insan olarak dövüşmelidirler. Bu radikal bir görevdir. Mücadeleye nesne olarak girip de *sonradan* insan haline gelemezler.

Mücadele, insanların, başkalarınca mahvedilmiş olduklarını görmeleriyle başlar. Propaganda, yönetim, manipülasyon –egemenliğin silahlarıdır hepsi de– onların yeniden insanlaşmalarının araçları olamazlar. Tek etkin araç, içinde devrimci önderliğin ezilenlerle kalıcı bir diyalog kurduğu, insanlaştırıcı bir pedagojidir. İnsanlaştırıcı pedagojide yöntem, öğretmenlerin (bu örnekte devrimci önderliğin) öğrencileri (bu örnekte ezilenleri) manipüle edebildiği bir araç olmaktan çıkar çünkü bu pedagoji bizzat öğrencilerin bilincinin ifade edilmesini sağlar.

Yöntem, gerçekte, bilincin kendini edimlerde dışa vuran dışsal biçimidir ve bilincin temel özelliğini –amaçlılığını– benimser. Bilincin özü, dünyayla birlikte olmaktır ve bu davranış sürekli ve kaçınılmazdır. Dolayısıyla bilinç, özü gereği kendisinden başka, kendisi dışında, kendisini kuşatan ve onun fikirsel yeteneği aracılığıyla kavradığı 'bir şeye giden yol'dur. Bilinç böylelikle tanımı gereği kelimenin en genel anlamıyla bir yöntemdir.[25]

---

25. Alvaro Vieira Pinto'nun, bilim felsefesine hazırlık niteliği taşıyan bir çalışmasından. Alıntıladığım bölümün problem tanımlayıcı pedagojinin (bu kitabın 2. Bölümü'nde sunulacaktır) kavranmasında büyük önem taşıdığı kanısındayım ve kitabından yayımlanmadan önce alıntı yapmama izin verdiği için Profesör Vieira Pinto'ya teşekkür ederim.

Dolayısıyla devrimci bir önderlik *ortak amaçlı* bir eğitim uygulamak zorundadır. Öğretmenler ve öğrenciler (önderler ve halk), gerçeklik karşısında ortak amaçlıdır ve her ikisi de sadece bu gerçekliği deşifre etme ve böylelikle gerçekliğin eleştirel bilgisini edinme görevinde değil, bu bilgiyi yeniden yaratma görevinde de öznelerdir. Gerçekliğin bu bilgisine ortak düşünce ve eylem aracılığıyla ulaşırken, kendilerini bu bilginin sürekli yeniden yaratıcıları olarak keşfederler. Bu şekilde, ezilenlerin özgürleşme mücadelesinde bulunuşları, olması gereken şey haline gelecektir: Sahte katılım değil, yükümlülükleri olan bir girişim.

2. Bölüm

Okul içinde veya dışında, herhangi bir düzeydeki öğretmen-öğrenci ilişkisinin dikkatli bir analizi, bu ilişkinin temel olarak *anlatı* niteliğinde olduğunu ortaya koyar. Bu ilişki, anlatan bir özne (öğretmen) ve sabırla dinleyen nesnelerden (öğrenciler) oluşur. Anlatılan şeyler ister değerler, ister gerçekliğin ampirik boyutları olsun, anlatılma sürecinde cansızlaşma ve taşlaşma eğilimindedir. Eğitim, anlatım hastalığından mustariptir.

Öğretmen, gerçeklikten sanki kıpırtısız, durağan, ayrı bölümlerden oluşan ve öngörülebilir bir şey gibi söz eder.

Ya da öğrencilerin varoluşsal deneyimine tamamen yabancı bir konuda uzun uzadıya açıklamalar yapar. Görevi, öğrencileri anlatısının içindekilerle –gerçeklikten koparılmış, onları ortaya çıkarmış olan ve anlam kazandırabilecek bütünlükle bağlantısı koparılmış içeriklerle– "doldurmak"tır. Kelimeler somutluklarından boşaltılır ve içi boş, yabancılaşmış ve yabancılaştırıcı bir laf kalabalığı haline gelir.

O halde bu anlatıcı eğitimin başlıca özelliği, kelimelerin tınısıdır, dönüştürücü gücü değil. "Dört kere dört, on altı eder; Pará eyaletinin başkenti Belém'dir". Öğrenci dört kere dördün gerçeklikte ne olduğunu algılamadan veya "Pará'nın başkenti Belém'dir" önermesindeki "başkent"in gerçek anlamını, yani Belém'in Pará için ve Pará'nın Brezilya için anlamını kavramaksızın bu ibareleri ezberler ve tekrarlar.

Anlatı (öğretmenin anlatıcı oluşuyla) öğrencilerin, anlatılan şeyi mekanik olarak ezberlemelerine yol açar. Daha beteri, onları, öğretmen tarafından doldurulması gereken "bidonlar"a, "kaplar"a dönüştürmesidir. Öğretmen kapları ne kadar çok doldurursa, o kadar iyi bir öğretmendir. Kaplar ne kadar pısırıksa, doldurulmalarına izin veriyorsa, o kadar iyi öğrencidir.

Böylelikle eğitim bir "tasarruf yatırımı" edimi haline gelir. Öğrenciler "yatırım nesneleri", öğretmen ise "yatırımcı"dır. Öğretmen iletişim kurmak yerine tahviller çıkarır ve öğrencilerin sabırla aldığı, ezberlediği ve tekrarladığı yatırımlar yapar. Bu, öğrencilere tanınan hareket alanının, yatırılanı kabul ve tasnif edip yığmaktan ibaret olduğu "bankacı" eğitim modelidir. Gerçi öğrenciler, bilgilerin koleksiyoncusu veya arşivcileri haline gelme, onları raflara dizme fırsatına sahiptirler. Fakat son tahlilde bu (en iyi deyimle) yanlış yoldaki sistemde, yaratıcılık, dönüşüm ve bilgi yoksunluğu yüzünden "rafa kaldırılan" bizzat insanlardır. Çünkü kendileri araştırmadan, praksis olmaksızın, insanlar hakikaten insani olamazlar. Bilgi ancak ve ancak buluş ve yeniden buluş yoluyla, dünya içindeki, dünya ile ve birbirleriyle olan insanların sabırsız, durmak bilmeyen, sürekli, umut dolu araştırmalarıyla peşinden koşmalarıyla meydana gelir.

Bankacı eğitim modelinde bilgi, kendilerini bilen sayanların, yine onlar tarafından hiçbir şey bilmez sayılanlara verdiği bir armağandır. Başkalarını mutlak bilgisiz saymak –baskı ideolojisi için karakteristiktir bu– eğitim ile bilginin araştırma süreçleri olduğunun inkâr edilmesidir. Öğretmen kendisini öğrencilerine, onların zorunlu karşıtı olarak sunar; öğrencilerinin cehaletini mutlak sayarak kendi varlığını gerekçelendirir. Hegel diyalektiğindeki köle gibi yabancılaşmış olan öğrenciler, kendi cehaletlerini öğretmenin varlığının gerekçesi olarak kabul ederler; fakat kölenin tersine öğrenciler, öğretmeni eğittiklerini hiçbir zaman keşfedemezler.

Öte yandan özgürlükçü bir eğitim çalışmasının varoluş nedeni uzlaşma güdüsündedir. Eğitim çalışması öğretmen-öğrenci çelişkisini çözümlemekle işe başlamalıdır; çelişkinin kutuplarını öyle uzlaştırmalıdır ki, her iki taraf da aynı anda öğrenciler ve öğretmenler olmalıdır.

Bu çözüm bankacı modelde bulunamaz. Tersine bankacı eğitim çelişkiyi sürdürür ve hatta bir bütün olarak ezen topluma ayna tutan şu davranış ve uygulamalar yoluyla çelişkiyi körükler:

a) Öğretmen öğretir ve öğrenciler ders alır.
b) Öğretmen her şeyi bilir, öğrenciler hiçbir şey bilmez.
c) Öğretmen düşünür, öğrenciler hakkında düşünülür.
d) Öğretmen konuşur, öğrenciler uslu uslu dinler.
e) Öğretmen disipline eder, öğrenciler disipline sokulur.

f) Öğretmen seçer ve seçimini uygular, öğrenciler buna uyar.

g) Öğretmen yapar, öğrenciler öğretmenin eylemi yoluyla yapma yanılsamasındadır.

h) Öğretmen müfredatı seçer ve (kendilerine danışılmayan) öğrenciler buna uyar.

i) Öğretmen bilginin otoritesini, kendi mesleki otoritesiyle karıştırır ve bu otoriteyi öğrencilerinin özgürlüğünün karşıtı olarak öne sürer.

j) Öğretmen öğrenme sürecinin öznesidir, öğrenciler ise sadece nesnedir.

Bankacı eğitim kavramının insanları uyarlanan, etki altına alınan varlıklar olarak görmesi şaşırtıcı değildir. Öğrenciler kendilerine yüklenen yığma malzemeyi istiflemekle ne kadar meşgul olurlarsa dünyaya bu dünyanın dönüştürücüleri olarak müdahale etmeleri halinde oluşacak olan eleştirel bilinçleri o kadar güdük kalacaktır. Kendilerine dayatılan edilgen rolü ne kadar kapsamlı bir şekilde kabul ederlerse, dünyayı nasılsa öyle benimsemeye, kendilerinde yığma malzeme halinde biriktirilen kısmi bir gerçeklik görüşünü kabule o kadar yatkın olurlar.

Bankacı eğitimin öğrencilerin yaratıcı gücünü asgarileştirme veya mahvetme ve safdilliklerini körükleme imkânı, dünyanın ne tanınmasını ne de dönüştürülmesini isteyen ezenlerin çıkarına hizmet eder. Ezenler kâr getiren bir durumu korumak için "insancıllık"larını kullanırlar. Bu yüzden de, eleştirel yetenekleri harekete geçiren ve gerçekliğin kısmi bir görünüşüyle yetinmeyip daima bir noktayı ötekiyle, bir problemi öbürüyle birleştiren bağları arayan eğitim denemelerine karşı adeta içgüdüsel bir tepki gösterirler.

Gerçekten de ezenlerin çıkarları, "ezilenlerin bilincinin değiştirilmesidir, içinde ezildikleri durumun değiştirilmesi değil".[1] Çünkü ezilenler bu durumu benimsemeye ne kadar yönlendirilebilirlerse, egemenlik altına alınabilmeleri o denli kolay olur. Bunu sağlamak için ezenler, bankacı eğitim modelini, içinde ezilenlerin "yardım alanlar" gibi ikiyüzlü bir ad aldıkları vesayetçi bir sosyal yardım aygıtıyla birlikte kullanırlar. Ezilenlere, tekil vakalar gibi, "iyi, örgütlü ve adil" toplumun genel dış görünüşünden sapan marjinal kişiler muamelesi edilir. Ezilenler sağlıklı toplumun patolojisi olarak değerlendirilir; bu nedenle de bu "yetersiz ve tembel" kişilerin zihniyetleri değiştirilerek toplumun kalıplarına uygun hale getirilmelidir. Bu marjinallerin, "terk etmiş oldukları" sağlıklı topluma "entegre edilmeleri", "kazandırılmaları" gerekir.

Bununla birlikte aslında ezilenler "marjinal" değildirler, toplumun "dışında" yaşayan kişiler hiç değildirler. Ezilenler öteden beri "içerde"ydiler; onları "başkaları için varlıklar" (Hegel) haline getiren yapının içinde. Çözüm, onların, içinde ezildikleri yapıya "entegre" edilmeleri değildir; bu yapıyı, "kendileri için varlıklar" haline gelebilecekleri şekilde dönüştürmeleridir. Böylesi bir dönüşüm elbette ki ezenlerin amaçlarının temelini yok eder. Ezenlerin bankacı eğitim modeline başvurması bu yüzdendir; amaç öğrenci *conscientizaçao*'su tehdidinden kaçınmaktır.

Nitekim bankacı model, örneğin yetişkinlerin eğitiminde, öğrencileri asla gerçekliği eleştirel değerlendirmeye hazırlamayacaktır. Bunun yerine, örneğin Roger'ın yeşil otları keçiye verip vermediği gibi hayati sorunlarla uğraşacak ve Roger'ın yeşil otları, tam tersine tavşana vermiş olduğu saptamasında ısrar edecektir. Bankacı yaklaşımın "insancıllığı" insanları otomatlara çevirme çabasını maskeler; bu da insanların doğaları uyarınca daha yetkin insan olma biçimindeki ontolojik yetisinin inkârıdır.

---

1. Simone de Beauvoir, *La Pensée de Droite, Aujord'hui* (Paris); St. *El Pensamiento Politico de la Derecha* (Buenos Aires), 1963, s. 34.

Bankacı yaklaşımı farkında olarak veya olmayarak kullananlar (çünkü çok sayıda iyi niyetli "banka memuru" öğretmen sadece insandışılaşmaya hizmet ettiklerinin farkında değildir) kendilerindeki "tasarrufların" gerçeklik açısından çelişkiler içerdiğini algılayamazlar. Fakat er ya da geç bu çelişkiler, öncenin edilgen öğrencilerinin evcilleştirilmelerine ve gerçekliği evcilleştirme gayretlerine karşı çıkmasına yol açabilir. Gerçeklikle girdikleri ilişki aracılığıyla, bugünkü hayat tarzlarının, tam insan haline gelme yetileriyle bağdaştırılamaz olduğunu keşfedebilirler. Gerçeklikle ilişkileri aracılığıyla gerçekliğin aslında bir *süreç* olduğunu ve sürekli dönüşüme uğradığını algılayabilirler. Eğer insanlar araştırıcıysa ve ontolojik yetileri de insanlaşmaysa, er ya da geç bankacı eğitimin kendilerinde sürdürmeye çalıştığı çelişkiyi görebilir ve kendi özgürleşmelerinin mücadelesine girebilirler.

Hümanist ve devrimci eğitimci elbette ki bu olasılığın gerçekleşmesini o kadar bekleyemez. Bu eğitimcinin çabaları ilk ânından başlayarak, öğrencilerin eleştirel düşünmenin alıştırmalarını yapma ve karşılıklı insanlaşma gayretiyle çakışmalıdır. Eğitimcinin çabaları, insanlara ve insanların yaratıcı gücüne derin bir güvenle dolu olmalıdır. Bunu başarmak için eğitimci, öğrencilerle ilişkileri içinde öğrencilerin partneri olmalıdır.

Bankacı eğitim modeli böylesi bir arkadaşlığa izin vermez ve bu bakımdan da tutarlıdır. Öğretmen-öğrenci çelişkisini çözmek, tasarruf edenin, kuralları belirleyenin, evcilleştirenin rolünü öğrenciler arasında öğrenci rolüyle değiş tokuş etmek, ezen erkin temelinin altını oymak olurdu ve özgürleşme davasına hizmet ederdi.

Bankacı eğitim modelinde zımni olarak, insan ve dünya arasında bir kutupsallık olduğu varsayımı bulunur: İnsan sadece dünya *üzerindedir* yoksa dünya *ile* veya ötekiler ile *birlikte* değildir. İnsan seyircidir, yeniden yaratıcı değil. Bu görüş açısından insan bilinçli bir varlık (*corpo consciente*) değil, daha ziyade bir bilincin sahibidir: Dış dünyanın gerçekliğinin yığma bilgilerini edilgen bir biçimde almaya açık boş bir "zihin". Mesela, sıram, kitaplarım, kahve fincanım, önümdeki tüm nesneler –beni kuşatan dünyanın parçaları olarak– benim "içimde"dirler; tıpkı benim şu anda çalışma odamın içinde bulunmam gibi. Bu bakış, "bilinç tarafından erişilebilir olmak" ile "bilince girmek" arasında ayrım yapmaz. Oysa her şey bu ayrıma bağlıdır: Beni kuşatan nesneler, benim bilincim tarafından erişilebilirdir fakat bilincimin içinde duruyor değiller. Onların farkındayımdır ama benim içimde değildirler.

Bilinç hakkındaki bankacı anlayıştan mantıki olarak, eğitimcinin rolünün, dünyanın öğrencilerin içine "girme" şeklini düzenlemek olduğu sonucu çıkar. Eğitimcinin görevi zaten kendiliğinden meydana gelen bir süreci organize etmek, doğru bilgiyi oluşturduğunu düşündüğü bilgi yatırımlarıyla öğrencileri "doldurmak"tır.[2] Ve insanlar dünyayı edilgen varlıklar olarak "aldıkları" için, eğitim onları daha da edilgenleştirmek ve onları dünyaya uyumlulaştırmak durumundadır. Eğitilmiş insan uyumlulaştırılmış insandır çünkü dünyanın içine daha iyi "uyar". Praksise çevirirsek bu kavram ezenlerin amaçlarına uygundur; çünkü onların huzuru insanların, ezenlerin yaratmış olduğu dünyaya ne ölçüde uyduklarına ve bu dünyayı ne kadar az sorguladıklarına bağlıdır.

Çoğunluk, egemen azınlığın kendisine belirlediği amaçlara kendini ne kadar tam uyarlarsa (böylece ezenler, kendi amaçları olması hakkını çoğunluğun elinden alır), yeni kurallar koymak o kadar kolaylaşır. Bankacı eğitimin kuramı

---

2. Bu kavram, Sartre'ın "sindirim" veya "tıkıştırma" adını verdiği eğitim kavramına denk düşer; bu eğitimde öğretmen öğrencileri "doldurmak" için onları bilgiyle "besler". Bkz. Jean Paul Sartre, "Une idée fundamentale de la phénoménologie de Husserl: L'intentionalité" *Situations* I (Paris, 1947).

ve pratiği bu amaca hayli etkili şekilde hizmet eder. Öğrencilerin dinlemesine dayalı ders saatleri, okuma ödevleri,[3] "bilgi" değerlendirme yöntemleri, öğretmen ile ders alan arasındaki mesafe, sınıf geçme kıstası: Bu konfeksiyon yaklaşımdaki her şey, düşünmeyi engellemeye yarar.

Banka memuru eğitimci, aşırı şişirilmiş rolünün kendisine hiçbir gerçek güvence sağlamadığını, ötekiler *ile* dayanışma içinde yaşama arayışına girmek zorunda olduğunu anlamaz. İnsan kendini öğrencilerine dayatamaz, hatta onlarla yan yana bile var olamaz. Dayanışma gerçek iletişim gerektirir. Oysa bu türden bir eğitimcinin izlediği model, hem iletişimi emreder hem de ondan korkar. Oysa insan hayatı, yalnızca iletişim yoluyla anlamını kazanabilir. Öğretmenin düşünme edimi ancak öğrencilerin gerçekten düşünmesi halinde gerçek düşünme niteliğine kavuşur. Öğretmen ne öğrencilerinin yerine düşünebilir ne de kendi düşüncelerini onlara dayatabilir. Gerçek düşünme, *gerçeklikle* ilgili düşünme, yalıtılmış fildişi kulede olmaz, sadece iletişimle sağlanır. Eğer düşüncenin sadece, dünyaya yönelik eylemden doğduğu zaman anlam taşıdığı doğruysa, öğrencilerin öğretmenlere tabi olması imkânsızlaşır.

Bankacı eğitim, yanlış bir anlayışla insanları nesne saydığı için, Fromm'un deyişiyle "yaşamseverlik"in gelişimini teşvik edemez, tersine bunun karşıtını, "ölümseverliği" üretir:

> Yaşamın belirgin özelliği, düzenli ve işlevsel bir gelişmedir; oysa ölümsever kişi gelişmeyen, mekanik olan şeyleri sever. Ölümsever kişiyi canlı şeyleri cansız şeylere dönüştürme dürtüsü, başka deyişle yaşama tüm canlı kişiler cansız nesnelermiş gibi mekanik bir açıdan yaklaşma dürtüsü yönetir. (...) Önemli olan deneylerden çok anılar, var olmaktan çok sahip olmaktır. Ölümse-

---

3. Mesela bazı profesörler okuma listelerinde bir kitabın 10. sayfadan 15. sayfaya kadar okunması gerektiğini belirtirler ve bunu öğrencilerine "yardım" etmek için yaparlar.

ver kişi bir nesneye –çiçeğe ya da insana– karşı ancak sahip olduğu zaman ilgi duyabilir; bu yüzden onun sahip olduğu şeylere yönelen tehdit, kendisine yöneltilmiş bir tehdit gibidir; o kişi sahip olduklarını yitirirse dünyayla olan bağlantısını da yitirir. (...) Denetime tutkundur; denetlerken yaşamı öldürür.[4]

Ezme durumu –ezici denetim–, ölümseverdir; hayat değil ölüm sevgisiyle beslenir. Ezme durumunun çıkarlarına hizmet eden bankacı eğitim modeli de ölümseverdir. Mekanik, statik, doğalcı, uzamsal bir bilinç görüşüne dayanan bu eğitim, öğrencileri alıcı nesnelere dönüştürür. Düşünmeyi ve eylemi denetlemeye çalışır, insanları dünyaya uymaya yöneltir ve insanların yaratıcı gücünü etkisizleştirir.

Sorumlulukla hareket etme çabaları umutsuzlaştırıldığı, kendilerini, yeteneklerini kullanamaz halde buldukları zaman, insanlar acı çeker. "Acizlikten doğan bu acı, insani dengenin ihlal edilmesi olgusundan kaynaklanır".[5] Fakat insanları korkutan bu edimde bulunmaktan aciz olma hali aynı zamanda acizlikten sıyrılmak istemelerine, "insanın eyleme geçme yetisini onarmaya" çalışmalarına da yol açar.

Ama insan bunu yapabilir mi; yaparsa nasıl yapar? Tutulacak yollardan biri güçlü bir kişiye ya da topluluğa boyun eğmek ya da onunla özdeşleşmektir. Başka birisinin yaşamına simgesel bir biçimde katılarak kişi kendisinin etkin olduğu yanılsamasına kapılır; oysa gerçekte yalnız etkin olanlara boyun eğmekte, onların bir parçası olarak davranmakta, onların sözlerinden dışarı çıkamamaktadır.[6]

Kendilerini karizmatik önderlerle özdeşleştirerek faal ve etkin olduklarını hissetmeye başlayan ezilenlerin bu tip davranışlarının en iyi örneği belki de popülist tezahürlerinde görülür. Tarihsel süreçte ortaya çıkarlarken dışa vur-

---

4. Fromm, a.g.e., s. 41. (Türkçesi: s. 37).
5. A.g.e. s. 31.
6. A.g.e. (Türkçesi: s. 27).

dukları isyan, bu etkin bir şekilde eylemde bulunma arzusuyla harekete geçirilir. Egemen seçkinler çareyi, özgürlük, düzen ve sosyal barış (yani seçkinlerin barışı) adına daha fazla tahakküm ve baskı uygulamakta bulurlar. Böylelikle –mantıki olarak kendi bakış açılarından– "işçilerin bir grevde başvurduğu şiddeti mahkûm edebilirler ve aynı zamanda da grevi bastırmak için devleti şiddet kullanmaya çağırabilirler".[7]

Egemenliğin uygulaması olarak eğitim, öğrencilerin safdilliğini canlandırır; (çoğu zaman eğitimcilerce de algılanmayan) bir ideolojik niyetle, öğrencilere baskının dünyasına uymayı benimsetmek niyetiyle yapar bunu. Bu suçlama, bu yüzden egemen seçkinlerin bu uygulamayı kaldırıvereceği gibi naif bir umutla öne sürülmüyor. Bu suçlamanın amacı, gerçek hümanistlerin dikkatini, özgürleşme peşindeyken bankacı eğitim yöntemlerini kullanamayacakları çünkü o takdirde erişmek istedikleri hedefi inkâr etmiş olacakları olgusuna çekmektir. Ayrıca devrimci bir toplum da, bu yöntemleri ezen bir toplumdan devralamaz. Bankacı eğitim uygulayan bir devrimci toplum ya yanlış yoldadır ya da insanlara güvensizdir. Hangisi olursa olsun, böylesi bir toplum gericilik hayaletinin tehdidi altındadır.

Ne yazık ki, özgürleşme davasına sarılanlar da bankacı eğitim modelini yaratan ortamla kuşatılmıştır ve bu ortamdan etkilenirler ve çoğu zaman bu ortamın hakiki önemini veya insandışılaştırma gücünü algılayamazlar. O zaman da, paradoksal bir şekilde, aynı yabancılaşma aracını, özgürleşme gayreti saydıkları bir eylemde kullanırlar. Bazı "devrimciler" de bu eğitim pratiğine meydan okuyanları, "safdiller", "hayalciler" hatta "gericiler" diye damgalarlar. Fakat insanları yabancılaştırarak özgürleştirmek mümkün değildir. Gerçek özgürleşme –insanlaşma süreci– insanlara

---

7. Reinhold Niebuhr, *Moral and Immoral Society*, (New York, 1960), s. 130. [*Ahlaklı İnsan Ahlaksız Toplum*, Çev. Sara Akad, Yeryüzü Yay., 2003]

bir başka mevduatın yatırılması değildir. Özgürleşme bir praksistir: İnsanların üzerinde yaşadıkları dünyayı dönüştürmek için düşünmesi ve eyleme geçmesidir. Özgürleşme davasına gerçekten bağlananlar; ne bilinci doldurulacak boş bir kap olarak gören mekanik bilinç anlayışını kabul edebilirler ne de özgürleşme adına bankacı egemenlik yöntemlerinin (propaganda, slogan mevduatları) kullanılmasını.

Özgürleşmeye gerçekten bağlananlar, bankacı eğitim kavramını her yanıyla reddetmeli, onun yerine insanları bilinçli varlıklar, bilinci de dünyaya yöneltilmiş bilinç olarak kavramalıdırlar. İnsanların bilgi hesabına yatırım yapmayı öngören eğiticilik idealine son vermeli ve bunun yerine, insanların dünyayla ilişkilerindeki problemleri tanımlamalarının pratiğini geçirmelidirler. Bilincin özüne –amaçlılık– denk düşen "problem tanımlayıcı eğitim çalışması", bildirileri reddeder ve iletişimi hayata geçirir. Bu eğitim çalışması, bilincin özel doğasını yansıtır: Sadece nesnelere yönelik amaçlılık değil, ayrıca Jasperci bir "sıçrama" ile kendine de dönük; bilincin bilinci olarak bilinç.

Özgürleştirici eğitim çalışması idrak edimlerinden oluşur, bilgi aktarımından değil. Bu eğitim, idrak edilebilir nesnenin (ki idrak ediminin amacı bu nesne olmaktan çok uzaktır), idrak eden aktörler –bir yanda öğretmen öteki yanda öğrenciler– arasında aracılık ettiği bir öğrenme durumudur. Dolayısıyla problem tanımlayıcı bir eğitimin praksisi, öğretmen-öğrenci çelişkisinin çözülmesini daha başından içerir. Diyalog ilişkileri –idrak eden aktörlerin işbirliği içinde aynı nesneyi idrak etmesinin olmazsa olmaz koşulu– başka türlü imkânsızdır.

Gerçekten de bankacı eğitime özgü dikey ilişki biçimlerini terk eden problem tanımlayıcı eğitim ancak yukarıda sözü edilen çelişkinin üstesinden gelebilirse, özgürlüğün pratiği olma işlevini yerine getirebilir. Diyalog aracılığıyla, öğrencilerin öğretmeni ve öğretmenin öğrencileri ortadan kalkar ve yeni bir terim doğar: Öğrenci-öğretmen ve öğretmen-öğrenciler. Öğretmen artık sadece öğreten değil, öğrencilerle diyaloğu içinde kendisine de öğretilen biridir; öğrenciler ise kendilerine öğretilirken kendileri de öğreten kişilerdir. Böylece öğretmen ve öğrenciler, içinde herkesin büyüdüğü bir sürecin sorumluları haline gelirler. Bu süreçte "otorite"ye dayalı gerekçeler artık geçerli değildir; artık etki edebilmesi için otorite, özgürlüğün *safında* olmalıdır, *karşısında* değil. Burada hiç kimse başkasına ders vermez, hiç kimse de kendi öğrenmiş değildir. Bunun yerine insanlar, dünya aracılığıyla bankacı eğitimde öğretmenin "sahip" olduğu idrak nesneleri aracılığıyla birbirlerine öğretirler.

Bankacı eğitim anlayışı (her şeyi parçalara ayırma eğilimi yüzünden) eğitimcinin eyleminde iki aşamayı ayırt eder. İlk aşama boyunca eğitimci, sınıfında veya laboratuvarında derslerini hazırlarken bir idrak nesnesini idrak eder. İkinci aşamada ise öğrencilerine bu nesneyi açıklar. Öğrencilerden idrak etmeleri değil, öğretmenin aktardığı konuları ezberlemeleri istenir. Öğrenciler herhangi bir idrak edimi gerçekleştirmez çünkü bu edimin yöneltilmesi gereken nesneler hem öğretmenin hem öğrencilerin eleştirel düşünme edimini başlatan bir araç değil, öğretmenin mülküdürler. Bu nedenle, "kültürü ve bilgiyi sürdürmek" adına, ne gerçek idrakleri ne de gerçek kültürü aktaran bir sistem karşısında bulunuyoruz.

Problem tanımlayıcı yöntem öğretmen-öğrencinin eylemini bölmez; bir yerde "idrak eden", başka yerde "aktaran" değildir. Onun yerine, ister bir eğitim projesini hazırlıyor olsun, ister öğrencilerle diyalog içinde olsun, hep "idrak etme" halindedir. İdrak nesnelerini kendi özel mülkü olarak görmez, kendisinin ve öğrencilerin düşünüşünün nesneleri olarak görür. Bu şekilde problem tanımlayıcı eğitimci, kendi düşünüşünü öğrencilerinin düşünüşü içerisinde sürekli yeniden biçimlendirir. Öğrenciler –artık uysal dinleyiciler değildirler– artık öğretmenle diyalog içinde eleştirel araştırma ortaklarıdır. Öğretmen öğrencilere malzemeyi, üzerinde düşünmeleri için sunar ve öğrenciler kendi düşüncelerini ifade ederlerken o da önceki değerlendirmelerini yeniden gözden geçirir. Problem tanımlayıcı eğitimcinin rolü, öğrencilerle birlikte, *doxa* düzeyindeki bilginin yerini *logos* düzeyindeki gerçek algının aldığı koşulları yaratmaktır.

Bankacı eğitim yaratıcı gücü felce uğratır ve engellerken problem tanımlayıcı eğitim gerçekliğin sürekli deşifresini başlatır. Bankacı eğitim bilinci *boğmaya* çalışır, problem tanımlayıcı eğitim bilincin su yüzüne *çıkması* ve gerçekliğe *eleştirel müdahalesi* için çaba gösterir.

Dünya üzerindeki kendileriyle ve dünyayla birlikte kendileriyle ilgili ortaya konan problemlerin giderek artmasıyla öğrenciler, gitgide artan bir meydan okuma ve buna karşılık verme yükümlülüğü hissedeceklerdir. Öğrenciler bu meydan okumayı teorik bir sorun olarak değil, bir genel bağlam içinde ve başka problemlerle ilişkili olarak algıladıkları için, sonuçtaki kavrayışları gitgide daha eleştirel olma eğilimindedir ve böylelikle de gitgide daha az yabancılaşmış haldedir. Meydan okumaya verdikleri karşılık yeni meydan okumalara yol açar, bunu da yeni kavrayışlar izler ve öğrenci giderek, kendini yükümlü biri olarak kavramaya başlar.

Özgürleşme pratiği olarak eğitim –egemenliğin pratiği olan eğitimin karşıtı olarak– insanın soyut, yalıtılmış ve dünyadan bağımsız ve ayrı olarak var olduğunu reddeder; ayrıca dünyanın, insanlardan ayrı varolan bir gerçeklik olduğunu da reddeder. Gerçek düşünce ne soyut bir insanı ne de insanların bulunmadığı bir dünyayı ele alır; aksine, dünyayla ilişkileri içindeki insanları konu edinir. Bu ilişkilerde bilinç ve dünya eşzamanlıdır.

Bilinç ile dünya birlikte dururlar: Dünya doğası gereği bilince dışsaldır ve aynı zamanda doğası gereğince ona görecelidir.[8]

Şili'deki kültür gruplarımızdan birinde grup (kendi kodlaması içinde)* antropolojik kültür kavramını tartışıyordu. Tartışmanın ortalarında, bankacı eğitim standartlarına göre tamamen cahil bir köylü şöyle dedi: "Şimdi insan olmaksızın dünyanın da olmayacağını anlıyorum". Eğitimci şöyle yanıtladı: "Diyelim ki, yeryüzündeki bütün insanlar ölmüş olsun fakat yeryüzü, ağaçlar, kuşlar, hayvanlar, nehirler, denizler, yıldızlar... kalsın. Bunlarla bir dünya olmaz mıydı?" "Yoo hayır" diye heyecanla cevapladı köylü: " 'Bu bir dünyadır' diyecek hiç kimse olmazdı ki".

Köylünün ifade etmek istediği fikir, o zaman, bilinç dünyasını kaçınılmaz olarak içeren, dünya hakkındaki fikrin eksik kalacağıydı. *Ben, ben-olmayan* olmaksızın var olamaz. Ve tersine, *ben-olmayan* da bu varoluşa bağımlıdır. Bilinci var eden dünya, bu bilincin dünyası haline gelir. Bu yüzden, Sartre'ın yukarıda aktardığımız, "Bilinç ile dünya birlikte dururlar" cümlesi geçerlidir.

Aynı zamanda hem kendisi hem dünya hakkında düşünen insan, düşünüşünün menzilini genişletirken, gözlemlerini önceden pek göze çarpmayan olgulara yöneltmeye başlar:

Bir farkındalık (*Gewahren*) olarak gerçek algılamada, nesneye, örneğin kâğıda dönük haldeyimdir, onu burada ve şu anda olan olarak kavrarım. Kavrayış bir çekip almadır; her algılananın bir deneyim arka planı vardır. Kâğıdın çevresinde kitaplar, kalemler, hokka vs algısal olarak "gözlem alanında" dururlar ve bunlar da bir anlamda "algılanır"lar; fakat kâğıda yöneliş sırasında onlar ikincil bir yöneliş ve kavranıştan bile yoksundurlar. Göründüler ama yine de çekip alınmadılar, kendi başına konma-

---

8. Sartre, a.g.e. s. 32.
* Bkz. 3. Bölüm. (ç.n.)

dılar. Bir şeyin her algılanışının böylesi bir arka plan görünüş-
leri alanı ya da bakmaya yönelmiş olmayı dahil edersek, arka
plan görüşleri vardır ve bu da bir "bilinç deneyimi" ya da kısaca
"bilinç"tir hem de fiilen, ortaklaşa bakılmış nesnel "arka plan"da
duran her şey "hakkında" (bir bilinç deneyimidir).[9]

Nesnel olarak varolan fakat daha derinde içerdiği an-
lamlarıyla kavranmamış olan şey (tabii herhangi bir şe-
kilde kavrandıysa), "öne çıkmaya" başlar, bir problem ve
bu nedenle de meydan okuma niteliği kazanmaya başlar.
Böylelikle insanlar "arka plan görüşlerinden" öğeler çekip
almaya ve bunlar üzerinde düşünmeye başlarlar. Bu öğeler
artık insan akıl yürütmesinin nesneleridir ve bu bakımdan
da eylem ve idrakin nesneleridirler.

Problem tanımlayıcı eğitimde insanlar, kendilerini için-
de buldukları ve kendilerindeki dünyada var olma tarzla-
rını eleştirel olarak kavrama gücünü geliştirirler; dünyayı
sadece durağan bir gerçeklik olarak değil, süreç içindeki,
dönüşüm içindeki bir gerçeklik olarak anlamaya başlarlar.
İnsanların dünyayla diyalektik ilişkileri bu ilişkilerin nasıl
kavrandıklarından (ya da herhangi bir şekilde kavranıp
kavranmadıklarından) bağımsız olarak var olduğu halde,
insanların benimsediği eylem biçiminin, dünyada kendi-
lerini nasıl kavradıklarına büyük ölçüde bağlı olduğu da
doğrudur. Bu nedenle öğretmen-öğrenci ve öğrenci-öğret-
menler aynı anda hem kendileri hem de dünya hakkında
düşünürler ve düşünme edimini eylemden koparmazlar;
böylelikle düşünme ve eylemde bulunmanın gerçek bir bi-
çimini oluştururlar.

---

9. Edmund Husserl, *Ideas-General Introduction to Pure Phenomenology* (Fi-
kirler- Saf Fenomenolojiye Genel Giriş) (Londra, 1969), s. 105-106. [Alm.
Edmund Husserl, Ideen zu einer reinen Phaeonomenologie und phaeno-
menologischen Philosophie. Birinci Kitap: Allgemeine Einführung in die
reine Phaenomenologie, Husserliana Band III, Lahey 1950, s. 77.]

İncelediğimiz iki eğitim kavramı ve uygulaması bir kez daha karşı karşıya gelir. Bankacı eğitim (gayet açık nedenlerle) gerçekliği mitleştirerek insanların dünyada var olma yolunu açıklayan belirli olguları gizlemeye kalkışır; problem tanımlayıcı eğitim mitleştirmeyi bozmayı görev edinir. Bankacı eğitim diyaloğa direnir, problem tanımlayıcı eğitim diyaloğu, gerçekliği deşifre eden idrak edimi için olmazsa olmaz koşul sayar. Bankacı eğitim öğrencilere yardım edilecek nesneler muamelesi yapar, problem tanımlayıcı eğitim onları eleştirel düşünürler haline getirir. Bankacı eğitim yaratıcılığı önler ve (tamamen yok edememesine rağmen) dünyadan koparmak suretiyle bilincin *amaçlılığını* evcilleştirir, böylece de insanların daha tam insan olma şeklindeki ontolojik ve tarihsel yetisini yadsır. Problem tanımlayıcı eğitim yaratıcılığa dayanır, gerçek düşünceyi ve gerçeklik üzerinde eylemde bulunmayı teşvik eder; böylece de insanın, sadece sorgulayıcı ve yaratıcı dönüşüme katıldığı zaman özgün bir varlık olma yetisine karşılık verir. Kısacası, bankacı kuram ve uygulama, hareketsizleştirici ve sabitleyici bir güç olduğundan insanları tarihsel varlıklar olarak kabul edemez; problem tanımlayıcı kuram ve uygulama insanın tarihselliğini başlangıç noktası olarak alır.

Problem tanımlayıcı eğitim, insanları *olma* sürecindeki varlıklar –tıpkı kendisi gibi bitmemiş bir gerçeklik içindeki ve bu gerçeklikle birlikteki bitmemiş, yetkinleşmemiş varlıklar– olarak olumlar. Gerçekten de bitmemiş ama tarihsel olmayan öteki canlıların tersine insanlar, kendilerini bitmemiş olarak bilirler; yetkin olmayışlarının farkındadırlar. Bu bitmemişlik ve farkındalık, yalnızca insana özgü bir ifade biçimi olarak, eğitimin köklerinde bulunur. İnsanın bitmemiş karakteri ve gerçekliğin dönüşme özelliği, eğitimin sürekli bir faaliyet olmasını zorunlu kılar.

Eğitim böylece praksis içinde sürekli yeniden oluşturulur; *olmak* için *olma sürecinde* olmak zorundadır. "Kalıcılığı" (kelimenin Bergsoncu anlamıyla) karşıtların, sürekliliğin ve değişimin iç içe geçmiş etkinliğindedir. Bankacı eğitim yöntemi sürekliliği vurgular ve gericileşir; problem tanımlayıcı eğitim –"terbiyeli" bir bugünü de, önceden belirlenmiş bir yarını da kabul etmez– köklerini dinamik bugünden alır ve devrimci hale gelir.

Problem tanımlayıcı eğitim, devrimci geleceği olmaktır. Bu nedenle kehanet niteliğindedir (Bu niteliğiyle umut doludur). Bu bakımdan insanın tarihsel doğasına karşılık düşer. Yine bu bakımdan insanı, kendini aşan, ileriye doğru hareket eden ve ileriye bakan varlıklar olarak olumlar; böylesi bir varlık için hareketsizlik öldürücü bir tehdit demektir, geçmişe bakmak ise sadece, geleceği daha bilgece kurabilmek için ne ve kim olduğunu daha açıkça kavramanın bir aracı olabilir. Bu nedenle bu eğitim, kendini, insanı kendi yetkinleşmemişliğinin bilincindeki bir varlık olarak eyleme geçiren hareket ile –çıkış noktası, özneleri ve hedefi olan tarihsel bir hareket ile– özdeşleştirir.

Hareketin çıkış noktası bizzat insanlardadır. Fakat insanlar dünya olmaksızın, gerçeklik olmaksızın var olmadıkları için hareket, insan-dünya ilişkisiyle başlamalıdır. Dolayısıyla da çıkış noktası daima "burada ve şimdi" bulunan insanlarla olmalıdır; bu "burada ve şimdi" olma, içine gömülü oldukları, içinden doğrulup ortaya çıktıkları ve içinde müdahale ettikleri konumu meydana getirir. İnsanlar sadece –onu algılayışlarını da belirleyen– bu konumdan yola çıkarak harekete geçebilirler. Bunu özgün olarak yapabilmek için durumlarını, alınlarına yazılmış ve değiştirilemez bir şey olarak değil, kısıtlayıcı –ve bu nedenle de meydan okuma oluşturan– bir durum olarak görmelidirler.

Bankacı yöntem insanların içinde bulundukları konumu kaderci algılamalarını doğrudan veya dolaylı olarak pekiştirirken, problem tanımlayıcı yöntem bu durumu, insanlara bir problem olarak sunar. Fakat bu durumun, idrak yetisinin nesnesi haline gelmesiyle, insanları kaderci yapan naif ya da büyülü anlayış yerini, kendisini gerçekliği kavrarken kavrayabilen ve böylece bu gerçeklik hakkında eleştirel bakımdan nesnel olabilen bir anlayışa bırakır.

İçinde bulundukları durumun derinlemesine bilincine varmaları insanları, bu durumu dönüşüme elveren bir tarihsel gerçeklik olarak kavramaya yöneltir. Kaderine rıza göstermişlik, değişim ve sorgulama güdüsüne yenik düşer. Denetim altına almaları gereken bir güdüdür bu. Tarihi varlıklar olarak, sorgulama hareketinde başkalarıyla birlikte bulunan insanlar, bu hareketlerini denetlemeselerdi, bu, insanların insanlığının bir ihlali olurdu (ve öyledir de). Az sayıdaki insanın ötekilerin sorgulama sürecine girmesini engellediği her durum, bir şiddet durumudur. Kullanılan araçlar önemli değildir; insanları kendi karar almalarına yabancılaştırmak, onları nesnelere dönüştürmektir.

Bu soruşturma hareketi, insanlaşmaya –insanın tarihsel yetisine– yönelik olmalıdır. Bununla birlikte tam insanlığa yöneliş, tek başına veya bireycilikle gerçekleşemez; yalnızca topluluk ve dayanışma içinde olabilir. Bu yüzden ezen ve ezilenler arasındaki uzlaşmaz ilişkiler içinde gelişemez. Hiç kimse, ötekilerin öyle olmasını engellerken gerçekten insan olamaz. Bireysel olarak *daha fazla insan olmaya* kalkışanlar, bencilce *daha fazlasına* sahip olma tutumuna düşer: Bu da insandışılaşmanın bir biçimidir. Bu demek değil ki insanı *olmak* için *sahip olmak* temel önemde değildir. Aksine, sahip olmak zorunlu olduğu için tam da bu yüzden, birkaç kişinin sahip olmasının başkalarının sahip olamayışına yol açması, bu birkaç kişinin erkini güçlendirirken ötekileri mahvetmesi önlenmelidir.

Hümanist ve özgürleştirici bir praksis olarak problem tanımlayıcı eğitim, egemenliğe tabi kılınmış insanların kurtuluşları için mücadele etmek zorunda oldukları temel tezinden hareket eder. Bu hedef yolunda öğretmenlerin ve öğrencilerin, otoriterliğin ve yabancılaştırıcı entelektüalizmin üstesinden gelerek eğitim sürecinin özneleri olabilmesini sağlar. Ayrıca insanların, gerçeklik hakkındaki yanlış anlayışlarının da üstesinden gelmelerini sağlar. Dünya –artık aldatıcı kelimelerle betimlenmesi gereken bir şey değildir– insanların, sonucunda insanlaştıkları bu dönüştürücü eylemin nesnesi haline gelir.

Problem tanımlayıcı eğitim, ezenlerin çıkarlarına hizmet etmez, edemez de. Hiçbir ezme/ezilme düzeni, ezilenlerin *neden* sorusunu sormaya başlamalarına izin veremez. Ancak bir devrimci toplum bu eğitimi sistematik şekilde uygulayabilir ama bu demek değil ki, devrimci önderler tüm iktidarı almadan önce bu yöntemi uygulayamaz. Devrimci süreç içinde önderlerin *sonradan* gerçek devrimci tarzda davranma niyetiyle, kolaylık sağladığı gerekçesini göstererek, bankacı yöntemi geçici önlem olarak kullanmaları da mümkün değildir. İlk andan itibaren devrimci, yani diyalogcu olmak zorundadırlar.

3. Bölüm

İnsani bir olgu olarak diyaloğu analize girişirken, özünü de keşfederiz: Sözü. Fakat söz, diyaloğu mümkün kılan bir araçtan öte bir şeydir. Dolayısıyla sözü oluşturan öğeleri aramamız gerekir. Söz içinde iki boyut buluruz: "Düşünme" ve "eylem", bu ikisi öylesine radikal bir etkileşim içindedir ki biri kısmen bile feda edilecek olsa, öteki dolaysızca zarar görür. Aynı zamanda bir praksis olmayan hiçbir gerçek söz yoktur.[1] Bu yüzden, gerçek bir söz söylemek, dünyayı dönüştürmektir.[2]

---

1. Eylem
   Düşünce $\Big\}$= söz = iş = praksis
   Eylemin feda edilmesi= lafazanlık
   Düşüncenin feda edilmesi= aktivizm.
2. Bu fikirlerden bazıları Profesör Ernani Maria Fiori'yle konuşmalarım sonucu ortaya çıktı.

Özgün olmayan bir söz, gerçekliği dönüştüremeyen bir söz, kurucu öğelerinin birbirinden koparılmasıyla ortaya çıkar. Bir söz, eylem boyutundan yoksun bırakıldığı zaman, düşünme de otomatik olarak zarar görür. Sözün yerini boş laf, *lafazanlık*, yabancılaşmış ve yabancılaştırıcı "dırdır" alır. Söz, boş laf, dünyayı açıkça itham etmeyi beceremeyen laf halini alır çünkü dönüştürme yükümlülüğü olmayınca itham etme de imkânsızdır ve eylem olmayınca dönüşüm olmaz.

Öte yandan düşünce bir yana bırakılıp tekyönlü olarak eylem vurgulanırsa, söz *aktivizme* dönüştürülmüş olur. Aktivizm –eylem için eylem– doğru praksisi inkâr eder ve diyaloğu imkânsız kılar. Sözün her biçimdeki bölünüşü, özgün/gerçek olmayan varoluş biçimleri yaratmasıyla, başlangıcındaki bölünmeyi yeniden zorunlu kılan, özgün/gerçek olmayan düşünce biçimleri yaratır.

İnsani varoluş suskunluk içinde kalamaz, sahte sözlerle beslenemez; ancak gerçek sözlerle, insanların dünyayı dönüştürmekte kullandığı sözlerle beslenebilir. İnsanca var olmak, dünyayı *adlandırmak*, onu değiştirmektir. Bir kez adlandırıldı mı, dünya onu adlandıranlara yeniden bir problem olarak görünür ve onlardan yeniden adlandırılmayı ister, insanlar suskunluk[3] içinde değil, sözle, çalışmayla, eylem-düşünce içinde meydana gelirler.

Gerçek sözü –bu; iş, praksis ile eşanlamlıdır– söylemek, dünyayı dönüştürmek demektir ama bu sözü söylemek üç beş kişinin imtiyazı değil, her insanın hakkıdır. Sonuç olarak da hiç kimse gerçek bir sözü tek başına söyleyemeye-

---

3. Kişilerin görünüşte dünyayı terk ettikleri, dünyayı kapsamı içinde değerlendirmek için dünyadan geri çekildikleri ve böylece dünyayla kaldıkları derin meditasyonun sessizliğini kastetmediğim açıktır. Fakat bu tip "geri çekilme" yalnızca, meditasyon yapan kişi gerçeklik içinde "yıkanmış" ise (gerçekliğin içinde yer alıyorsa –ç.n.) gerçektir. Yoksa bu geri çekilme, dünyayı aşağı görme ve dünyadan kaçış anlamındaysa, bir tür "tarihi şizofreni" olur.

ceği gibi, hiç kimse bunu diğerlerinin sözünü gasp eden bir belirleme eylemiyle de söyleyemez. Söylerse, adına konuştuğu kişilerden sözlerini çalan buyurgan bir edimde bulunmuş olur.

Diyalog, insanlar arasındaki yüzleşmedir ve dünyayı adlandırmak için dünya aracılığıyla yaşanır. Bu nedenle dünyayı adlandırmak isteyenlerle bu adlandırmayı isteme-yenler arasında –öteki insanlara kendi sözlerini söyleme hakkını tanımayanlarla bu hakları ellerinden alınmış olan-lar arasında– diyalog oluşamaz. Temel bir hak olan kendi sözünü söyleme hakkı inkâr edilmiş insanlar, ilk önce bu hakkı yeniden kazanmalı ve bu insandışılaştırıcı ihlalin sürmesini önlemelidirler.

O halde, insanların kendi sözlerini söylemesiyle ve dün-yayı adlandırmasıyla dünya dönüşüme uğruyorsa, diyalog, insanların insan olarak taşıdıkları anlamın hakkını verme tarzı olarak kendini dayatır. Bir bakımdan diyalog varoluş-sal bir gerekliliktir. Ve diyalog, içinde diyalogcuların ortak düşünce ve eylemlerini, dönüştürülecek ve insanlaştırılacak olan bir dünyaya yönelttiği yüzleşme olduğu için ne bir kişinin fikirlerini ötekine "yığma" edimine indirgenebilir ne de tartışmacılar tarafından "tüketilen" basit bir fikir-ler değiş tokuşu olabilir. Ayrıca dünyayı adlandırmaya ya da doğruyu aramaya değil; kendi doğrularının diğerine dayatılmasına adanmış insanlar arasındaki düşmanca bir polemik, tartışma da değildir. Diyalog dünyayı adlandıran insanlar arasında bir yüzleşme olduğu için, bazı insanların ötekiler adına bu yüzleşmeyi gerçekleştirdiği bir konum olamaz. Diyalog bir yaratma edimidir; bir insanın baş-ka bir insan üzerindeki egemenliğinin kullanışlı bir aracı olarak hizmet edemez. Diyalogda içkin olan egemenlik, diyalogcuların dünya üzerindeki egemenliğidir; insanların özgürleşmesi için dünyanın fethedilmesidir.

Bununla birlikte diyalog derin bir dünya ve insan sevgisi yoksa var olamaz. Bir yaratma ve yeniden yaratma edimi olarak dünyanın adlandırılması, sevgiyle yoğrulmamışsa imkânsızdır.[4] Sevgi aynı zamanda diyaloğun hem temeli hem diyaloğun kendisidir. Böylelikle zorunlu biçimde sorumluluk sahibi öznelerin görevidir ve bir egemenlik ilişkisinde var olamaz. Egemenlik sevginin patolojisini ortaya çıkarır: Egemenlik kuranda sadizmi, egemen olunanda mazoşizmi. Sevgi korku edimi değil bir cesaret edimi olduğu için öteki insanlara adanmışlıktır. Ezilenlerin bulunduğu her yerde sevgi edimi, onların davalarına –özgürleşme davasına– adanmışlıklarındadır. Ve bu adanma, sevgi içinde gerçekleştiği ölçüde diyalog niteliğindedir. Bir cesaret edimi olarak sevgi, duygusal olamaz; bir özgürlük edimi olarak, manipülasyona bahane oluşturamaz. Yeni özgürlük edimleri doğurmalıdır; yoksa sevgi değildir. Bu durumun imkânsız kıldığı sevgiyi yeniden kurmak, yalnızca ezilme durumunun ortadan kaldırılmasıyla mümkün hale gelir. Eğer ben dünyayı sevmezsem –hayatı sevmezsem, insanları sevmezsem– diyaloğa giremem.

Öte yandan hiçbir diyalog alçakgönüllülük olmaksızın var olamaz. Sayesinde insanların bu dünyayı sürekli olarak

---

4. Gerçek devrimcilerin, devrimi devrimin yaratıcı ve özgürleştirici niteliğinden ötürü bir sevgi edimi olarak algılamaları gerektiğine giderek daha çok ikna oluyorum. Benim için devrim (kuramsız –ve dolayısıyla bilimsiz- olamayan devrim), sevgiyle bağdaşmaz değildir. Aksine, insanlar devrimi, insanlıklarını gerçekleştirmek için yaparlar. İnsanları devrimci olmaya iten, insanın insandışılaştırılmasından daha derin bir motif var mıdır ki? Sevgi kelimesinin kapitalist dünya tarafından tahrif edilmesi, devrimin en içsel doğası gereği sevecen nitelikte olmasını da devrimcilerin bu hayat sevgisini benimsemesini de önleyemez. Guevara (belki de "alay konusu" olabileceğini ekleyerek) bunu doğrulamaktan korkmamıştı: "Alay konusu olacak olsam da söyleyeceğim, gerçek devrimcinin kılavuzu güçlü sevgi duygularıdır. Bu niteliği taşımayan gerçek bir devrimci düşünmek imkânsızdır". Venceremos - *The Speeches and Writings of Che Guevara*, (Venceremos - Che Guevara'nın Konuşmaları ve Yazıları) derleyen John Gerassi (New York, 1969), s. 398.

yeniden yarattığı, dünyanın adlandırılması edimi, bir kibir edimi olarak yürütülemez. Birlikte öğrenme ve eyleme görevine girmiş insanların yüzleşmesi olarak diyalog, taraflar (veya taraflardan biri) alçakgönüllülükten yoksun ise kopar. Ötekileri hep cahil olarak damgalıyorsam ve kendi cehaletimi hiç fark etmiyorsam nasıl diyalog kurabilirim? Kendimi öteki insanlardan –içlerinde başka "ben"leri göremediğim safi "şey"lerden– apayrı bir yerde görüyorsam nasıl diyalog kurabilirim? Kendimi "pür" insanların, doğrunun ve bilginin sahibi olan bir çekirdek grubun üyesi olarak görürsem, bu grubun üyesi olmayanlar "o insanlar" veya ayaktakımı olursa nasıl diyalog kurabilirim? Dünyayı adlandırmanın seçkinlerin görevi ve halkın tarihte yer almasının bir kokuşma işareti olduğu, bu yüzden de bundan kaçınılması gerektiği varsayımından yola çıkarsam, nasıl diyalog kurabilirim? Ötekilerin katkısına kendimi kapatır –ve hatta bu katkıyı hakaret olarak algılarsam– nasıl diyalog kurabilirim? Yerimden edileceğim korkusu içindeyken, bu olasılığın varlığı bile benim için işkence demekken nasıl diyalog kurabilirim? Kendinden menkul haklılık, diyalogla bağdaştırılamaz. Alçakgönüllülükten yoksun (veya bu niteliği yitirmiş) insanlar halka ulaşamazlar, dünyanın adlandırılmasında halkın ortakları olamazlar. Kendisini diğer herkes gibi ölümlü olarak görmeyen birinin, yüzleşme noktasına ulaşabilmek için katedeceği yol çok uzundur. Yüzleşme noktasında ne mutlak cahiller ne de yetkin bilgeler vardır; sadece halen bildiklerinden daha fazlasını birlikte öğrenme girişimi içindeki insanlar vardır.

Diyalog bunun ötesinde, insana yoğun bir inanç gerektirir, insanın yapma ve yeniden yapma, yaratma ve yeniden yaratma gücüne inanç, daha tam insan olma yetisine (ki seçkinlerin imtiyazı değil, tüm insanların doğuştan sahip olduğu bir haktır) inanç. "İnsana inanç" diyaloğun bir *a priori* şartıdır; "diyalogcu insan" daha yüz yüze gelmeden önce bile öteki insanlara inanır. Buna rağmen inancı naif değildir. "Diyalogcu insan" eleştireldir ve insanın içinde yaratma ve dönüştürme gücü olmasına rağmen, somut bir yabancılaşma durumunda insanların bu gücü kullanamaz şekilde örselenebileceğini bilir. Bununla birlikte bu olasılık, onun insana inancını yıkmaz, tersine onun için bu, karşılık verilmesi gereken bir meydan okumadır. Yaratma ve dönüştürme gücünün, somut durumlarda bertaraf edilse bile, yeniden canlanmaya eğilimli olduğundan emindir. Ve yeniden doğum –bahşedilecek değil, özgürleşme mücadelesi içinde ve bu mücadele yoluyla– köle emeğin yerini hayata şevk veren özgürleştirilmiş emeğin almasıyla meydana gelebilir. İnsana duyulan bu inanç olmaksızın diyalog kaçınılmaz olarak vesayetçi manipülasyona dönüşerek yozlaşan bir sahteliktir.

Sevgi, alçakgönüllülük ve inanç üzerine kurulu diyalog, diyalogcular arasında karşılıklı güvenin mantıki bir sonuç olmasını gerektiren bir yatay ilişki halini alır. Diyaloğun –sevme, alçakgönüllülük ve inanç tamlığının– diyalogcuların dünyayı adlandırırken daha da yakın işbirliğine yol açan bu karşılıklı güven ortamını yaratmaması, başlı başına bir çelişki olurdu. Tersine, böylesi bir güven bankacı eğitim yönteminin diyalog karşıtlığında kesinlikle yoktur. İnsana inanç, diyaloğun *a priori* bir gereğidir fakat güven diyalogla kurulur. Eğer güven oluşmamışsa, o zaman güvenin önkoşullarının bulunmadığı görülecektir. Sahte sevgi, sahte alçakgönüllülük ve insana zayıf bir inanç güven *yaratamaz*. Güven taraflardan birinin diğerine sağladığı, gerçek ve somut amaçlarına ilişkin kanıtlara dayanır; ortağın sözlerinin eylemleriyle uyuşmadığı yerde güven olamaz. Söylediğinden farklı bir şey yapmak –kendi sözlerini hafife almak– güven uyandıramaz. Demokrasiyi yüceltirken halkı susturmak yüzsüzlüktür; hümanizmden dem vururken insanı hor görmek, bir yalandır.

Diyalog, umut olmaksızın da var olamaz. Umut insanların yetkin olmayışlarından, sürekli arayış –sadece öteki insanlarla düşünce ve duygu birliği içinde gerçekleştirebilecekleri bir arayış– içinde hareket etmelerinden doğar. Umutsuzluk suskunlaşmanın, dünyayı yadsımanın ve dünyadan kaçışın bir biçimidir. Adaletsiz bir düzenden doğan insandışılaşma umutsuzluk değil umut nedenidir çünkü adaletsizliğin tanımayı reddettiği insanlığı (insanlık yetisini -ç.n.) durmaksızın aramaya yöneltir. Çünkü umut, kollarını kavuşturup beklemek değildir. Mücadele ettiğim sürece, umut beni hareketlendirir ve umutla dolu mücadele ettiğim yerde de bekleyebilirim. İnsanlar daha tam insan olma amacıyla karşı karşıya geldikleri için, diyalog bir umutsuzluk ortamında gerçekleştirilemez. Diyalogcular çabalarından hiçbir şey ummuyorlarsa, onların yüzleşmesi boş ve kısır, bürokratik ve sıkıcı olacaktır.

Son olarak da gerçek diyalog, diyaloğun tarafları eleştirel düşünmeye –dünya ile insan arasındaki ayrılmaz dayanışmayı keşfeden ve dünya-insan bütünlüğünün parçalanmasına izin vermeyen, gerçekliği statik bir değer değil bir dönüşüm olarak kavrayan bir düşünmeye– eylemden kopmayan, bunun içerdiği tehlikelerden korkmadan sürekli güncelliğe dalan bir düşünmeye cesaret etmedikçe var olamaz. Eleştirel düşünme, tarihsel zamanı, içinden bugünün normalleştirilmiş ve "terbiye edilmiş" halde çıktığı düşünülen "bir yük, kazanılmış olanın uzantısı, geçmişin korunması"[5] olarak gören naif düşünceyle çelişir. Naif düşünen için en önemlisi bu normalleştirilmiş "bugün"e uyum sağlamaktır. Eleştirel düşünen için belirleyici olan, gerçekliğin insanların sürekli insanlaşması yararına sürekli dönüştürülmesidir. Pierre Furter'in dediği gibi:

---

5. Bir arkadaşın mektubundan.

Hedef artık garantilenmiş alana sarılarak güncelliğin risklerini bertaraf etmek değil, bu alanı geçicileştirmektir... Evren bana, kendini sadece uyum sağlayabileceğim kütlesel mevcudiyetini dayatan bir alan değil, ben onun üzerinde eylemde bulundukça şekil alan bir menzil, bir bilgi alanı olarak görünür.[6]

Naif düşünce için amaç, bu garantilenmiş alana sımsıkı tutunmak ve ona uyum sağlamaktan ibarettir. Bu şekilde güncelliği [zamansallığı, geçiciliği -ç.n.] yadsımakla, aynı zamanda kendini de yadsımış olur.

Yalnızca eleştirel düşünmeyi gerektiren diyalog, eleştirel düşünmeyi de yaratabilecek durumdadır. Diyalogsuz iletişim, iletişimsiz de gerçek eğitim olamaz. Öğretmen ile öğrenci arasındaki çelişkiyi çözümleyebilen eğitim, her ikisinin de idrak edimlerini, onlara aracılık eden nesneye yönelttikleri bir durumda gerçekleşir. Böylelikle, özgürlüğün praksisi olarak eğitimin diyalogcu niteliği, öğretmen-öğrenci, öğrenci-öğretmenlerle pedagojik bir durumda buluştuğu zaman başlamaz, öğretmen-öğrencinin öncelikle kendisine ötekiyle *ne hakkında* diyalog kuracağını sormasıyla olur. Ve diyaloğun içeriğini ele almak aslında eğitim sürecinin program içeriğini ele almaktır.

Diyalog karşıtı bankacı eğitimci için içerik sorunu sadece öğrencilerine anlatacakları hakkındaki programla ilgilidir ve o kendi sorusunu, kendi programını organize ederek yanıtlar. Diyalogcu, problem tanımlayıcı öğretmen-öğrenci için eğitimin program içeriği ne bir armağandır ne de zorlama; öğrencilerin içine yerleştirilen bilgi parçaları değil; onun yerine, bireylere bilmek istedikleri şeyler hakkında yapılan, organize, sistemli ve geliştirilmiş "yeniden sunuş"tur.[7]

---

6. Pierre Furter, *Educação e Vida* (Eğitim ve Hayat) (Rio, 1966), s. 26-27.
7. Malraux ile uzun bir konuşmada Mao Tse Tung şöyle demişti: "Bildiğiniz gibi, uzun süre önce şunu ilan etmiştim: Kitlelere, onlardan bulanık şekilde aldıklarımızı açıklıkla öğretmeliyiz". André Malraux, *Anti-Memoirs* (New

Gerçek eğitim çalışması "A" tarafından "B" *için* veya "A" tarafından "B" *üzerinden* değil, aksine "A" tarafından "B" *ile*, dünya aracılığıyla; her iki tarafı da etkileyen ve her iki tarafa da meydan okuyan, kendisi hakkında görüş ve fikir oluşturmalarını sağlayan bir dünya aracılığıyla yapılır. Kaygılar, kuşkular, umutlar veya umutsuzlukla dolu bu görüşler, eğitimin program içeriğinin üzerinde inşa edilebileceği önemli konular içerir. İdeal bir "iyi insan" modeli yaratma arzusundaki naif hümanizm çoğu kere gerçek insanların somut, varoluşsal bugünkü durumunu gözden kaçırır. Gerçek hümanizm, Pierre Furter'in sözleriyle "tüm insanlığımıza ilişkin farkındalığın üste çıkışına, bir koşul ve bir yükümlülük olarak, bir durum ve bir tasarı olarak izin vermekten oluşur".[8] Kentli veya köylü,[9] işçilere bankacı eğitim anlayışıyla gidip, "bilgi" veremeyiz ya da içeriğini kendi organize ettiğimiz bir programda bulunan "iyi insan" modelini dayatamayız. Pek çok siyasi plan ve eğitim planı başarısız olmuştur çünkü hazırlayıcıları onları kendi kişisel gerçeklik görüşlerine göre tasarlamışlar ve programlarının doğrudan doğruya yöneldiği *durum içindeki insanları* (eylemlerinin nesnelerinden ibaret görmek dışında) hiç hesaba katmamışlardır.

Gerçek hümanist eğitimci ve gerçek devrimci için eylemin nesnesi, öteki insanlarla birlikte değiştirecekleri gerçekliktir; yoksa öteki insanlar değil. Onların beynini yıkama ve onları dokunulmadan kalması gereken bir gerçekliğe uygun hale getirme amacıyla insanlara edimde bu-

---

York, 1968) s. 361-362. (*Karşı Anılar*, Çev. Ömer Laçiner, İletişim Yay., 2011) Bu sav, eğitimin program içeriğinin nasıl oluşturulacağına ilişkin tam bir diyalogcu kuram içerir: Bu program, eğitimcinin öğrencileri için en iyi olduğunu düşündüğü şeylere göre kurulamaz.

8. Furter, a.g.e., s. 165.

9. Tarım işçileri genellikle sömürgeci bir bağlama gömülüdürler ve doğanın dünyasına hemen hemen göbekten bağlıdırlar. Doğayla ilişkilerinde kendilerini, onu biçimlendirenler olarak değil, doğanın parçaları olarak hissederler.

lunanlar, ezenlerdir. Bununla birlikte ne yazık ki çok kere devrimci önderler de devrimci eylem için halkın desteğini elde etme arzusuyla program içeriğini yukarıdan aşağıya planlayarak bankacı yaklaşıma kapılırlar. Köylü veya kentli kitlelere, belki kendi dünya görüşlerine karşılık düşen ama halkınkine denk düşmeyen projelerle yaklaşırlar.[10] Temel hedeflerinin çalınmış insanlığını yeniden kazanması için halkın yanında savaşmak olduğunu yoksa halkı kendi saflarına "kazanmak" olmadığını unuturlar. Böylesi bir söz kalıbı devrimci önderlerin sözlüğüne ait olamaz; ancak ezenlerin söz dağarcığından olabilir. Devrimcinin rolü, halkla birlikte, özgürleştirmek ve özgürleştirilmektir; halkı "kazanmak" değil.

Egemen seçkinler, siyasi faaliyetlerinde bankacı eğitim anlayışını ezilenlerin bilinçlerinin "gömülmüş" durumuna denk düşen edilgenliklerini teşvik etmekte kullanırlar ve bu edilgenlikten, ezilenlerin bilincini, özgürlük korkularını daha artıracak sloganlarla "doldurmak" için yararlanırlar. Bu pratik, ezenlerin sloganlarının iç sorunsalını göstererek ezilenlerin bu sloganları kendi içlerinde "ret" etmelerine yardım eden gerçekten özgürleştirici eylem pratiğiyle

---

10. "Kültür işçilerimiz halka büyük bir coşku ve adanmışlıkla hizmet etmelidirler ve yapmaları gereken şey kitlelere bağlanmaktır, kendilerini onlardan ayırmak değil. Bu amaçla, kitlelerin ihtiyaçları ve dilekleri ile uygunluk içinde hareket etmelidirler. Kitleler için yapılan tüm işler onların ihtiyaçlarından yola çıkmalıdır, ne kadar iyi niyetli olursa olsun, herhangi bir bireyin arzusundan değil. Sık rastlanan bir durum, kitlelerin nesnel olarak belirli bir değişiklik ihtiyacında oldukları halde, öznel olarak bu ihtiyacın henüz bilincinde olmayışlarıdır. Bu değişimi yapmaya istekli veya kararlı değildirler. Böylesi durumlarda sabırla beklememiz gerekir. Yaptığımız çalışma sayesinde kitlelerin büyük kısmı değişim ihtiyacının bilincine varana ve değişimi gerçekleştirmeyi isteyip kararlı hale gelene kadar bu değişime girişmemeliyiz. Aksi takdirde kendimizi kitlelerden tecrit ederiz... Burada iki ilke söz konusu: Birincisi kitlelerin dolaysız ihtiyaçlarıdır, bizim onların ihtiyacı olduğunu düşündüğümüz şeyler değil. İkincisi de kendi kararlarını kendileri vermesi gereken kitlelerin dilekleridir". *Selected Works of Mao Tse Tung* (Mao Tse Tung'un Seçme Eserleri), 3. Cilt, "Kültürel Çalışmada Birleşik Cephe" (30 Ekim 1944) Pekin, 1967. s. 186-187.

bağdaştırılamaz. Her şey bir yana, hümanistlerin görevi, kesinlikle ezenlerin sloganlarına karşı kendi sloganlarını koymak, böylece de ezilenlere önce bir grubun sonra öteki grubun sloganlarının "yerleştiği" bir deneme tahtası muamelesi yapmak değildir. Tersine, hümanistlerin görevi ezilenlerin, bölünmüş varlıklar olarak ezenleri içlerinde "barındırdıkları" sürece, gerçekten insan olamayacakları olgusunun farkına varmalarını sağlamaktır.

Bu görev, devrimci önderlerin halka, onlara bir "kurtuluş" mesajı vermek için değil, tersine, halkla diyalog kurmak yoluyla hem *nesnel durumu* hem de halkın bu durumu kavrayışını –kendilerini, içinde ve kendisiyle birlikte var oldukları dünyayı kavrayışlarının çeşitli düzeylerini– öğrenmek üzere gitmesi demektir. Halkın sahip olduğu özel dünya görüşüne saygı duyamayan bir eğitim veya siyasi eylem programından hiç kimse olumlu sonuçlar umamaz. Böylesi bir program kültürel bir istiladan başka bir şey değildir.[11]

Bir eğitim veya siyasi eylem programının içeriğinin örgütlenmesinde çıkış noktası, bugünkü, varoluşsal somut durum olmalıdır ve halkın özlemlerini yansıtmalıdır. Belirli temel çelişkileri kullanarak bugünkü, varoluşsal somut durumu halka, onlara meydan okuyan ve bir cevap gerektiren bir problem olarak sunmak zorundayız; sadece düşünce düzeyinde değil, eylem düzeyinde de.[12]

Varolan durum hakkında sadece konuşmakla kalmamalıyız; kendi kaygıları, kuşkuları, umutları ve korkularıyla fazla ilgisi olmayan hatta hiç ilgisi olmayan programları halka uydurmaya çalışmamalıyız; böylesi programlar bazen ezilenlerin bilincindeki korkuları daha da artırır. Bizim

---

11. Bu nokta, kitabın 4. Bölümü'nde ayrıntılı olarak incelenecektir.
12. Gerçek hümanistlerin bankacı eğitim yöntemini kullanmaları da sağcıların problem tanımlayıcı eğitim yöntemini benimsemeleri de, kendileriyle çelişmeleridir (Sağcılar daima tutarlıdırlar; asla problem tanımlayıcı eğitim yöntemini kullanmazlar).

görevimiz, dünyaya kendi bakışımızı halka anlatmak değildir. Hele bu bakışı onlara dayatmaya kalkışmak hiç değildir. Bizim görevimiz halkla, onun ve bizim görüşlerimiz hakkında, diyalog kurmaktır. Halkın dünyaya bakışının, eylemlerinde çok çeşitli şekillerde kendini dışa vurduğunu, dünya üzerindeki *konumlarını* yansıttığını anlamalıyız. Bu konumun eleştirel biçimde farkında olmayan bir eğitim veya siyaset eylemi (niyeti ne kadar iyi olursa olsun) ya "bankacı" edaya ya da çölde vaaz verir duruma düşme tehlikesi içindedir.

Eğitimcilerin ve siyasetçilerin söylediklerinin anlaşılmadığı sıkça görülür; çünkü dilleri, hedefledikleri insanların somut durumuyla ilişkisizdir. Dolayısıyla söyledikleri, yabancılaşmış ve yabancılaştırıcı nutuklardan ibarettir. Eğitimcinin veya siyasetçinin dili (siyasetçinin kelimenin en geniş anlamıyla eğitimci de olması gereği, giderek daha açıkça görülmektedir), tıpkı halkın dili gibi düşünce olmaksızın var olamaz. Ne dil ne düşünce, başvurdukları bir yapı olmaksızın var olabilirler. Etkinlikle iletişim kurmak için eğitimci de siyasetçi de, halkın düşüncesinin ve dilinin içinde diyalektik olarak biçimlendiği yapısal koşulları anlamak zorundadır.

Eğitimin program içeriğini bulmak istiyorsak, insanlara aracılık eden gerçekliğe ve bu gerçekliğin eğitimciler ve halk tarafından savunulan kavranışlarına bakmalıyız. Halkın "konusal evren"i (thematic universe)[13] –halkın "üretken konuları"nın topluluğu– diye ifade ettiğim şeyin incelenmesi, bir özgürleşme pratiği olarak eğitim diyaloğunu başlatır. Bu incelemenin metodolojisi bile hem üretken konuların keşfedilmesine hem de halkın bu konulara ilişkin uyanıklığını teşvik etmek için diyalogcu olmalıdır. Diyalogcu eğitimin özgürleştirici amacına uygun olarak, incelemenin nesnesi (sanki insanlar anatomik inceleme

---

13. "Anlamlı konusal" ifadesi de aynı anlamda kullanılmaktadır.

malzemeleriymiş gibi) insan değil, insanların gerçekliği anlattıkları düşünce dili, bu gerçekliği idrak ettikleri düzeyler ve içinde üretken konuların bulunduğu dünya hakkındaki görüşleridir.

"Asgari konusal evren"le ne kastedildiğini de açıklığa kavuşturacak olan üretken konunun, daha yakından tanımlanmasından önce birkaç ön açıklama sunmak elzem görünüyor bana. Üretken konu kavramı, ne keyfi bir buluştur ne de kanıtlanacak bir hipotezdir. Eğer kanıtlanacak bir hipotez olsaydı, ilk inceleme konunun niteliğinin belirtilmesini değil, doğrudan doğruya konuların var olup var olmadıklarını ele alırdı. Bu durumda, konuyu zenginliği, önemi, çeşitliliği, dönüşümleri [bak. *Cultural Action for Freedom* (Özgürlük İçin Kültürel Eylem) adlı kitabım] ve tarihi bileşimi içinde anlamaya girişmeden önce, ilk olarak nesnel olarak var olup olmadığını kanıtlamamız gerekirdi. Ancak ondan sonra onu kavrama girişimine kalkışabilirdik. Eleştirel bir kuşku tavrı meşru olmakla birlikte, üretken konunun gerçekliğini kanıtlamak mümkün görünüyor; sadece kişinin kendi varoluş tecrübesi yoluyla değil, ayrıca insan-dünya ilişkisi ve bu ilişkide içkin olan, insanlar arasındaki ilişkiler hakkında eleştirel düşünme yoluyla da.

Bu nokta üzerinde daha fazla durmaya değer. Hatırlanacaktır –basmakalıp gibi görünse de– yetkinleşmemiş varlıklar içinde sadece insan, yalnız eylemlerini değil, kendisinin kendisi hakkındaki bilincini de düşüncesine konu edinir. Bu yetenek onu, kendilerini faaliyetlerinden ayıramayan ve böylece de eylemleri hakkında düşünemeyen hayvanlardan ayırır. Bu açıkça yüzeysel ayrım, her birinin kendi hayat alanındaki eyleminin sınırlarını oluşturan alanı tanımlar. Hayvanların faaliyeti kendilerinin bir uzantısını oluşturduğu için bu faaliyetin sonuçları da kendilerinden ayrılamaz: Hayvanlar ne hedef koyabilirler ne de doğayı dönüştürme eylemlerine kendi başına taşıdığı anlamın ötesinde bir anlam verebilirler. Üstelik belirli bir tarzda davranmanın "karar"ı onlara değil, onların türüne aittir. Dolayısıyla, hayvanlar temel olarak "kendinde varlıklardır".

Kendi başlarına karar vermekten aciz, ne kendilerini ne eylemlerini nesneleştirebilen, kendi koydukları hedefleri olmayan, anlam veremedikleri bir dünyaya "gömülü" yaşayan, ağır basan bir şimdide var oldukları için bir "yarın"ı ve bir "bugün"ü olmayan hayvanların tarihleri yoktur. Hayvanların bu tarihten yoksun hayatı, kelimenin dar anlamında alındığında "dünya"da gerçekleşmez; hayvanlar için dünya bir "ben" olarak kendisini ayırabileceği bir "ben-olmayan" oluşturmaz. İnsan dünyası ki tarihseldir, "kendinde varlık" için salt bir güdü işlevini görür. Karşılaştıkları genel yapı hayvanlar için meydan okuma oluşturmaz; onlar sadece uyarılırlar. Hayvanların hayatı, riske girmeyi içermez çünkü risklerin var olduğunun farkında değildirler. Riskler onlar için düşünceyle algılanan meydan okumalar değildir, sadece belirtileriyle "algılanır"lar; dolayısıyla karar alma türünden cevapları gerektirmezler.

Nitekim hayvanlar yükümlülük alamazlar. Tarihten yoksun yapıları onların hayatı "üstlenmesi"ne imkân vermez. Hayatı "üstlenemedikleri" için hayatı kuramazlar da. Ve kuramadıkları için, hayatın genel yapısını dönüştüremezler. "Güdü" dünyalarını, kültür ve tarihi kapsayan anlamlı bir simge dünyaya genişletemedikleri için, kendilerini hayatın yıkıma uğrattığı varlıklar olarak da göremezler. Sonuç olarak hayvanlar kendilerini hayvanlaştırmak için genel yapılarını "hayvanlaştıramazlar"; kendilerini "hayvandışılaştırmaları" da mümkün değildir. Ormanda bile hayvanat bahçesindeki gibi "kendinde varlıklar" olarak kalırlar.

Hayvanların aksine insanlar yalnızca yaşamakla kalmaz, var olurlar; içinde konumlandıkları dünyadaki etkinliklerinin farkındadırlar, kendilerine koydukları hedeflere yönelik eylemde bulunurlar. Kararları kendi içlerindedir; dünya ve diğerleriyle ilişkilerinde, yaratıcı varlıklarıyla, onda gerçekleştirdikleri değişim aracılığıyla dünyaya nüfuz ederler.[14] Varoluşları tarihseldir. Hayvanlar hayatlarını zamansız, düz, tekdüze bir "güdü" içinde yaşarlar; insanlar sürekli yeniden yarattıkları ve dönüştürdükleri bir dünya içinde var olurlar. Hayvanlar için "burası" sadece temasa geçtikleri bir hayat alanıdır; insanlar için "burası" sadece bir fiziksel alandan ibaret değildir, ayrıca tarihsel bir alandır.

İşin doğrusu, kendilik bilincinden yoksun, hayatı tamamen belirlenmiş olan hayvan için "burası", "şimdi", "orası", "yarın" ve "dün" var olmaz. Hayvanlar "burası"nın, "şimdi"nin veya "orası"nın dayattığı sınırları aşamazlar.

Ama insanlar kendilerinin ve böylelikle dünyanın da farkında oldukları için –*bilinçli varlıklar* oldukları için– sınırların belirleyiciliği ve kendi özgürlükleri arasında diyalektik bir ilişkiyle var olurlar. Kendilerini, nesneleştirdikleri dünyadan ve kendi etkinliklerinden ayırarak, karar mercini kendi içlerine ve dünya ve başkaları ile ilişkilerine taşıyarak, kendilerini sınırlayan durumu, "sınırdurumu"nu[15]

---

14. İngiliz dilinde "yaşamak" (live) ve "var olmak" (exist) terimleri, kendi etimolojik kökenlerine karşıt imalar içerirler. Burada kullanıldığı şekliyle, "yaşamak" daha temel bir terimdir ve sadece hayatta kalma anlamını taşır; "var olmak" ise "olma" (becoming) sürecinde daha derinlemesine yer almayı ifade eder.

15. Profesör Alvaro Vieira Pinto, "sınırdurumlar" problemini gayet berrak bir şekilde analiz eder ve kavramı, aslında Jaspers'ın kullanımında taşıdığı kötümser yanı olmaksızın kullanır. Vieira Pinto için, "sınırdurumlar", "olasılıkların sona erdiği geçilemez sınırlar" değildir, "tüm olasılıkların başladığı gerçek sınırlardır"; "olmayı hiçlikten ayıran sınırda" bulunmazlar, "olmayı daha tam insan olmaktan ayıran sınırdadırlar". Alvaro Vieira Pinto, *Consciencia e Realidade Nacional* (Rio de Janeiro, 1960), 2. Cilt, s. 284.

Paulo Freire

aşarlar. Bu durumlar, bir kez insanlar tarafından ayak bağı olarak, özgürleşmelerinin engeli olarak kavrandılar mı, başta göze batmadan durdukları arka planda kabartma gibi sırıtmaya başlarlar ve verili bir gerçekliğin somut tarihi boyutu olarak asıl özlerini ifşa ederler. İnsanlar, karşılaştıkları meydan okumaya Vieira Pinto'nun "sınıreylemler" dediği eylemlerle karşılık verirler: Bunlar "verileni" edilgence kabul etmek yerine yadsımaya ve aşmaya yöneliktir.

Bu yüzden, umutsuzluk havası yaratan, kendinde ve kendi için sınırdurumlar değil, daha ziyade, belirli bir tarihsel anda insan tarafından kavranış tarzlarıdır: Mesele sadece ayak bağı mı görüldükleri yoksa aşılmaz engel olarak mı algılandıklarıdır. Eleştirel anlayış, eylemde vücut bulduğundan insanları sınırdurumların üstesinden gelme girişimine yönelten bir umut ve güven iklimi gelişir. Bu hedef yalnız, sınırdurumların tarihsel olarak içinde yer aldığı somut, tarihsel gerçeklik üzerinde etkinlikte bulunularak başarılabilir. Gerçeklik dönüştürülür ve bu durumlar geride bırakılırken yeni sınırdurumlar ortaya çıkacak, onlar da yeni sınıreylemlerin ortaya çıkmasında etken olacaktır.

Hayvanların güdü dünyasında bu dünyanın tarihten yoksun niteliğinden ötürü, hiçbir sınırdurum yoktur. Benzer biçimde, hayvanlar dünya karşısında belirleyici bir tavır gerektiren sınıreylemler gerçekleştirme yeteneğinden yoksundurlar: Dünyayı dönüştürmek amacıyla kendilerini ondan ayıramazlar ve dünyayı nesnelleştiremezler. Organik olarak güdüye zincirlenmiş haldeki hayvanlar kendileri ile dünya arasında ayrım yapmazlar. Dolayısıyla da hayvanlar, tarihsel olan sınırdurumlarıyla değil, güdülerin kendileriyle sınırlanırlar. Ve hayvanlara uygun rol, güdüleriyle bağıntıda olmak değil (öyle olsaydı güdüler bir dünya olurdu), onlara uymaktır. Dolayısıyla hayvanlar yuva "üretirken", örneğin bir arı kovanını veya bir tilki kovuğunu yaparken, "sınıreylemler"den, yani dönüştürücü cevaplardan

91

ortaya çıkan ürünler yaratmazlar. Hayvanların üretici faaliyeti meydan okuyan değil, kabaca harekete geçmeye zorlayan bir fiziksel gerekliliğin tatminine bağlıdır. Hayvanın, "ürünü dolaysızca onun fiziksel bedenine aittir oysa insan kendi ürünüyle özgürce karşı karşıya gelir".[16]

Yalnızca, bir varlığın fiziksel bedenine ait olmaksızın onun faaliyetinin sonucu olan ürünler (bu fiziksel bedenin damgasını taşısalar bile), içinde ortaya çıktıkları bağlama bir anlam zemini verebilir ve böylece onu bir dünya kılabilirler. Bu tip bir üretim yapma yeteneğindeki bir varlık (bunu yapmakla zorunlu olarak kendisinin farkında, "kendi içinde bir varlık" olur); ilişki kurduğu dünya içinde bir *olma sürecinde* olmasaydı, artık var olamazdı: Tıpkı bu varlık var olmasaydı dünyanın da artık var olamayacağı gibi.

Kendilerinden ayrı ürünler yaratamayan (çünkü faaliyetleri sınıreylemler yaratmaz) hayvanlar *ile* dünya üzerindeki eylemleriyle kültür ve tarih alanını yaratan insanlar arasındaki ayrım, yalnızca insanların praksis varlıkları olmasındadır. Yalnızca insanlar praksistirler; düşünce ve eylem gibi, gerçekliği hakiki anlamda dönüştüren, bilgi ve yaratmanın kaynağı olan praksis. Bir praksis olmaksızın meydana gelen hayvan etkinliği, yaratıcı değildir; insanın dönüştürücü faaliyeti ise yaratıcıdır.

İnsanlar dönüştürücü ve yaratıcı varlıklar oldukları içindir ki, gerçeklikle sürekli ilişkileri içinde sadece maddi varlıkları –elle tutulur nesneleri– değil, ayrıca sosyal kurumları, fikirleri ve kavramları da üretirler.[17] Sürekli praksisleri içinde insanlar aynı zamanda hem tarihi yaratırlar hem de tarihsel-sosyal varlıklar olurlar. İnsanlar, –hayvan-

---

16. Karl Marx, *Economic and Philosophical Manuscripts of 1844*, Yay. Hazırlayan: Dirk Struik, (New York, 1964), s. 113. [*1844 El Yazmaları*, Çev. Murat Belge, İletişim Yay., 2000]

17. Bu konu için bkz. Karel Kosik, *Dialéctica de lo Concreto*, Mexico, 1967. (Karel Kosik, *Die Dialektik des Konkreten*, Frankfurt/Main, 1957.) [*Somutun Diyalektiği*, Çev. Ezgi Kaya, Yordam Yay., 2015]

ların tersine– zamanı geçmiş, bugün ve gelecek şeklinde üç boyut halinde tasnif edebildikleri için, tarihleri de, insanların kendi yaratımları bakımından, içinde dönemsel birimlerin vücut bulduğu sürekli bir dönüşüm süreci olarak gelişir. Bu dönemsel birimler, içinde insanların sıkışıp kaldığı kapalı zaman aralıkları, durağan süreler değildir. Öyle olsaydı, tarihin temel bir koşulu –sürekliliği– yok olurdu. Tersine, dönemsel birimler tarihi sürekliliğin dinamiğiyle birbirlerine bağlanırlar.[18]

Bir tarihsel dönem, karşıtlarıyla diyalektik etkileşim içinde olan bütünlüğe yönelen fikirlerin, kavramların, umutların, kuşkuların, değerlerin ve meydan okumaların iç içe geçmişliğiyle nitelenir. Bu fikirlerin, değerlerin, kavramların ve umutların pek çoğunun; fakat aynı zamanda insanın tam insanlaşmasının önünü kesen engellerin de somut ifadesi, bu tarihsel dönemin konularını oluşturur. Bu konular da kendilerine karşıt, hatta antitez olan başka konulara uzanırlar. Ama aynı zamanda da yerine getirilmeyi bekleyen görevlere de işaret ederler. Böylelikle, tarihsel konular asla yalıtılmış, bağımsız, bağlantısız veya statik değildirler; daima diyalektik bir şekilde karşıtlarıyla ilişkidedirler.

Bu konuların bulunduğu alan, insan-dünya ilişkisinden başkası değildir. Bir dönemin karşılıklı etkileşim içindeki konularının iç içe geçmiş bütünselliği o çağın "konusal evren"ini oluşturur.

Bu "konular evreni"yle diyalektik çelişki içinde yüz yüze gelen insanlar, aynı ölçüde çelişkili tavırlar alırlar: Kimileri yapıları sürdürmeye, kimileri de değiştirmeye çalışır. Gerçekliğin ifadesi konumundaki konular arasında rekabet keskinleşirken, konuların ve hatta bizzat gerçekliğin

18. Tarihsel dönemler sorunu konusunda, bkz. Hans Freyer, *Teoria de la Epoca Atual* (Mexico) [Hans Freyer, *Theorie des Gegenwaertigen Zeitalters*, Stuttgart 1956].

mitleştirilmesi eğilimi belirir ve bu da irrasyonellik ve sekterlik iklimine yol açar. Bu iklim, konuların derin anlamını sığlaştırma ve karakteristik dinamik yanını ortadan kaldırma tehlikesini getirir. Böylesi bir durumda mitleştirici irrasyonelliğin kendisi, temel bir konu haline gelir. Onun karşıtını oluşturan konu, dünyaya eleştirel ve dinamik bakış, gerçekliği görünür kılmak, mitleştirmenin maskesini düşürmek ve insanlık görevinin tam olarak algılanmasını başarmak, yani insanların özgürleşmesi uğruna gerçekliğin sürekli dönüştürülmesi peşindedir.

Son tahlilde, *konular*[19] *sınırdurumları* içerdiği gibi, sınırdurumlar da onları içerir. İçerdikleri *görevler, sınıreylemler* gerektirir. Konular sınırdurumlar tarafından perdelendikleri ve bu yüzden açıklıkla kavranmadıkları zaman, sınırdurumlara denk düşen görevler –insanların tarihi eylem biçimindeki cevapları– ne özgün/gerçek olabilir ne de eleştirel olarak yerine getirilebilir. O zaman insanlar sınırdurumları aşıp bu durumun ötesinde –ve onunla çelişki içinde– *sınanmamış bir imkân* bulunduğunu keşfedemezler.

Özetle, sınırdurumlar, bu durumların doğrudan veya dolaylı olarak hizmet ettiği kişilerin ve bu durumlar tarafından var olma hakları reddedilen ve gemlenen kişilerin varlığını içerir. Bu ikinci tip kişiler bir kez bu durumu olmak ve hiçlik arasındaki değil de, olmak ve daha insan olmak arasındaki sınır olarak kavramaya başladıklarında, artan ölçüde eleştirel nitelikteki eylemlerini, bu kavramayla bağlantılı olan sınanmamış imkânı gerçekleştirmeye yöneltirler.

Öte yandan varolan sınırdurumun hizmet ettiği kişiler bu sınanmamış imkânı gerçekleşmesine izin verilmeme-

---

19. Bu konuları "üretken" konular olarak terimleştirdim çünkü; (nasıl kavranırlarsa kavransınlar ve uyardıkları eylem ne olursa olsun) pek çok konu halinde açımlanmaları olanağını içerirler ve bu konular da yapılması gerekecek yeni görevler getirir.

si gereken bir tehdit olarak değerlendirirler ve statükoyu sürdürmek için her şeyi yaparlar. Bu nedenle tarihsel bir ortam içindeki özgürleştirici eylemler, sadece üretken konulara değil, aynı zamanda bu konuların kavranış tarzına da uygun düşmelidir. Bu talep, bir diğerini de beraberinde getirir: Anlamlı konuların araştırılmasını.

Üretken konular genelden özele giden halkalar halinde bulunabilir. Bunlar arasında, farklılaşmış bir dizi birim ve alt birimi –kıtasal, bölgesel, ulusal vs– kapsayan en geniş dönemsel birim, evrensel nitelikteki konuları içerir. Kanımca, zamanımızın temel konusu, erişilmesi gereken hedef olarak karşıtını, yani *özgürleşme* konusunu beraberinde getiren, *egemenliktir*. Bu acı verici konu dönemimize, daha önce sözünü ettiğimiz antropolojik niteliği verir. İnsanlaşmayı başarmak için –insandışılaştırıcı baskı durumunun ortadan kaldırılması bunun önkoşuludur– içinde insanların şeylere indirgendiği sınırdurumlar mutlaka aşılmalıdır.

İçte yer alan halkada (aynı kıtadaki veya farklı kıtalardaki) toplumlar için karakteristik olan ve bu toplumlar arasındaki benzerliği oluşturan konularla ve sınırdurumlarla karşılaşırız. Mesela bağımlılık ilişkisi olmaksızın kavranması imkânsız olan azgelişmişlik, Üçüncü Dünya toplumları için karakteristik bir sınırdurumu ifade eder. Bu sınırdurumun içinde yatan görev, bu "nesne" toplumlarla metropol toplumlar arasındaki çelişkinin üstesinden gelmektir. Üçüncü Dünya'nın sınanmamış imkânı bu görevin içindedir.

Geniş dönemsel birim içindeki herhangi bir verili toplum, genel kıtasal veya tarihsel bakımdan benzer konulara ek olarak, kendi özel konularını, kendine özgü sınırdurumları içerir. Daha içteki halkada, yöre ve alt yörelerini ayırt ettiğimiz zaman, bir ve aynı toplum içinde de toplum geneline göre konusal farklılıklar bulabiliriz. Bunlar dönemsel alt birimleri oluştururlar. Mesela aynı ulusal birim içinde "zamandaş olmayanların birlikte var olması" çelişkisiyle karşılaşırız.

Bu alt birimler içinde ulusal konular gerçek anlamlarıyla kavranabilirler ya da kavranmayabilirler. Belki de sadece sezilebilirler: Bazen bu bile olmaz. Fakat bu konuların alt birimler içinde bulunmaması kesinlikle imkânsızdır. Belirli bir bölgedeki bireylerin bir üretken konuyu algılamaması ya da çarpık bir tarzda algılaması olgusu olsa olsa, insanların hâlâ içine gömülü oldukları bir ezilmenin sınırdurumunu belirtebilir.

Genel olarak bütünlüğü içinde henüz bir sınırdurumuna ulaşmamış haldeki bir ezilen bilinç, bu sınırdurumunun sadece yan fenomenlerini algılar ve sınırduruma[20] özgü engelleyici gücü bunlarda görür. Bu durum, üretken konuların araştırılması açısından büyük önem taşır. İnsanlar gerçekliğe ilişkin eleştirel bir anlayıştan yoksunsa ve gerçekliği, bütünün birbiriyle karşılıklı etkileşim içindeki kurucu öğeleri olarak görmedikleri kesitler halinde kavrıyorlarsa, bu gerçekliği gerçek anlamda tanıyamazlar. Gerçekliği gerçekten bilmek için çıkış noktalarını değiştirmeleri gerekirdi: Kurucu öğelerini birbirinden ayırıp yalıtmak ve bu analiz sayesinde bütün hakkında daha berrak bir kavrayışa ulaşabilmek için bağlama ilişkin genel bir bakışları olmalıydı.

Konusal araştırmanın yöntemselliği ve problem tanımlayıcı bir eğitim çalışması açısından, bu yaklaşım, bir

---

20. Orta sınıftan bireyler, köylülerden (tarım işçilerinden) farklı bir yolla olmasına rağmen sık sık bu tip davranış sergilerler. Özgürlük korkuları onları, asıl olanı gizleyen, arızi olanı vurgulayan ve somut gerçekliği yadsıyan savunma mekanizmaları ve rasyonelleştirmeler oluşturmaya yöneltir. Analiz edildiğinde rahatsız edici olacak bir sınırdurumun idrak edilmesine yol açacak bir problemle yüz yüze kaldıklarında, tartışmayı konunun kenarlarında tutmak ve sorunun özüne yönelen herhangi bir girişime direnmek eğilimindedirler. Birisinin, onların asli önem atfettikleri olayları, arızi veya ikincil olaylar olarak açıklayan bir temel önermeyi ortaya koyması bile, onları çok kızdırır.

bireyin bağlamsal gerçekliğinin yapıtaşları olan belirleyici boyutları –bunların analizi, çeşitli öğelerin karşılıklı etkileşimini idrak edebilmesine imkân sağlar– ayrıştırmak söz konusu olduğunda da uygundur. Aynı zamanda da, belirleyici boyutlar –bunlar da parçaların etkileşime girmesiyle oluşturulurlar– kapsayıcı bir gerçekliğin boyutları olarak kavranmalıdırlar. Böylece, belirleyici bir varoluşsal boyutun eleştirel analizi, sınırdurumlara karşı yeni bir eleştirel tavra imkân sağlar. Gerçekliğe ilişkin anlayış ve kavrayış yerine oturtulur ve yeni bir derinlik kazanır. En küçük evrende (karşılıklı etkileşim içindeki üretken konular topluluğunda) bulunan üretken konunun araştırılması, *conscientizaçao* yöntemselliğiyle gerçekleştirildiği takdirde, insanları içinde bulundukları dünya hakkında eleştirel düşünmeye yöneltir veya yöneltmeye başlar.

Bununla birlikte, insanlar gerçekliği, nüfuz edilemez ve kapalı bir bütün olarak algıladıklarında araştırmayı soyutlama yoluyla sürdürmek zorunludur. Bu yöntem, somutu soyuta indirgemek değil (bu onun diyalektik doğasını yadsımak olurdu), daha ziyade iki öğeyi karşıtlar halinde sürdürmek ve bu öğelerin düşünme ediminde diyalektik olarak birbiriyle ilişkili olmasıdır. Bu diyalektik düşünme hareketi somut, varoluşsal "kodlanmış" bir durumun analiziyle gayet uygun şekilde gösterilebilir.[21] Durumun "kodlarının çözülmesi" soyuttan somuta gitmeyi gerektirir. Bu da öznenin kendini nesnede (kodlanmış, somut varoluşsal durum) tanımasını ve nesneyi, içinde kendini başka öznelerle birlikte bulduğu bir durum olarak idrak etmesini gerektirir. Yani parçadan bütüne gitmek ve sonra tekrar parçalara dönmek gerekir. Eğer kod çözme başarılıysa kodlanmış bir durumun analizinde meydana gelen bu

---

21. Bir varoluşsal durumun kodlanması, bu durumun, kendisini oluşturan öğelerden bazılarının etkileşimleri içinde gösterilmesi suretiyle temsil edilmesidir. Kod çözme, kodlanmış bir durumun eleştirel analizidir.

soyuttan somuta akış ve geri akış hareketi, soyutlamanın, somutun eleştirel bir biçimde algılanması tarafından aşılmasına varır; bu somutluk böylelikle, kapalı, nüfuz edilemez bir gerçeklik olmaktan çıkmıştır bile.

Kendisine kodlanmış haldeki bir varoluşsal durum (soyutlama yoluyla varoluşsal gerçekliğin somutluğuna ulaşan bir taslak çizim veya fotoğraf) sunulan bir birey, bu kodlanmış durumu "bölme" eğilimindedir. Bu bölme, kod çözme sürecinde, bizim "durumun betimlenmesi" olarak adlandırdığımız aşamaya denk düşer ve ayrıştırılmış bütünün parçaları arasındaki etkileşimin keşfedilmesini kolaylaştırır. Daha önceleri ancak belirsiz şekilde kavranmış olan bu bütün (kodlanmış durum), düşüncenin değişik boyutlardan bütüne geri akmaya başlamasıyla anlam kazanmaya başlar. Bununla birlikte, kodlama, bir varoluşsal durumun ifadesini oluşturduğundan kod çözücü, bu ifadeden –kendini içinde ve birlikte bulduğu– somut duruma giden adımı kolayca gerçekleştirir. Böylece bireylerin nesnel gerçeklik karşısında niçin farklı biçimde davranmaya başladıklarını kavramsal olarak açıklamak mümkün olur. Bu gerçeklik artık çıkmaz yol olarak görünmeyip gerçek yüzünü gösterdiğinde, bireylerin karşılık vermek zorunda oldukları bir meydan okuma halini alır.

Kod çözmenin tüm bu aşamalarında insanlar dünyayı nasıl gördüklerini dışa vururlar. Ve insanların dünya hakkında düşünme ve dünyayla yüzleşme tarzlarında –kaderci, dinamik ya da durağan–, onların üretken konularını buluruz. Üretken bir konuyu somut biçimde ifade etmeyen bir grup –konuların var olmadığı biçiminde yorumlanabilirdi bu–, aksine gayet dramatik bir konuyu örnekler: *Suskunluk konusu.* Suskunluk konusu, sınırdurumların ezici gücü karşısında bir sessiz kalma yapısının varlığına işaret eder.

Bir kere daha vurgulamalıyım ki üretken konu gerçeklikten ayrı olarak ya da insandan ayrı olarak insanın içinde, gerçeklikte, hele *no-man's land*'de [iki devletin sınırları arasında kalan tarafsız ya da sahipsiz bölge -ç.n.] hiç bulunamaz. Üretken konu yalnızca insan-dünya ilişkisi içerisinde kavranabilir. Üretken konuyu araştırmak, insanın gerçeklik hakkındaki düşünüşünü ve insanın praksisini oluşturan, gerçeklik üzerindeki eylemini sorgulamaktır. İşte tam da bu nedenle önerilen yöntem, araştırıcıların ve (normalde bu araştırmanın nesnesi olarak görülen) halkın ortaklaşa araştırmacı olarak davranmasını gerektirir. İnsanlar kendi konularının araştırılmasında ne kadar aktif tavır alırlarsa, gerçekliği eleştirel algılamakta o denli derine inerler ve kendi konularını ifadelendirirken gerçekliği o denli sahiplenirler.

Halkın, kendi anlamlı konusallarının aranması sürecine araştırmacı olarak dahil edilmesini doğru bulmayanlar ve şöyle diyenler çıkabilir: Halkın burnunu sokması (kendi eğitimleriyle en yakından ilgili olan ya da olması gerekenlerin işe "burnunu sokması") bulguları çarpıtabilir ve böylelikle araştırmanın nesnelliğini tehlikeye düşürebilir. Bu görüş, konuların –sanki eşya gibi– kendi özgün nesnel arılıkları içinde, insanın dışında var olduğu gibi yanlış bir varsayımdan hareket eder. Gerçekteyse, konular insanın *içinde*, dünyayla ilişkileri *içinde*, somut olgulara ilişkin olarak, vardırlar. Aynı nesnel olgu, farklı dönemsel alt birimlerde farklı üretken konu bütünsellikleri yaratabilir. Dolayısıyla, nesnel olgu, insanların bu olgu hakkındaki görüşleri ve üretken konular arasında bir ilişki vardır.

Anlamlı bir konusallığı dile getiren insanlardır ve insanlar konuların ilişkili olduğu nesnel olgular hakkındaki görüşlerini değiştirdiği ölçüde, belirli bir andaki ifadeleri daha önceki ifadelerinden farklı olacaktır. Araştırmacının bakış açısından önemli olan, insanların "verili" olanı tasavvur ettikleri çıkış noktasını bulmak ve araştırma süreci boyunca gerçekliği kavrayış tarzlarında herhangi bir değişim olup olmadığını saptamaktır. (Nesnel gerçeklik elbette ki değişmeden kalır. Bu gerçekliğin kavranışı araştırmanın akışı içinde değiştiyse nesnel gerçekliğin değişmeden kalması olgusu araştırmanın geçerliliğini etkilemez).

Anlamlı bir konusalın içerdiği umut, güdü ve hedeflerin insani umut, güdü ve hedefler olduklarını göz önünde tutmalıyız. Bunlar durağan varlıklar gibi "dışarıda" bir yerde var değildir, aksine oluş halindedirler. Tıpkı insanlar gibi onlar da tarihseldir. Dolayısıyla da insandan ayrı olarak kavranamazlar. Bu konuları kavramak ve anlamak, hem bu konuları cismiyle temsil eden insanı hem de bu konuların değindiği gerçekliği anlamak gerek. Fakat bu konuları insanın kendisinden ayrı olarak anlamak mümkün olmadığı için, tam da bu yüzden, ilgili insanların da bu konuları anlaması şarttır. Böylece konusal araştırma, gerçeklik kadar kendinin de farkında olmaya yönelik ortak bir çaba haline gelir; bu da bu araştırmayı, özgürleştirici nitelikteki bir eğitim süreci veya kültürel eylem için başlangıç noktası haline getirir.

Araştırmanın gerçek tehlikesi sorgulamanın güya nesnesi olan kişilerin kendilerinin de araştırmanın yürütücüsü olduklarını keşfederek analiz sonuçlarını "çarpıtabilecekleri" ihtimali değildir. Tersine tehlike, araştırma odağının anlamlı konulardan insanların kendisine kayması ve bunun sonucunda insanlara araştırma nesnesi muamelesi yapılması ihtimalidir. Öğretmen-öğrenci ve öğrenci-öğretmenlerin, içinde aynı nesne hakkındaki idraklerini birleştirdikleri bir eğitim programının geliştirilmesine temel sağlaması amaçlandığı için, araştırmanın kendisi de karşılıklı eyleme dayalı olmalıdır.

İnsani alanda gerçekleşen bir konusal araştırma mekanik bir edime indirgenemez. Bir arayış, idrak ve dolayısıyla da yaratım süreci olarak araştırma, araştırmacıların sorunların birbirlerine karşılıklı nüfuz etme biçimlerini, anlamlı konuların birbiriyle bağlantısı içinde keşfetmelerini gerektirir. Araştırma en büyük eğitici etkiyi, en eleştirel olduğu yerde yapacaktır. En eleştirel olduğu yer ise gerçeğe kısmi, kendini "adeta bir odak noktasıyla sınırlayan" bir bakış açısından yaklaşmayıp bütünsel gerçekliğe bakmakta ısrar ettiği yerdir. Bu yüzden anlamlı konusal arayış süreci, konuların birbirleriyle bağlantısını gösterme, bu temaları sorun olarak tanımlama ve konuların tarihi-kültürel bağlamını görme kaygısını içermelidir.

Eğitimci, insanlara *sunmak* üzere bir program hazırlayamayacağı gibi konusal evreni araştırmak isteyen araştırmacı da, *kendisinin* önceden belirlediği hareket noktalarından yola çıkarak "yol tarifeleri" düzenleyemez. Gerek eğitim çalışması, gerek onu desteklemek üzere tasarlanmış araştırma, kelimenin etimolojik anlamıyla "sempatik" etkinlikler olmalıdırlar. Yani sürekli "oluşma"sının karmaşıklığı içinde kavranan bir gerçekliğin iletişiminde ve ortaklaşa tecrübe edilişinde var olmalıdırlar.

Bilimsel nesnellik adına, organik olanı organik olmayana, oluşmakta olanı halen olana, hayatı ölüme dönüştüren bir araştırmacı, değişimden korkan birisidir. Böyle biri (inkâr etmediği fakat arzu da etmediği) değişimde hayatın değil ölüm ve çürümenin belirtisini görür. Değişimi incelemek ister; ama değişimi durdurmak için, canlandırmak veya derinleştirmek için değil. Bununla birlikte, değişimi bir ölüm belirtisi olarak görmekle ve gösterişli modellere ulaşmak için insanları edilgen araştırma nesnelerine dönüştürmekle, hayatı katleden karakterini ele verir.

Tekrar ediyorum: Bir konusalın araştırılması, insanların düşünmesinin araştırılmasını içerir; bu düşünme de sadece ve hep birlikte gerçekliği ortaya çıkarmaya çalışan insanların içinde ve arasında meydana gelir. *Ötekiler için* ama aynı zamanda da *ötekiler olmaksızın* düşünemem, ötekiler de *benim için* düşünemez. Düşünüşleri hurafeci veya naif olsa bile, insanlar ancak varsayımlarını eylem içinde yeniden düşünce süzgecinden geçirirlerse değişebilirler. Bu süreci de, fikir üretmek ve bu fikirlere dayalı hareket etmek –yoksa başkalarının fikirlerinin tüketimi değil– oluşturmalıdır.

İnsanlar kendilerini "bir durum içerisindeki" varlıklar olarak zamansal-mekânsal koşulların içinde kök salmış bulurlar; koşullar onlara damgasını vururken onlar da koşullara kendi damgalarını vururlar. Kendi "durumsallık"ları üzerinde ancak onun üzerinde eylemde bulunmalarını gerektiren bir meydan okuma ile karşılaştıkları ölçüde düşünme eğilimindedirler. İnsanlar *vardır çünkü bir durum içerisinde vardırlar*. Ve varoluşları üzerinde eleştirel şekilde düşünmekle kalmayıp eleştirel eylemde bulundukları ölçüde, daha *daha fazlası olacaklardır*.

"Durumsallık" üzerine düşünmek, varoluşun asıl koşulu hakkında düşünmektir: Sayesinde insanların birbirlerini "bir durum içerisinde" keşfettikleri eleştirel düşünmektir. Yalnızca bu durum kendisini yoğun dışa kapalı bir gerçeklik veya acı verici bir çıkmaz olarak göstermediği, insanlar onu nesnel-sorunsal bir durum olarak kavramaya başlayabildiği zaman; ancak o zaman adanma/yükümlülük var olabilir. İnsanlar bilinçlerinin gömülü olduğu halden doğrulup çıkarlar ve gerçekliğe, ortaya çıkarıldığı yerde *müdahale etme* yeteneğini kazanırlar. Gerçekliğe *müdahale* –gerçek anlamda tarihi olarak kendinin farkına varma– böylelikle doğrulmanın bir sonraki adımı olur ve durumun *conscientizaçao*'sundan ortaya çıkar. *Conscientizaçao*, her tür doğrulmaya özgü idrak tutumunu derinleştirmekle eşanlamlıdır.

Tarihi idraki derinleştiren her konusal araştırma bu nedenle gerçekten eğiticidir, her özgün/gerçek eğitim ise düşünceyi araştırır. Eğitimci ve halk genel düşünceyi ne kadar çok araştırırsa ve böylece ne kadar fazla birlikte eğitilirse, araştırmayı o denli ileri götürür. Problem tanımlayıcı eğitim modelinde eğitim ve konusal araştırma aynı sürecin farklı anlarından başka bir şey değildir.

Bankacı eğitim yönteminin diyalog karşıtı ve iletişimsiz "mevduat yatırma" tarzının aksine –özbeöz diyalogcu olan– problem tanımlayıcı yöntemin program içeriği, öğrencilerin üretken konularının bulunduğu dünyaya bakışıyla kurulur ve örgütlenir. Programın kapsamı bu şekilde sürekli genişler ve kendini yeniler. Araştırmayla ifşa edilen konusal evreni disiplinler arası bir ekip çalışmasıyla inceleyen diyalogcu öğretmenin görevi bu konusal evreni, daha önce kendilerinden edindiği insanlara "yeniden sunmak"tır ve bunu da bir ders biçiminde değil bir problem olarak "yeniden sunmak"tır.

Mesela, diyelim ki bir grup, okuma yazma bilmeyenlerin oranının yüksek olduğu bir tarım işçisi bölgesinde yetişkin eğitimi için bir plan hazırlama sorumluluğunu üstlendi. Bu plan bir okuma yazma seferberliğini ve bir de okuma yazma sonrası aşamayı kapsar. İlk aşamada, problem tanımlayıcı eğitim "üretken kelimeleri" arar ve inceler; okuma yazma sonrası aşamada ise "üretken konuları" arar ve araştırır.

Burada sadece üretken konuların veya anlamlı konusalların araştırılmasını ele alacağız.[22] Araştırmacılar, içinde çalışacakları bölgeyi belirledikten ve ikincil kaynaklar aracılığıyla bu bölge hakkında önbilgi edindikten sonra, araştırmanın ilk aşamasını başlatırlar. Bu başlangıç (herhangi bir insani faaliyetteki herhangi bir başlangıç gibi) bölge insanlarıyla ilk temaslarda açıkça görünmüyor olsa bile, belirli bir noktaya kadar normal sayılacak zorluklar ve riskler içerir. Bu ilk temasta, araştırmacıların önemli sayıda insanı, alanda bulunuş amaçlarını açıklayabilecekleri

---

22. "Üretici kelimeler"in araştırılması ve kullanılması için bak. *Educação como Prática da Liberdade* (Özgürleşme Pratiği Olarak Eğitim).

bir tanışma toplantısına katılmaya ikna etmeleri gerekir. Bu toplantıda araştırmanın nedenini, nasıl yürütüleceğini ve hangi işe yarayacağını açıklarlar; ayrıca araştırmanın karşılıklı anlayış ve güven ilişkisi olmadan imkânsız olacağını da açıklarlar. Eğer katılanlar hem araştırmayı hem de sonraki süreci[23] onaylarsa araştırmacılar katılanlar arasından asistanlık yapacak gönüllüler bulmalıdır. Bu gönüllüler bölgedeki hayat hakkında gerekli bir dizi veri toplayacaklardır. Ama daha da önemlisi, bu gönüllülerin araştırma sürecindeki aktif varlığıdır.

Bu arada, araştırmacılar, bölgede kendi ziyaretlerini yapmaya başlarlar. Bu ziyaretlerde kendilerini dayatmazlar, gördükleri karşısında *kavrayıcı* bir tutum içinde anlayışlı gözlemciler olarak davranırlar, araştırmacılar bölgeye, tabii ki kavrayışlarını etkileyen birtakım değerlerle gelirler ama bu demek değil ki konusal araştırmayı bu değerleri başkalarına zorla dayatan bir araca dönüştürecekler. Bu değerlerin, konusalları araştırılan insanların paylaşması umulan tek boyutu (araştırmacıların bu niteliğe sahip oldukları varsayılmaktadır), dünyanın eleştirel şekilde kavranmasıdır. Bu da gerçekliği ortaya çıkarmak üzere doğru bir yöntemi gerektirir. Ancak eleştirel kavrayış zorla dayatılamaz. Böylece konusal araştırma kendini ilk ânından başlayarak bir eğitim işi olduğu kadar bir kültürel eylem olarak da gösterir.

Ziyaretleri boyunca araştırmacılar, inceledikleri bölgeye ilişkin eleştirel hedeflerini, sanki kodu çözülecek devasa, eşsiz ve canlı bir "kod" ile karşı karşıyaymış gibi saptarlar. Bölgeyi bir bütünlük olarak ele alırlar ve kendilerini etkileyen kısmi boyutlarını ele alarak "ayrıştırmak" üzere böl-

---

23. Brezilyalı sosyolog Maria Edy Ferreira'nın yayımlanmamış bir çalışmasında belirttiğine göre, konusal araştırma ancak gerçekte halka ait olanı ona iade ettiği, halk hakkında bir şeyler öğrenmeyi değil, halka meydan okuyan gerçekliği tanımayı amaçladığı ölçüde haklılık kazanır.

geye ziyaret üstüne ziyaret yaparlar. Bu süreç aracılığıyla çeşitli parçaların karşılıklı etkileşimine ilişkin kavrayışlarını genişletirler; bu sonradan onların bütünlüğün kendisini kavramalarına yardımcı olacaktır.

Bu kod çözme aşaması boyunca, araştırmacılar bölgedeki hayatın belirli *anlarını* gözlerler; bazen doğrudan doğruya bazen de oralılarla gayri resmi konuşmalar yaparak. Her şeyi, görünüşte önemsiz şeyleri bile, defterlerine kaydederler: Halkın konuşma şekli, yaşam biçimleri, kilisedeki ve çalışırkenki davranışları. Bölge insanlarının kendine özgü dilini kaydederler: İfadelerini, kelime dağarcıklarını, sözdizimlerini (yanlış telaffuzlarını değil, daha ziyade düşüncelerini biçimlendirme tarzlarını).[24]

Araştırmacıların bölgeyi değişik koşullarda gözlemlemeleri çok önemlidir: Tarlalarda çalışma, yerel bir derneğin toplantıları (katılanların davranışına, kullanılan dile ve görevlilerle üyeler arasındaki ilişkilere mim koyarak), kadınların ve genç insanların oynadığı rol, dinlenme saatleri, oyunlar ve spor, evlerindeki insanlarla konuşmalar (karı koca ve ana baba çocuk ilişkisi örneklerini edinerek). Bölgedeki başlangıç incelemesi sırasında hiçbir faaliyet, araştırmacıların dikkatinden kaçmamalıdır.

Her gözlem ziyaretinden sonra araştırmacı, tüm ekibin tartışacağı kısa bir rapor hazırlamalıdır, böylece hem uzman araştırmacıların hem de yerel yardımcıların ön bulguları değerlendirilir. Yerel yardımcıların katılımını kolaylaştırmak için, değerlendirme toplantıları bölgenin içinde yapılmalıdır.

---

24. Brezilyalı romancı Guimarães Rosa, bir yazarın halkın telaffuz veya gramer hataları yerine sözdizimini nasıl yakalayabileceğinin parlak bir örneğidir: Rosa, halkın düşüncelerinin özyapısını yakalar. Gerçekten de (ve bu onun bir yazar olarak olağanüstü değerinin küçümsenmesi değildir) Guimarães Rosa, Brezilya'nın iç bölgelerinde yaşayanların "anlamlı konusalları"nın harikulade bir araştırıcısıdır. Profesör Paulo de Tarso son günlerde *Grande Sertão Veredas*'ın yazarının, üzerinde pek az durulmuş bu yönünü analiz eden bir deneme hazırlıyor.

Değerlendirme toplantıları yegâne canlı kodun çözülmesinde ikinci aşamayı temsil eder. Herkes kendi kod çözme denemesinde belirli bir oluş ya da durumu nasıl algıladığı veya nasıl hissettiğiyle ilgiliyken, her birinin yorumu ötekilerin de ilgilerini yönelttikleri gerçekliğin yeni bir sunuşunu getirmesiyle tüm öteki kod çözücülere bir meydan okuma oluşturur. Bu noktada, her biri ötekilerin "değerlendirmeleri" aracılığıyla kendi önceki "değerlendirmesi"ni "yeniden değerlendirir". Böylelikle kod çözücü bireylerin her biri tarafından yapılan gerçeklik analizi onları, diyalog içerisinde yeniden ayrıştırılmış bütünlüğe götürür. Bu bütünlük, araştırmacıların yeni bir analize girişmesini gerektirir ve bunu yeni bir değerlendirme ve eleştirel toplantı izler. Bölge halkının temsilcileri tüm faaliyetlere araştırıcı ekibin üyesi olarak katılırlar.

Grup, bütünü bölümlediği ve yeniden birleştirdiği ölçüde bölge sakinlerini etkileyen temel ve ikincil çelişkilerin özüne yaklaşır. Bu çelişkilerin özünün saptanması, araştırmacıların bu aşamada bile eğitim eylemlerinin program içeriğini oluşturmasına imkân verir çünkü program içeriği bu çelişkileri yansıtıyorsa, kuşkusuz bölgedeki anlamlı konuları da içerecektir. Ve bu gözlemlere dayalı bir eylemin başarısının, "yukarıdan alınan kararlara" dayalı bir eylemin başarılı olmasından daha muhtemel olduğu rahatlıkla ileri sürülebilir. Bununla birlikte, araştırmacılar bu imkânın cazibesine kapılmamalıdırlar. Esas olan, bu çelişkilerin özlerinin (bunlar daha geniş dönemsel birim olarak toplumun temel çelişkisini de kapsar) başlangıçtaki kavranış tarzından yola çıkılarak, bölge sakinlerinin bu çelişkileri hangi düzeyde idrak ettiğini araştırmaktır.

Bu çelişkiler asıl sınırkonumları oluştururlar, konuları içlerinde barındırırlar ve görevlere işaret ederler. Eğer bireyler bu sınırdurumlara hapsolmuşsa ve kendilerini bu sınırdurumlardan ayırmayı başaramıyorlarsa, bu bireylerin bu durumlara karşılık düşen konuları *kadercilik*tir ve bu konunun içerdiği görev, *görev yokluğu* adını taşır. Bu nedenle sınırdurumlar bireylerde ihtiyaçlar yaratan nesnel gerçeklikler oldukları halde, bu bireylerle birlikte, onların bu durumların farkında oluş düzeyleri araştırılmalıdır.

Somut bir gerçeklik olarak bir sınırdurum farklı bölgelerdeki kişilerde (hatta aynı bölgenin alt bölgelerinde bile) tamamıyla karşıt konuları ve görevleri ortaya çıkarabilir. Bu yüzden araştırmacıların temel kaygısı, Goldman'ın "gerçek bilinç" ve "potansiyel bilinç" olarak adlandırdığı şeyin bilinmesi üzerinde yoğunlaşmak olmalıdır.

> Gerçek bilinç, ampirik gerçekliğin farklı etkenlerinin birbiriyle karşı karşıya koyduğu ve potansiyel bilincin kavrayışına sunduğu çok sayıda engel ve sapmanın sonucudur.[25]

Gerçek bilinç, sınırdurumların ötesinde yer alan "sınanmamış imkân"ın kavranmasının imkânsızlığını içerir. Fakat sınanmamış imkâna "gerçek (veya halihazırdaki) bilinç" düzeyinde erişilemezken, onun şimdiye kadar kavranamamış gerçekleştirilebilirliğini ifşa eden "sınayıcı eylem" yardımıyla idrak edilebilir. Sınanmamış imkân ve gerçek bilinç, tıpkı sınayıcı eylem ve potansiyel bilinç gibi birbirine bağlıdır. Goldman'ın "potansiyel bilinç" kavramı, Nicolai'nin "kavranmamış uygulanabilir çözümler"[26] (bizim "sınanmamış imkân"ımız) kavramına benzer; Nicolai'nin bu kavramı "kavranmış uygulanabilir çözümler" ve "halihazırda uygulanan çözümler"in karşıtıdır; bu son iki terim ise Goldman'ın "gerçek bilinç" kavramına denk düşmektedir. Dolayısıyla, araştırmacıların, araştırmanın bu aşamasında

---

25. Lucien Goldmann, *The Human Sciences and Philosophy* (Londra, 1969), s.118. [*İnsan Bilimleri ve Felsefe*, Çev. Afşar Timuçin-Aynur Aynuksa, Kavram Yay., 1977]

26. Bkz. André Nicolai, *Comportment Economique et Structures Sociales* (Paris, 1960).

çelişkiler karmaşasını yaklaşık olarak kavramaları olgusu, onlara eğitim eyleminin program içeriğini kurmaya başlama yetkisini vermez. Çünkü gerçekliğe ilişkin bu kavrayış hâlâ onlarınkidir, ilgili insanlarınki değil.

Çelişkiler kümesinin kavranmasıyla sorgulamanın ikinci aşaması başlar. Araştırmacılar –daima ekip halinde– konusal araştırmada uygulanacak kodlar geliştirmek üzere bu çelişkilerden bazılarını seçeceklerdir. Kodlamalar (çizim ya da fotoğraflar)[27] yaptıkları eleştirel analizde kod çözücülere aracılık eden *nesneler* oldukları için bu kodlamaların hazırlanmasında görsel araçlarda alışılmış olandan farklı, belirli ilkeler yol göstermelidir.

Birinci ilke, bu kodların mutlaka konusalı araştırılan bireye aşina durumları canlandırması, dolayısıyla bu durumu (ve bu durumlarla kendi ilişkilerini) kolayca tanıyabilmesidir. Katılanların aşina olmadığı bir gerçekliğe dair resimler sunmak (ister araştırma sürecinde, ister anlamlı konusalın program içeriği olarak sunulduğu sonraki aşamada), kesinlikle kabul edilemez; bu (aşina olmadıkları bir gerçekliği analiz eden bireylerin bunu kendi gerçeklikleriyle kıyaslayabilmelerini ve her bir gerçekliğin sınırlarını keşfedebilmelerini sağlayabilme ihtimali yüzünden diyalektik olduğu halde) eğitime katılanların bilinçlerinin gömülü olmasıyla belirlenen birincil sürecin, yani bireylerin, içinde kendi gerçekliklerini analiz ederek gerçeklik hakkındaki önceki, çarpık kavrayışlarının farkına vardıkları ve böylece bu gerçekliğin yeni bir algılanışını edindikleri sürecin öncesinde yer alamaz.

Kodlamaların hazırlanmasında aynı ölçüde temel bir koşul da bunların konusal özünün ne fazla açık ne de fazla

---

27. Kodlamalar sözel de olabilir. Bu durumda bir varoluş problemini sunan birkaç sözden oluşan kodlamaları kod çözme izler. Şili'deki Instituto de Desarrollo Agropecuario (Tarımsal Gelişme Enstitüsü) ekibi, konusal araştırmalarında bu yöntemi başarıyla kullanmıştır.

esrarengiz olmasıdır. Fazla açık olursa, propagandaya indirgenip yozlaşabilir ve açıkça öngörülen bir içeriği belirtmenin ötesinde hiçbir gerçek kod çözme yapılamaz. Fazla esrarengiz olursa da bir bulmaca ya da tahmin oyununa benzeme riski belirir. Halbuki varoluşsal durumları temsil ettikleri için kodlamaların karmaşıklıkları içinde basit olmaları ve propagandanın beyin yıkama eğilimlerinden kaçınmak üzere değişik kod çözme olanakları sunması gerekir. Kodlamalar slogan değildirler; idrak edilebilir nesnelerdir ve kod çözücülerin eleştirel düşüncesinin yöneltilmesi gereken meydan okumalar oluşturmalıdırlar.

Kod çözme sürecinde analizin birden çok olasılığını sunmak için kodlar "konusal yelpazeler" olarak düzenlenmelidirler. Kod çözücüler kodlar üzerinde düşünürken, kodlar başka konulara doğru açık olmalıdır. Bu açıklık (konusal içerik fazla belirgin veya fazla esrarengizse gerçekleşmez), konular ve karşıtlıkları arasındaki diyalektik ilişkinin anlaşılması için elzemdir. Dolayısıyla bir varoluşsal durumu yansıtan kodlar nesnel açıdan bir bütünlük oluşturmalıdırlar. Öğeleri, bir bütünün oluşturulmasında karşılıklı etkileşim içinde olmalıdır.

Kod çözme sürecinde, katılanlar konusallarını ortaya koyarlar ve böylece dünya hakkındaki "gerçek bilinç"lerini görünür kılarlar. Bunu yaparken de şimdi analiz ettikleri durumu, gerçekte yaşadıkları sırada nasıl davranmış olduklarını görmeye başlarlar ve böylece de "kendi önceki anlayışlarına ilişkin bir anlayışa" ulaşırlar. Bu idrakin meydana gelmesiyle, gerçekliğe ilişkin farklı bir anlayışa varırlar. İdrak ufuklarının genişlemesiyle kendi "arka plan bakışlarında" (Husserl) gerçekliğin iki boyutu arasındaki diyalektik ilişkileri daha kolay keşfeder.

"Önceki idrakin idraki"ni ve "önceki kavrayışın anlaşılmasını" harekete geçirmekle kod çözme, yeni bir kavrayışın ortaya çıkmasında ve yeni bir idrakin gelişmesinde uyarıcı etken olur. Yeni kavrayış ve bilgi, sınanmamış imkânı, sınanmış eyleme, tıpkı potansiyel bilincin gerçek bilincin yerini alması gibi, dönüştüren eğitim planının uygulamaya konmasıyla sistematik olarak sürdürülür.

Kodlamaların hazırlanması, bunların, ötekileri "kapsayan" ve incelenen bölgenin çelişkilerinin sistemini oluşturan çelişkileri mümkün olduğu kadar fazla temsil etmesini de gerektirir.[28] Bu "kapsayıcı" kodların her biri hazırlanırken, bunlarda "içerilen" öteki çelişkiler de kodlanmalıdır. Kapsayıcı çelişkinin kodunun çözülmesi, diyalektik olarak içerdiği çelişkilerin kodlarının çözülmesiyle gerçekleşecektir.

Bu bağlamda, yöntemimize çok değerli bir katkıyı Gabriel Bode gerçekleştirmiştir. Bode, Şili'nin en önemli kamu kuruluşlarından birinde, *Instituto de Desarrollo Agropecuario* (INDAP)'ta[29] sosyal görevli olarak çalışan genç bir Şililidir. Okuryazarlık sonrası aşamada bu yöntemi kullanırken Bode, tarım işçilerinin yalnızca kodun, hissettikleri ihtiyaçlarla doğrudan ilgili olması halinde tartışmayla ilgilendiklerini gözledi. Kodda herhangi bir dolayım, tıpkı eğitimcinin kod çözme tartışmasını başka alanlara yöneltme şeklindeki herhangi bir girişimi gibi sessizlik ve ilgisizlik yarattı. Bode, öte yandan tarım işçilerinin tartışmaya, kod, hissettikleri ihtiyaçlar üzerinde yoğunlaştığı zaman bile sistematik olarak konsantre olamadıklarını,[30] sık sık asla bir senteze ulaşmayacakları bir noktaya sürüklendiklerini gözledi. Ayrıca, hissettikleri ihtiyaçlarla, bu ihtiyaçların doğrudan veya dolaylı nedenleri arasındaki ilişkiyi hemen hemen hiç idrak etmiyorlardı. Denebilir ki ihtiyaçlarını uyandıran sınırdurumların ötesinde uzanan sınanmamış imkânı kavramayı başaramıyorlardı.

---

28. Bu öneri, José Luis Fiori'nindir ve yayımlanmamış bir eserinde yer alır.
29. Son yıllara kadar INDAP, iktisatçı ve gerçek bir hümanist olan Jacques Chonchol tarafından yönetiliyordu.
30. Bu kodlamalar, Fiori'nin tanımıyla "kapsayıcı" değildi.

Bunun üzerine Bode, farklı durumların eşzamanlı slayt görüntüleriyle denemeler yapmaya karar verdi. Bode'un katkısı bu görüntü tekniği bakımından değerlidir. İlk önce, bir varoluşsal duruma ait çok basit bir kodlamanın görüntüsünü sundu. Bode bu ilk kodu "esas" kod olarak adlandırıyor. Bu, temel çekirdeği oluşturuyor ve "yardımcı" kodlara genişleyen bir konusal yelpaze halinde açılıyor. Esas kodun kod çözümünden sonra, eğitimci buna ilişkin görüntüyü katılanlara başvuru malzemesi olarak perdede tutar ve arkasından yardımcı kodları da perdeye yansıtır. Temel kod ile dolaysız ilişkideki yardımcı kodların yardımıyla katılanların ilgisini canlı tutar ve bu sayede katılanlar bir senteze ulaşabilecek durumda olur.

Gabriel Bode'un büyük başarısı, temel ve yardımcı kodlar arasındaki diyalektik aracılığıyla katılanlara bir *bütünlük* duygusu iletmeyi başarmasıdır. Gerçekliğe *gömülmüş*, ihtiyaçlarını sadece *hisseden* bireyler, gerçekliğin içinden doğrulurlar ve ihtiyaçlarının *sebeplerini* idrak ederler. Bu şekilde çok daha kısa zamanda gerçek bilinç düzeyinin ötesine geçip potansiyel bilinç düzeyine ulaşabilirler.

Bir kez kodlar hazırlandıktan ve bunların tüm konusal yönleri disiplinler arası ekip tarafından incelendikten sonra araştırmacılar "konusal araştırma grupları"nda kod çözümü diyaloglarına başlamak üzere bölgeye geri dönerek araştırmanın üçüncü aşamasını başlatırlar.[31] Önceki aşamada hazırlanmış malzemenin kodunun çözüldüğü bu tartışmalar, disiplinler arası ekip tarafından sonra yapılacak analiz için teybe kaydedilir.[32] Kod çözümünde koor-

---

31. Her "araştırma grubu" en çok yirmi kişiden oluşmalıdır. Araştırma gruplarının sayısı ise araştırılacak bölge ya da alt bölge nüfusunun yüzde onunu araştırmaya katacak kadar olmalıdır.

32. Bu analiz toplantılarında, bölgedeki araştırmaya yardım etmiş gönüllü bölge sakinleri ve "konusal araştırma grupları"na katılanlardan bazıları da bulunmalıdır. Bu gönüllülerin, bu analiz toplantılarına katılması hem haklarıdır hem de uzmanların analizine olmazsa olmaz bir yardımdır. Uzman-

dinatörlük yapan araştırmacının yanı sıra –bir psikolog ve bir sosyolog olmak üzere– iki uzman daha toplantılara katılır. Görevleri kod çözücülerin önemli ve (görünürde önemsiz) tepkilerini not almak ve kaydetmektir.

Kod çözme süreci boyunca koordinatör, bireyleri sadece dinlemekle kalmamalı, ayrıca hem kodlanmış varoluşsal durumları hem de bireylerin kendi yanıtlarını problem olarak tanımlayarak bireylere meydan da okumalıdır. Bu yöntemin arındırıcı gücü sayesinde konusal araştırma gruplarına katılanlar, dünya ve ötekiler hakkında belki de başka koşullar altında ifade etmeyecekleri bir dizi duygu ve düşünceyi kendileri ortaya koyarlar.

Santiago'da yürütülen bir konusal araştırma çalışmasında[33] apartman kiracılarından oluşan bir grup, caddede yürüyen bir sarhoş adamı ve köşede sohbet eden üç genç adamı gösteren bir sahneyi tartıştı. Grup üyeleri şu yorumu yaptılar: "Burada, ülkesine yararlı ve üretici olan tek kişi sarhoş adamdır. Bütün gün düşük bir ücret için çalıştıktan sonra eve dönüyor ve ihtiyaçlarını karşılayamadığı ailesi için üzülüyor. Buradaki tek gerçek işçi odur ve tıpkı bizim gibi içen biridir".

Araştırmacı[34] alkolün çeşitli yönlerini incelemeyi amaçlamıştı. Eğer katılanlara kendi hazırladığı bir anket formunu verseydi, yukarıdaki yanıtları muhtemelen alamayacaktı. Doğrudan sormuş olsaydı, katılanlar kendilerinin de

---

ların ortak araştırmacıları olarak, uzmanların bulgulardan yola çıkarak yaptıkları yorumların yerli yerine oturmasını sağlayacaklar ya da onları doğrulayacaklardır. Metodolojik bakış açısından ise katılımları, araştırmaya (ki ilk ânından itibaren bir "anlayış" ilişkisine dayanır) ek bir garanti sağlar: Özgürleştirici kültürel eylem olarak eğitim eyleminin program içeriğinin örgütlenmesi aşamasıyla sürdürülmekte olan konusal analizde, en başından son aşamasına kadar halkın temsilcilerinin eleştirel varlığı.

33. Bu araştırma ne yazık ki tamamlanmadı.

34. Söz konusu araştırmacı, *Educação como Prática da Liberdade*'de (Özgürleşme Pratiği Olarak Eğitim) çalışmalarından söz ettiğim psikiyatrist Patrício Lopes'dir.

içki içtiğini inkâr bile edebilirlerdi. Fakat tanıyabildikleri ve içinde kendilerini idrak edebildikleri bir varoluşsal durumun kodunu yorumlarken gerçekte ne hissediyorlarsa onu söylediler. Bu beyanların iki önemli yönü vardır. Bir kere, düşük gelir, sömürülme duygusu ve sarhoş olma –gerçeklikten bir kaçış olarak, durum karşısında elinden bir şey gelmiyor olmanın bezginliğinin üstesinden gelme çabası ve kendini yıpratan bir çözüm olarak sarhoş olma– arasındaki bağlantıyı söze dökmüş olurlar. Öte yandan sarhoşu değerli sayma ihtiyacını ifade etmiş olurlar. O "ülkesine yararlı tek kişidir çünkü çalışmaktadır oysa ötekiler sadece laf ebesidir". Sarhoşu yücelttikten sonra katılanlar kendilerini sarhoşla özdeşleştirirler, içki de içen işçiler olarak; "iyi işçiler" olarak.

Buna karşıt bir örnek olarak alkolizme karşı vaaz veren ve bu insanlar için hiç de erdem ifadesi olmayan bir erdem örneği sunan ahlakçı bir eğitimcinin başarısızlığını düşünün.[35] Bu ve öteki vakalarda, tek gerçek yol, durumun *conscientizaçao*'sudur ve buna konusal araştırmanın en başından girişilmelidir (Açıktır ki, *conscientizaçao* bir durumun sadece öznel algılanması düzeyinde durmaz fakat eylem yoluyla insanları insanlaşmalarının önündeki engellerle mücadeleye hazırlar).

Bir başka sefer, bu kez tarım işçileri söz konusuydu, tarlalarda çalışmayı betimleyen bir durumun tartışılması sırasında hiç değişmeyen bir motifin, ücret artışı talebi ve bu özel talebi gerçekleştirecek bir sendika kurmak üzere bir araya gelme gereği olduğunu gözledim. Toplantı boyunca üç değişik durum tartışıldı ama motif hep aynı kaldı.

Şimdi, içinde "Su, kuyuda bulunur" gibi bilgilerin bulunduğu "uygun" metinlerin okunmasından oluşan bir eğitim programını bu insanlar için hazırlayan bir eğitimcinin halini düşünün. Oysa hem eğitimde hem de siyasette

---

35. Bkz. Niebuhr, a.g.e.

sürekli yapılan budur çünkü eğitimin diyalogcu mizacının konusal araştırmayla başladığını kavramazlar.

Gruplarda kod çözme bir kez tamamlanınca, araştırmanın son aşaması başlar ve araştırmacılar, bulgularını sistematik bir disiplinler arası değerlendirmeye tabi tutarlar. Kod çözme seansları boyunca kaydedilmiş teyp bantlarını dinleyen ve psikologlarla sosyoloğun notlarını inceleyen araştırmacılar, seanslar sırasında ortaya atılan iddialarda açık veya gizli olarak içerilen konuların listesini yapmaya başlarlar. Bu konular sosyal bilimler açısından sınıflanmalıdır. Sınıflama, program hazırlandığı zaman konuların yalıtılmış kategorilere ait görüleceği anlamına gelmez; sadece, bir konunun ilgili sosyal bilimlerden her biri tarafından özel bir tarzda ele alındığı anlamına gelir. Mesela "gelişme" konusu özellikle iktisat bilimi alanına girer fakat sadece iktisat alanında kalmaz. Bu konu ayrıca sosyoloji, antropoloji ve sosyal psikoloji (kültürel değişim, davranış ve değerlerin değişmesiyle ilgili alanlar; bu sorunlar gelişme felsefesiyle eşit ölçüde ilgilidirler) tarafından da incelenecektir. Yine siyaset bilimi (gelişmeyle ilgili kararlarla ilgilenen bir alan) tarafından da, eğitim bilimi tarafından da incelenecektir vb. Bu şekilde bir bütünlük oluşturan konular asla katı bir şekilde ele alınamazlar. Gerçekten de gerçekliğin öteki yönleriyle birbirlerini etkileyişlerinin getirdiği zenginlik içinde sorgulandıktan sonra, konular zenginliklerini (ve dolayısıyla güçlerini) uzmanların daraltmalarına kurban eden böylesi bir yolla ele alınsalardı ne kadar yazık olurdu.

Konusal sınırlama bir kez tamamlanınca, her uzman kendi konusunun bölümlenmesi için disiplinler arası ekibe bir proje sunar. Konunun bölümlenmesi sırasında uzman, öğrenme birimleri oluşturarak, konuya genel bir bakış sağlayan, temel çıkış noktaları arar. Her özel proje tartışılırken, öteki uzmanlar önerilerde bulunmak durumundadır. Bunlar projeye dahil edilebilir ya da konu hakkında yazılacak kısa bir denemede ele alınabilir. Bu denemeler, kaynakça önerileri de eklenince "kültür grupları"nda çalışacak öğretmen-öğrencilerin eğitiminde değerli yardımlar oluştururlar.

Anlamlı konusalların analizi için uğraşıldığı sırada ekip, önceki araştırma sırasında katılan insanlar tarafından doğrudan doğruya önerilmemiş bazı temel konuları ele alma gereğini görecektir. Bu tür konuların dahil edilmesinin gerekli olduğu açıkça görülmüştür ve eğitimin diyalogcu niteliğine de uygun düşmektedir. Eğer eğitim programının yapılışı diyalogcuysa, öğretmen-öğrenci de önceden önerilmemiş konuları programa alarak katılma hakkına sahiptir. Ben, bu tip konulara, işlevleri dolayısıyla "menteşe konular" diyorum. Bu konular bir program birimindeki iki konu arasındaki boşluğu doldurarak bağlantı kurmayı kolaylaştırırlar ya da genel program içeriği ile katılan insanların dünyaya bakışı arasındaki ilişkileri örnekleyebilirler. Bu nedenle, bu konulardan biri, konusal birimlerin başlangıcında yer alabilir.

"Antropolojik kültür kavramı" böylesi menteşe konulardan biridir. Bu konu, uyum sağlamaktan ziyade dönüştüren, dünya içinde ve dünyayla birlikte bir varlık olarak insanın rolünü açıklar.[36]

Konusalın açılımı yapıldı mı[37] bunu kodlama aşaması

36. Kültürün antropolojik analizinin önemi için bkz. *Educação como Prática da Liberdade.*
37. Tüm programın, –kendileri de ayrıca birer bütünlük olan– birbirleriyle bağlantılı birimlerin oluşturduğu bir bütünlük olduğuna dikkat edilmelidir. Konular kendi içlerinde birer bütündürler fakat ayrıca birbirleriyle etkileşim içinde tüm programın konusal birimlerini oluşturan öğelerdir.
Kamusal açılım, bütünsel konuları, bu konuların kısmi öğelerini oluşturan temel çekirdeklere ayırır.
Kodlama süreci, ayrıştırılmış olan konuyu, varoluşsal durumların yeniden ifadelendirilmesiyle tekrar bir bütünlük halinde birleştirmeyi amaçlar. Kod çözme sürecinde, bireyler kodlamayı, onun için konu veya konularını kavramak üzere bölerler. Diyalektik kod çözme süreci burada sona ermez, ayrıştırılmış bütünün yeniden bütünleştirilmesiyle tamamlanır ve böylece bu bütün daha açıklıkla anlaşılır (Aynı şekilde, her biri varoluşsal durumları ifade eden diğer kodlanmış durumlarla ilişkileri de daha berrak anlaşılır).

izler: Her konu ve her konunun ifade edilişi için en uygun iletişim kanalı seçilir. Kod basit veya birleşik olabilir. Basit kodda görsel (resim veya şema), dokunsal veya işitsel kanal kullanılır; birleşik kodda ise çeşitli kanallar birlikte kullanılır.[38] Resim veya yazı kanalının seçilmesi sadece kodlanacak malzemeye değil, ayrıca iletişim kurulmak istenen kişilerin okuryazar olup olmadığına da bağlıdır.

Konusal kodlandıktan sonra eğitici malzeme (fotoğraflar, slaytlar, filmler, afişler, okuma metinleri vb) hazırlanır. Ekip bazı konuları veya belirli konuların kimi yönlerini, konu başlıkları olarak ekip dışından uzmanlara kaydedilecek görüşmeler için önerebilir.

Örnek olarak gelişme konusunu alalım. Ekip, farklı düşünce okullarından iki veya daha fazla iktisatçıya gidip onlara program hakkında bilgi verir ve onlardan, bu konu hakkında dinleyicilerin anlayacağı bir dilde görüşme ister. Eğer uzmanlar kabul ederse, on beş veya yirmi dakikalık bir görüşme teybe alınır. Her uzmanın konuşurken bir de fotoğrafı çekilebilir.

Teybe alınmış görüşme kültür grubuna dinletilirken her konuşmacının kim olduğu, yazdıkları, geçmişte ve halen yaptıkları hakkında tanıtıcı bilgi verilir; bu arada uzmanın fotoğrafı perdeye yansıtılır. Örneğin konuşmacı bir üniversite profesörüyse, giriş niteliğinde katılanların üniversiteler hakkındaki düşünceleri ve üniversitelerden beklentileri konusunda bir tartışma yapılabilir. Kaydedilmiş görüşmeyi görüşmenin içeriği hakkındaki bir tartışmanın (bu işitsel

---

38. KODLAMA
a) Basit:
Görsel kanal
    resimli
    grafik
Dokunsal kanal
İşitsel kanal
b) Karmaşık: Kanalların eşzamanlılığı.

kod işlevi görür) izleyeceği gruba, önceden belirtilir. Bunun ardından ekip, katılanların tartışma sırasındaki tepkilerini uzmana aktarır. Bu teknik, sıklıkla iyi niyetli olan; fakat pek çok durumda halkın gerçekliğine yabancılaşmış entelektüellerle bu gerçeklik arasında bağlantı kurar. Ayrıca katılan insanlara entelektüellerin düşüncesini işitme ve eleştirme fırsatı verir.

Bazı konular veya konu özleri, yalnızca konuyu –kesinlikle "çözümleri" değil!– içeren kısa dramatizasyonlar aracılığıyla sunulabilir. Dramatizasyon kod olarak tartışılacak bir problem tanımlayıcı durum işlevi görür.

Bir diğer öğretici kaynak –bankacı değil de problem tanımlayıcı bir eğitim yaklaşımına hizmet ediyorsa– dergi yazılarının, gazetelerin ve kitap bölümlerinin (başlangıçta okuma parçalarının) okunması ve tartışılmasıdır. Kaydedilen görüşmelerde olduğu gibi konuya geçilmeden önce yazar gruba tanıtılır ve sonra yazılarının içeriği tartışılır.

Aynı şekilde, herhangi bir verili olayı izleyen gazete başyazılarının içeriğinin analizi de elzemdir: "Niçin aynı olayı değişik gazeteler başka türlü yorumluyorlar?" Bu uygulama bir eleştiri duygusunun gelişmesine yardımcı olur ve insanlar gazetelere veya radyo/TV haberlerine kendilerine yöneltilmiş "duygulara" edilgen tepki veren nesneler olarak değil, özgürleşme çabasındaki bilinçler olarak tepki gösterirler.

Ufak tefek tanıtıcı elkitaplarının da eklenmesi gereken eğitici malzeme hazırlanınca, eğiticilerden oluşan ekip halka kendi konusalını, sistematikleştirilmiş ve vurgulanmış bir şekilde yeniden sunmaya hazırdır. Halktan gelen konusal yine ona geri döner; mevduat yatırır gibi yığılacak bilgiler olarak değil, çözülmeyi bekleyen problemler olarak.

Temel eğitim öğretmeninin birinci görevi, eğitim seferberliğinin genel programını sunmaktır. İnsanlar bu programda kendilerini bulacaklardır. Program onlarla birlikte ortaya çıktığı için onlara yabancı gelmeyecektir. Öğretmenler ayrıca menteşe konuların programdaki (eğitimin diyalogcu niteliğine dayalı) varlığını ve bunların önemini açıklayacaktır.

Öğretmenler, çalışmadan önceki araştırmayı, yukarıda açıklandığı şekliyle yürütmek için yeterli mali kaynakları yoksa (durum hakkında asgari bilgiye dayanarak), "araştırma için kod" olarak iş görecek bazı temel konuları seçebilirler. Dolayısıyla tanıtıcı konularla başlayabilirler ve daha ilerisine ilişkin konusal araştırmayı aynı anda başlatabilirler.

Bu temel konulardan (ve benim merkezi, olmazsa olmaz saydığım) biri, antropolojik kültür kavramıdır. Okumayı öğrenen veya okuryazarlık sonrası bir programa katılanlar, ister köylü ister kentli işçiler olsun, bu insanların daha fazlasını bilme peşine düşmelerinin başlangıç noktası (terimin araçsal anlamıyla) bu kavramın tartışılmasıdır. İnsanlar kültür dünyasını tartışırken, çeşitli konuları kapsayan gerçekliği kendi idrak etme düzeylerini ifade ederler. Tartışmaları, giderek artan ölçüde eleştirel bir tarzda kavranan gerçekliğin başka yönlerine değinir. Gerçekliğin bu diğer yönleri de pek çok başka konuyla ilgilidir.

Geçmiş tecrübelerime dayanarak –hayal gücünden yararlanarak– tüm boyutlarıyla veya pek çok boyutuyla tartışıldığında, kültür kavramının, bir eğitim programının birçok yönünü biçimlendirebileceğini kesin bir dille söyleyebilirim. Ayrıca kültür grubu katılanlarıyla birkaç günlük tartışmadan sonra eğitimciler, katılanlara doğrudan doğruya sorabilirler: "Bunlardan başka hangi konuları veya olguları tartışabiliriz?" Tek tek herkesin verdiği yanıt yazılır ve derhal gruba bir problem olarak sunulur.

Örneğin grup üyelerinden biri şöyle diyebilir: "Milliyetçilik hakkında konuşalım isterim", "Çok iyi" der eğitimci, öneriyi kaydederek. Ve ekler: "Milliyetçilik ne demek? Mil-

liyetçilik hakkındaki bir tartışma bizi niçin ilgilendirir?"
Tecrübelerim, bir öneri, gruba bir problem şeklinde sunul-
duğu zaman, derhal yeni konuların ortaya çıktığını göster-
mektedir. Bir bölgede (sözgelimi) otuz kültür grubu aynı
akşam toplandıysa ve tüm "koordinatörler" (eğiticiler) bu
şekilde davranırsa, incelenecek ana konu için son derece
zengin çeşitlilikte konusal malzeme ortaya çıkarılmış ola-
caktır.

Özgürleştirici bir eğitim çalışması açısından, insanların
kendilerinin ya da arkadaşlarının ifadelerinde açıkça veya
zımnen ortaya konan düşünce ve dünya görüşlerini tartışa-
rak, düşünceleri üzerinde egemenlik kurdukları duygusu-
nu geliştirmeleri önemlidir. Bu eğitim görüşü, kendi prog-
ramını sunamayacağı, bu programı, halkla diyalog içinde
araması gerektiği inancından yola çıktığı için ezilenlerin
pedagojisine giriş işlevi görür ve bu pedagojinin geliştiril-
mesine ezilenlerin katılması şarttır.

4. Bölüm

Diyalogcu ve diyalog karşıtı düşünce zeminlerinde gelişen kültürel eylem kuramlarını analiz eden bu bölümde kitabın önceki bölümlerinde ele alınan çeşitli konulara, bu noktaları geliştirmek ya da yeni tezleri açıklamak üzere yeniden değinilecektir.

İnsanların, salt etkinlik varlıkları olan hayvanlardan praksis varlıkları olmalarıyla ayrıldığını yeniden vurgulayarak başlayacağım. Hayvanlar dünyayı değerlendirmezler; dünyanın içine gömülüdürler. Onların aksine insanlar, dünyanın içinden doğrularak yüzeye çıkar, dünyayı nesnelleştirir, böylelikle onu anlayabilir, emek ve çabalarıyla dönüştürebilir.

Hayvanlar çalışmadıkları için aşmaları imkânsız bir ortam içinde yaşarlar. Bu nedenle her hayvan türü kendisine uygun ortamda yaşar ve bu yaşam ortamları kendi aralarında haberleşemezler oysa insanlara açıktırlar.

İnsanların faaliyeti eylemden ve düşünceden oluşur; bu praksistir; dünyanın dönüştürülmesidir. Ve praksis olarak kendisini aydınlatacak bir kuram gerektirir. İnsanın faaliyeti kuram ve praksistir; düşünce ve eylemdir. Bu kitabın 2. Bölüm'ünde vurguladığım gibi insanın faaliyeti, ne lafazanlığa ne de aktivizme indirgenebilir.

Lenin'in ünlü "Devrimci kuram olmadan devrimci hareket de olamaz"[1] sözü, bir devrimin lafazanlıkla ya da aktivizmle değil; praksisle, yani yapıları dönüştürmeye yöneltilen *düşünce* ve *eyleml*le gerçekleştirileceği anlamına gelir. Bu yapıları radikal biçimde dönüştürmeye yönelik devrimci süreç, önderlerini *düşünenler*, ezilenleri de sadece *yapanlar* olarak tasarlayamaz.

Halka gerçekten adanmış olmak, onun ezildiği gerçekliği dönüştürmeyi gerektirir. Bunun için, dönüştürme sürecinde temel rolü halka vermekten vazgeçemeyecek olan bir dönüştürücü eylem kuramına ihtiyaç vardır. Önderler, ezilenlere sözüm ona düşünemeyen ve sadece eylem yanılsamasına yetenekli salt aktivistler muamelesi yapamaz; o zaman ezilenler gerçekte manipüle edilmeye devam edeceklerdir ve bu sefer manipüle edenler, manipülasyonun sözde düşmanları olacaktır.

Önderler, koordinasyonun ve ara sıra eylemin genel doğrultusunun sorumluluğunu taşırlar. Fakat ezilenlere praksis tanımayan önderler, böylelikle kendi praksislerini de geçersizleştirirler. Sözlerini başkalarına dayatmakla, bu

1. Vladimir Lenin, *"What is to be Done"*, Henry M. Christman'ın derlediği *Essential Works of Lenin* (Lenin'in Temel Eserleri) adlı kitapta, (New York, 1966), s. 69. [W. I. Lenin, Wastun? Ausgewaehite Worke Band I, Instıtüt für Marxismus-Leninismus, ZK der Kpdso, Berlin 1970, s. 161.] (*Ne Yapmalı?*, Çev. Muzaffer Erdost, Sol Yay., 1968)

sözü çarpıtırlar; bu da yöntemleriyle hedefleri arasında bir çelişkiye yol açar. Özgürleşmeye gerçekten adanmışlarsa, eylemleri ve düşünceleri ötekilerin eylemi ve düşüncesi olmaksızın gerçekleşemez.

Devrimci praksis egemen seçkinlerin praksisinin karşıtı olmak zorundadır çünkü bu ikisi doğaları gereği birbirinin antitezidir, devrimci praksis, içinde, halkın praksisinin önderlerinin kararlarını izlemekten ibaret olduğu saçma bölünmeye tahammül edemez; bu bölünme, egemen seçkinlerin kural belirleyici yöntemlerini yansıtır. Devrimci praksis bir birliktir ve önderler ezilenlere kendi mallarıymış gibi davranamazlar.

Manipülasyon, sloganlaştırma, "yatırım yapmak", emir-komuta ve kural belirleme devrimci praksisin bileşenleri olamazlar çünkü onlar egemenlik praksisinin bileşenleridir. Egemenlik sürebilmek için egemen olanın, halkın praksisini yadsımaktan, halkın kendi sözünü söyleme ve kendi düşüncelerini düşünme haklarını yadsımaktan başka seçeneği yoktur. Egemen olan, diyalogcu bir şekilde davranamaz, diyalogcu davranması; ya egemen olma erkini bırakması ve ezilenlerin safına katılması ya da yanlış hesap sonucu iktidarını kaybetmesi demek olurdu.

Öte yandan, halkla ilişkilerinde diyalogcu şekilde davranmayan devrimci önderler ya egemenlerin karakter özelliklerini benimsemişlerdir ve gerçek devrimci değildirler ya da kendi rollerini tamamıyla yanlış anlamışlardır ve kendi sekterliklerinin tutsağıdırlar, dolayısıyla yine devrimci değildirler. Belki iktidara ulaşırlar. Fakat diyalog karşıtı eylem sonucu gerçekleşen herhangi bir devrimin değeri hayli şüphelidir.

Ezilenlerin devrimci sürece, dönüşümün özneleri olma rollerini artan ölçüde eleştirel biçimde idrak ederek katılmaları belirleyici önem taşır. Sürecin içine, kısmen kendileri, kısmen de içlerinde barınan ezenler halinde bölünmüş varlıklar olarak sürüklenirler ve ezilme durumunun kendilerine dayattığı ikiye bölünmüşlükleri sürerken iktidara gelecek olurlarsa, o zaman iddia ediyorum ki sadece iktidarda olduklarını *hayal ediyor* olacaklardır.[2] Hatta, ezilenlerin varoluşsal ikiye bölünmüşlükleri devrimin temellerini çürüten bürokrasilerin yeşermesine yol açan sekter bir iklimin gelişmesini kolaylaştırır. Eğer ezilenler devrimci sürecin akışı içinde bu ikiye bölünmüşlüklerini idrak etmezlerse, bu süreç devrimci olmaktan ziyade intikamcı[3] bir ruhla belirlenmiş olacaktır. O zaman da devrimi bir özgürleşme yolu olarak değil, bir egemenlik aracı olarak göstermeleri muhtemeldir.

Gerçek bir hümanizmi temsil eden devrimci önderler bile güçlükler ve sorunlarla karşılaşıyorsa, halk *için* (en iyi niyetlerle bile olsa) devrim yapmaya çalışan önderlerin karşılaşacağı zorluklar ve sorunlar çok daha büyük olacaktır. Böyleleri aynı şekilde halk *olmadan* da devrim yapabilirlerdi çünkü bu sürece halkı, ezildiği yöntem ve hareket tarzlarıyla dahil etmektedirler.

Halkla diyalog, her gerçek devrimin radikal gerekliliğidir. Bu, bir devrimi devrim kılan, onu askeri *darbe*den ayırt eden özelliktir. Kimse bir darbeden diyalog beklemez; darbeden sadece kandırma ("meşruluk" sağlamak için) veya iktidar (ezmek için) beklenir. Gerçek bir devrim halkla cesur bir diyaloğu, er ya da geç başlatmak zorunda-

---

2. Kaldı ki bu tehlike, devrimci önderlerin, ezilenlerin içine "giren" ve onlar tarafından "barındırılan" ezenlerin eylem biçimlerini taklit etmenin çekiciliğine direnmelerini gerektirir. Devrimciler ezilenlerle praksisleri içinde, ezilenlerin içinde "hüküm sürmeye" kalkışamazlar. Tersine, ezilenlerle ortaklaşa olarak ezenleri "dışarı atmaya" çalışırken, bunu ezilenlerle birlikte yaşamak için yaparlar; yoksa ezilenlerin içinde yaşamak için değil.

3. Daima bir sömürü düzenine maruz kalmış olan ezilenlerin devrimci mücadeleye intikamcı bir boyut kazandırma isteği anlaşılabilir bir şeydir ama devrim, güçlerini bu boyutta harcamamalıdır.

dır. Devrimin gerçek meşruluğu bu diyaloğa dayanır.[4] Bir devrim, halktan, halkın kendini ifadesinden, iktidara etkin katılmasından korkmaz; halka hesap vermek, başarılarını, hatalarını, yanlış hesaplarını ve zorluklarını açıksözlülükle bildirmek zorundadır.

Diyalog ne kadar erken başlarsa, hareket de o kadar gerçek anlamda devrimci olacaktır. Devrimin radikal gerekliliği olan bu diyalog bir başka radikal ihtiyaca karşılık düşer: Doğası gereği iletişimsel bir yaratık olduğu için, iletişimsiz gerçekten insani olamayan bir varlık olarak insanın ihtiyacıdır bu. İletişime engel olmak, insanı "şey" durumuna indirgemektir ve bu devrimcilere değil, ezenlere düşen bir iştir.

Burada, praksisi savunuyor olmamın, praksisin sırasıyla düşünce ve onu izleyen eylem olmak üzere iki aşamaya bölünebileceği anlamında bir bölünmeyi öngörmediğini vurgulama gereği duyuyorum. Eylem ve düşünme eşzamanlı gerçekleşir. Bununla birlikte gerçekliğin eleştirel bir analizi, eylemin belirli bir biçiminin *şimdiki zamanda* imkânsız veya uygunsuz olduğunu ortaya koyabilir. Dolayısıyla düşünme yoluyla eylemin bir veya bir başka biçiminin geçersizliğini veya uygunsuzluğunu (bu durumda ertelenmesi veya yerine başka bir eylem geçirilmesi gerekecektir) idrak edenler eylemsizlikle suçlanamazlar. Eleştirel düşünme de eylemdir.

Daha önce de eğitim çalışmasında öğretmen-öğrencinin bir idrak nesnesini kavrama girişiminin bu nesnede tükenmediğini çünkü idrak edilecek nesnenin öğrenci-öğretmenlerin kavrama yeteneklerine aracılık etmesiyle, öğretmen-öğrencinin eyleminin öteki öğrenci-öğretmenlere yayıldığını belirtmiştim. Bunun aynısı devrimci eylem

4. "Belirsizlikten bazı yararlar sağlayabilirdik" demişti Fidel Castro, Küba halkına Guevara'nın ölümünü doğrularken. "Ama yalanlar, korkular, sahte yanılsamalar ve yalanlarla suç ortaklığı, hiçbir zaman devrimin silahları olmamıştır". Aktaran *Gramma*, 17 Ekim 1967. (Vurgular yazara ait-ç.n.)

için de geçerlidir. Yani ezilenler ve önderler aynı ölçüde devrimci eylemin özneleridirler ve gerçeklik her iki grubun dönüştürücü eyleminin iletim ortamı işlevini görür. Bu eylem kuramında *bir aktörden* ya da kabaca *aktörlerden* değil, daha ziyade *karşılıklı iletişim içindeki aktörlerden* söz edilebilir.

Bu kuram, devrimci güçleri bölüyor, ayırıyor ve birbirinden koparıyor gibi görünebilir; gerçekte tamamen tersini belirtir: Devrimci güçlerin birliğini. Bu birlik olmazsa, bölünmüşlük vardır: Bir yanda önderler ve bir yanda halk; ezme/ ezilme ilişkilerinin ters izdüşümü. Devrimci süreçte birliğin inkârı, halkı örgütleme, devrimci iktidarı güçlendirme veya bir birleşik cephe oluşturma bahanesiyle halkla diyalogdan kaçınma, gerçekte özgürlükten korkmaktır. Halktan korkmaktır ya da halka güven eksikliğidir. Fakat eğer halka güvenilemiyorsa *onun* özgürleşmesi için hiçbir neden yoktur. Bu durumda devrim halk *için* bile yapılmaz, halk "tarafından" önderler için yapılır: Tam bir kendini inkâr.

Devrim ne önderler tarafından halk için ne de halk tarafından önderler için yapılır. Devrim, halkın ve önderlerin sarsılmaz bir dayanışma içinde birlikte hareket etmeleriyle gerçekleştirilir. Bu dayanışma ancak önderlerin halkla alçakgönüllülükle, sevgi dolu ve cesurca ilişki kurarak dayanışmayı kanıtladığı yerde gerçekleşir. Bu yüzleşme için yeterli cesaret herkeste yoktur; fakat insanlar yüzleşmekten kaçındıklarında esnekliklerini yitirirler ve ötekilere nesne muamelesi yaparlar. Hayatı beslemek yerine hayatı öldürürler; hayat arayışı yerine hayattan kaçarlar; tamamıyla *ezenlerin* özellikleridir bunlar.

Kimileri, diyaloğu –dünya içindeki insanların dünyayı değiştirmek için yüzleşmesini– vurgulamanın saflık ve öznelci idealizm olduğunu düşünebilir.[5] Oysa hiçbir şey,

---

5. Bu diyalogcu yüzleşmenin, düşmanlar arasında gerçekleşemeyeceğini bir kez daha belirtmek istiyorum.

dünya üzerindeki ve dünyayla birlikteki insanlardan, başkalarıyla birlikte bulunan insanlardan –ve ezen ve ezilen sınıflar gibi başkalarına karşı insanlardan– daha gerçek ve somut değildir.

Gerçek devrim, bu insandışılaştırıcı olguyu doğuran gerçekliği değiştirme girişiminde bulunur. Bu gerçeklikten çıkar sağlayan kişiler, bu dönüşümü gerçekleştiremezler; dönüşüm zulmedilenler tarafından, önderleriyle birlikte gerçekleştirilmelidir. Bununla birlikte bu doğrunun radikal bir şekilde sonuna dek izlenmesi gerekir; yani, önderler onu halkla ortaklık içinde *cisimleştirmelidirler*. Bu ortaklık içinde her iki grup birbiriyle kaynaşır ve önderler kendinden menkul olmak yerine halkın praksisiyle birlikte kendi praksisleri içinde atanır ve onaylanırlar.

Mekanik bir gerçeklik yaklaşımıyla sınırlı pek çok kişi, insanların somut durumunun dünya hakkındaki bilinçlerini koşulladığını ve bu bilincin de insanların tutumunu ve gerçekliği ele alma tarzını koşulladığını kavramaz. Böyleleri gerçekliğin mekanik biçimde,[6] insanların gerçeklik hakkındaki sahte bilinçleri problem haline getirilmeksizin, içerisinde sahte bilincin giderek azaltıldığı devrimci eylemler olmaksızın dönüştürülebileceğini düşünür. İnsani olmayan hiçbir tarihsel gerçeklik yoktur. İnsanlar *olmaksızın* hiçbir tarih yoktur ve insanlar *için* hiçbir tarih yoktur. Yalnız insanlar tarafından yapılan ve (Marx'ın belirttiği gibi) karşılığında da insanları biçimlendiren bir tarih vardır. Çoğunluklar yalnızca, kendilerine tarihe özneler olarak katılma hakkı tanınmadığı yerde egemenlik altındadır ve yabancılaşır. Böylelikle halkın, nesne konumunun

---

6. "Egemen sınıfların istikrarlı olduğu çağlar, içinde işçi hareketinin yer yer tehdit edici olan ve her durumda katı bir şekilde karar yetkisini elinde bulunduran güçlü bir düşmana karşı kendini savunmak zorunda olduğu çağlar, doğal olarak, gerçekliğin 'maddi' öğesini, galibiyetin önündeki engelleri ve insanın farkındalığının ve eyleminin yetersizliğini vurgulayan bir sosyalist literatür yaratır". Goldmann, a.g.e., s. 80-81.

yerine özne statüsünü geçirebilmesi –herhangi bir gerçek devrimin hedefi– dönüştürülecek gerçeklik hakkında eylem yapması kadar düşünmesini de gerektirir.

İnsanların ezilme gerçekliği hakkında düşünmesi ve nesne konumunda olduklarını keşfetmesi ile zaten özne haline gelmiş olduğunu ileri sürmek idealizm olurdu. Bu algı kendi başına, insanların özne haline gelmiş olduğu anlamına gelmemekle birlikte, çalışma arkadaşlarımdan birinin[7] dediği gibi, insanların *"beklentideki özneler"* –insanların yeni statülerini sağlamlaştırmaya yönelten bir beklenti içinde– olduğu *anlamına gelir.*

Öte yandan devrime giden yolun aktivizm (ki gerçek eylem değildir) olduğu varsayımı da yanlıştır. İnsanlar praksisin doluluğunu yaşarlarsa, yani eylemleri, düşüncelerini giderek daha fazla örgütleyen ve böylece onları gerçekliğin naif bilgisinden daha yüksek bir düzeye, gerçekliğin *nedenlerini* kavrayabilecekleri düzeye ulaştıran eleştirel düşünmeyi içeriyorsa, o zaman gerçekten eleştirel olacaklardır. Eğer devrimci önderler halka bu hakkı tanımazlarsa, kendi düşünme yeteneklerini –ya da en azından doğru düşünme yeteneklerini– sakatlamış olurlar. Devrimci önderler halk *olmaksızın* da, halk *için* düşünemezler, sadece halkla *birlikte* düşünebilirler.

Onlardan farklı olarak egemen seçkinler halk *olmaksızın* düşünebilirler –ve düşünürler de– ve bu arada halkı daha iyi tanımak, böylece onlar üzerinde daha etkin bir şekilde egemen olmak amacıyla halk *hakkında* düşünmeden yaşamayı lüks sayarlar. Bu nedenle seçkinler ve kitleler arasındaki sözde diyalog ve iletişim aslında hep, içeriğiyle kitleleri evcilleştirmesi amaçlanan "bildiri"lerin iletilmesidir.

Peki egemen seçkinler, halkla birlikte düşünmeyince niçin bundan zarar görmezler? Çünkü halkla birlikte düşün-

---

7. Fernando Garcia, Honduraslı, Latin Amerikalılar için bir kurstaki sözleri. (Santiago, 1967).

mek onların, varoluşlarının vazgeçilmez nedeninin antitezini oluşturur. Halkla birlikte düşünmek zorunda olsalardı çelişki aşılmış olurdu; onlar da artık egemen olamazlardı. Tüm zamanların egemenlerinin bakış açısına göre gerçek düşünmenin önkoşulu halkın hiç düşünmemesidir.

> Sonradan Royal Society'nin başkanı olan Mr. Giddy diye birisi, her ülkede karşılaşabileceğiniz türden itirazlar sıraladı: Yoksul emekçi sınıfları eğitimden yararlandırma niyeti teorik olarak ne kadar harikulade görünürse görünsün, onların ahlak ve mutluluklarına zararlı olabilir. Tarımda ve diğer istihdam alanlarında iyi hizmetkârlar haline getirmek yerine, onlara hayattan nasiplerine düşeni hor görmeyi öğretir. Boyun eğmeyi öğretmek yerine, sanayi yörelerinde görüldüğü gibi, onları huysuz ve asi hale getirir. İsyancı broşürleri, Hıristiyanlığa karşı çirkin kitapları ve yayınları okuyabilir hale getirir, onlara, üstlerine dil uzatma cüreti kazandırır ve birkaç yıl içinde yasa, onlara karşı iktidarın güçlü kolunu kullanmak zorunluluğu karşısında kalır.[8]

Aslında Mr. Giddy'nin (ve halk eğitimine böyle kinikçe ve açıkça saldırmasalar bile günümüzdeki seçkinlerin de) istediği şey, halkın düşünmemesiydi. Bütün çağların Mr. Giddyleri, ezen sınıf olarak, halkla *birlikte* düşünemedikleri için halkın kendisi için düşünmesine de izin veremezler.

Aynısı tabii ki devrimci önderler için geçerli değildir çünkü onlar halkla birlikte düşünmezlerse hayattan kopuk hale gelirler. Halk, onları oluşturan zemindir, sadece üzerinde düşünülen nesne değil. Devrimci önderler halkı daha iyi anlamak için halk hakkında düşünmek zorunda olabilirler ama bu düşünme seçkinlerin düşünmesinden farklıdır; çünkü (üzerinde egemenlik kurmak için değil de) özgürleştirmek üzere halk hakkında düşünürken önderler, halkın düşüncesine kendilerini katarlar. Biri *efendinin* öteki *yoldaşın* düşünmesidir.

---

8. Niebuhr, a.g.e. s. 117-118.

Egemenlik, doğası gereği, antitezini içeren çelişki içinde, sadece bir egemen kutup ile üzerinde egemen olunan kutup gerektirir. Bu çelişkiyi çözmeye girişen devrimci özgürleşme, sadece bu kutupların değil ayrıca bu girişim sırasında ortaya çıkan bir önderlik grubunun varlığını da gerektirir. Bu önderlik grubu ya kendini halkın ezilme durumuyla özdeşleştirir ya da devrimci değildir. Egemenlerin yaptığı gibi yalnız halk *hakkında* düşünmek, bu düşünceye kendini katmamak, halkla *birlikte* düşünmeyi ihmal etmek, önderin *devrimci* olmaktan vazgeçmesinin en garantili yoludur.

Ezme sürecinde seçkinler ezilenlerin "yaşayan ölüm"üyle beslenirler ve ezilenler arasındaki dikey ilişkide gerçek kişiliklerini bulurlar. Devrimci süreçte ise, oluş halindeki önderlerin kişiliklerini bulmasının tek yolu vardır: Ezilenler aracılığıyla ve ezilenlerle birlikte yeniden doğmak üzere "ölmek".

Ezme sürecinde birisinin diğerini ezdiğini rahatlıkla söyleyebiliriz; fakat devrim sürecinde birinin diğerini özgürleştirdiğini hatta birinin kendini özgürleştirdiğini değil, olsa olsa kaynaşmış insanların birbirlerini özgürleştirdiklerini söyleyebiliriz. Bu iddia devrimci önderlerin önemini küçümsemek değildir, tersine, devrimci önderlerin değerini vurgulamak amacını taşır. Ezilenlerle, "hayatın reddedilmişleri"yle, "yeryüzünün lanetlileriyle" birlikte yaşamak ve çalışmaktan daha önemli ne olabilir? Devrimci önderler bu kaynaşmada sadece kendi *varlık nedenlerini* değil, sevinç de bulmalıdırlar. Devrimci önderler doğaları gereği, egemen seçkinlerin –doğaları gereği– gerçek anlamıyla yapamadıklarını yapabilirler.

Seçkinlerin bir sınıf olarak ezilenlere her yaklaşımı, bu kitabın birinci bölümünde betimlenen sahte iyilikseverlik kisvesindedir. Fakat devrimci önderlerde, sahte iyilikseverliğe de, manipülasyona da yer yoktur. Ezen sınıf seçkinleri, halkı ayakları altında çiğneyerek gelişirken, devrimci önderler ancak halkla birliktelik içinde gelişebilirler. Ezenlerin faaliyeti asla hümanist olamazken gerçek devrimcinin eyleminin zorunlu olarak hümanist olması bundan dolayıdır.

Ezenlerin insandışılığı da, devrimci hümanizm de bilimi kullanır. Fakat bilim ve teknoloji ezenlerin hizmetindeyken insanları "şeyler" statüsüne indirgemeye yarar; devrimcilerin hizmetinde olduğunda ise insanlaşmayı geliştirmek için kullanılır. Bununla birlikte, bilimsel ilginin salt birer nesnesi olarak görülmek istenmiyorlarsa, ezilenler insanlaşma sürecinin özneleri haline gelmelidirler.

Bilimsel devrimci hümanizm, devrim adına ezilenlere analiz edilmesi ve bu analize dayalı olarak davranışları için kurallar belirlenmesi gereken nesneler muamelesi yapamaz; böylesi, ezenlerin ideolojisinin mitlerinden birinin, *cehaletin mutlaklaştırılmasının* kurbanı olmak olurdu. Bu mit, başka birinin cehaletine hükmeden birinin varlığını içerir. Ancak başkalarının mutlak cehaletine hükmedenler, kendilerini ve ait oldukları sınıfı, bilen veya idrak etmek için doğmuş olanlar olarak tanımlamış olurlar. Böylelikle aynı zamanda ötekileri de yabancılaşmış varlıklar olarak tanımlamış olurlar. Kendi sınıflarının sözleri "gerçek" söz olur ve onları ötekilere, sözleri ellerinden çalınmış olan ezilenlere, dayatır ya da dayatmaya çalışırlar. Ötekilerin sözlerini çalanlar, onların yetenekleri hakkında derin bir kuşku geliştirirler ve onları ehil saymazlar. Konuşmasını yasakladıklarının sözlerini işitmeksizin sözlerini söyledikçe iktidarın alışkanlığına kapılırlar ve yol göstermekten, buyurmaktan ve yönetmekten zevk alır olurlar. Artık emir verecekleri birileri olmaksızın yaşayamazlar. Bu koşullar altında diyalog imkânsızdır.

Bilimsel ve hümanist devrimci önderler ise halkın cehaleti mitine inanamazlar, bu cehaletin sadece bir mitten ibaret olduğundan tek bir an bile kuşkulanma hakkına sahip değildirler. Kendilerinin ve sadece kendilerinin her şeyi bildiğine inanamazlar; çünkü bu halktan kuşku duymak olurdu. Devrimci önderler, devrimci bilinçleri yüzünden kendilerini haklı olarak halkın ampirik bilgi düzeyinden farklı bir devrimci bilgi düzeyine sahip sayabilirler ama kendilerini ve idrak ettikleri şeyleri halka dayatamazlar. Halkı sloganla besleyemezler, aksine, halkın gerçeklik hakkındaki ampirik idrakinin önderlerin eleştirel idrakiyle beslenmesi ve giderek haklarındaki gerçekliğin nedenlerinin idrakine dönüşmesi için halkla diyaloğa girmek zorundadırlar.

Ezen seçkinlerin, halkın cehaletini mutlaklaştıran mite karşı çıkmalarını beklemek saflık olurdu. Devrimci önderler ise bu mite karşı çıkmasalardı, bu başlı başına bir çelişki olurdu. Hele bu mite göre davransalardı daha da büyük bir çelişki olurdu. Devrimci önderlerin görevi sadece bu miti değil, ezen seçkinlerin ezmek üzere kullandığı bütün öteki mitleri de problem olarak tanımlamaktır. Eğer, devrimci önderler ezenlerin egemenlik yöntemlerini taklit etmekte ısrar ederlerse, halk buna iki şekilde karşılık verebilir. Belirli tarihi koşullarda önderlerin kendilerine yatırdığı yeni içerikler tarafından evcilleştirilmiş hale gelebilirler. Başka koşullarda da içlerinde barınan ezeni tehdit eden bir "söz"den ürker hale gelebilirler.[9] Her iki durumda da

---

9. Bazen bu "söz" söylenmez bile. Halkın içinde "barınan" ezenleri tehdit edebilen birinin varlığı (ille de bir devrimci gruba dahil olması gerekmez) ezenlerin yıkıcı bir tutuma girmesi için yeterlidir.
Bir vakitler bir öğrenci bana, bir Latin Amerika köyünde fanatik bir rahibin "Katolik inanç" dediği şeyi "tehdit eden" iki "komünist"in varlığını köylülere ilan ettiğini anlatmıştı. O gece, köylüler tek vücut halinde bölge çocuklarını eğiten iki ilkokul öğretmenini diri diri yakmışlar. Bu rahip belki de

devrimcileşemezler. Birinci durumda devrim bir yanılsamadır; ikinci durumda ise imkânsızdır da.

Bazı iyi niyetli fakat yanlış yoldaki kişiler, devrimin iletişim olmaksızın, "iletiler"le (bildiriler) gerçekleştirilmesi gerektiğini, bu arada diyaloğun süreceğini (bunun doğru olmadığını belirtelim)[10]ve devrim bir kez kazanılınca *o zaman* müthiş bir eğitim çabası geliştireceklerini ileri sürer-

öğretmenlerin evinde, kapağında sakallı bir adamın resmi bulunan bir kitap görmüştü...

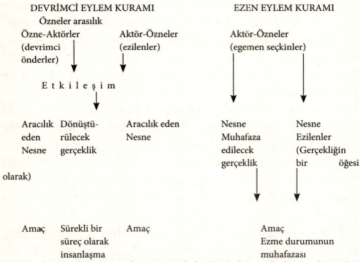

DEVRİMCİ EYLEM KURAMI		EZEN EYLEM KURAMI	
Özneler arasılık			
Özne-Aktörler	Aktör-Özneler	Aktör-Özneler	
(devrimci	(ezilenler)	(egemen seçkinler)	
önderler)			
E t k i l e ş i m			
Aracılık Dönüştü-	Aracılık eden	Nesne	Nesne
eden rülecek	Nesne	Muhafaza	Ezilenler
Nesne gerçeklik		edilecek	(Gerçekliğin
		gerçeklik	bir öğesi
olarak)			
Amaç Sürekli bir	Amaç		Amaç
süreç olarak			Ezme durumunun
insanlaşma			muhafazası

10. Diyalog ile devrimci eylem arasında hiçbir bölünme bulunmadığını bir kez daha vurgulamak istiyorum. Biri diyalog, diğeri devrim biçiminde iki aşama söz konusu değildir. Tersine, diyalog, devrimci eylemin en öz doğasıdır. Bu eylem kuramında aktörler, özneler arası bir şekilde eylemlerini bir nesneye (kendilerine aracılık eden gerçeklik) yöneltirler ve amaçları insanların insanlaşmasıdır (bu da gerçekliğin dönüştürülmesiyle gerçekleştirilir).

Özünde diyalog karşıtı olan ezenlerin eylem kuramında, yukarıdaki taslak basitleştirilir. Hem gerçeklik hem de ezilenler eşzamanlı olarak aktörlerin eyleminin nesneleridir; ve aktörlerin amacı (ezen gerçekliğin muhafazası yoluyla) ezmenin muhafazasıdır.

Paulo Freire

ler. Dahası bu hareket tarzını, iktidarı almadan önce eğitimi –özgürleştirici eğitimi– gerçekleştirmenin mümkün olmadığını söyleyerek haklı göstermek isterler.

Yukarıdaki savların bazı temel noktalarını analiz etmekte yarar var. Bu savların savunucuları (veya bu kişilerin büyük kısmı) halkla diyaloğun gerekliliğine inanırlar; fakat bu diyaloğun, iktidarı almadan önce yürütülebilir olduğuna inanmazlar. Önderlerin iktidara gelmeden önce eleştirel bir eğitim tavrı alabilmelerinin mümkün olduğunu reddettikleri zaman, devrimin, *kültürel devrime* uzanan bir *kültürel eylem* olarak eğitimsel niteliğini de reddetmiş olurlar. Öte yandan da kültürel eylemi, iktidar alınınca başlatılacak yeni eğitimle karıştırırlar.

Ezen seçkinlerin, özgürleştirici bir eğitim gerçekleştirmesini beklemenin saflık olacağını daha önce de belirtmiştim. Fakat devrimin, reddedilmesi imkânsız bir eğitimsel niteliği vardır. İnsanları özgürleştirmedikçe o, devrim değildir. Bu nedenle de iktidarın alınması –ne kadar belirleyici olursa olsun– genel devrim sürecinde sadece bir andır. Süreç olarak devrim "öncesi", ezen toplum içinde yer alır ve sadece devrimci bilince görünür.

Devrim, ezen toplum içinde bir sosyal olgu olarak doğar. Kültürel eylem olduğu ölçüde, içinde başladığı sosyal gerçekliğin imkânlarına uygun düşmek zorundadır. Her gerçeklik kendi içinde, çelişkilerinin karşılıklı etkileşimi aracılığıyla gelişir (veya dönüştürülür). Dışsal koşullar gereklidirler ama sadece bu imkânlarla çakıştıkları zaman etkindirler.[11] Devrimin yeniliği eski ezen toplum içinde yaratılır. İktidarın alınışı sürekli devrimci süreçte sadece belirleyici bir an oluşturur. Durağan değil dinamik bir devrim bakışında iktidarın alınışının sınır çizgisini oluşturduğu bir mutlak "önce" veya "sonra" yoktur.

11. Bkz. Mao Tse Tung, a.g.e.

Devrim, nesnel koşullar altında gerçekleşirken, ezme/ ezilme durumunu, sürekli bir özgürleşme sürecindeki bir insanlar birliğini oluşturarak aşmaya çalışır. Devrimin, aynı zamanda bir "kültürel devrim" de olmasını sağlayan, eğitimsel, diyalogcu niteliği, tüm aşamalarında bulunmalıdır. Bu eğitimsel nitelik, devrimi karşıdevrimci bir bürokraside kurumlaşıp çözülmekten koruyan en etkin araçlardan biridir çünkü karşıdevrim, gericileşen devrimciler tarafından gerçekleştirilir.

Hiçbir diyalog deneyleri olmadığı için, iktidar alınmadan önce halkla diyalog imkânsızsa, iktidarın kullanımı bakımından da aynı ölçüde deneysiz olduklarından, halkın iktidara gelmesi de aynı ölçüde imkânsız olurdu. Devrimci süreç dinamiktir ve bu sürekli dinamiğin içerisinde –halkın devrimci önderlerle birlikte praksisi içinde–, halk da önderler de hem diyaloğu hem de iktidar kullanımını öğreneceklerdir (Bu, insanların yüzmeyi, kütüphanede değil, suda öğrenmesi kadar açık bir savdır).

Halkla diyalog ne bir taviz ne de bir armağandır; hele egemenlik için kullanılan bir taktik hiç değildir. Dünyayı "adlandırmak" üzere insanların kendi aralarında yüzleşmeleri olarak diyalog insanların gerçek insanlaşmasının temel bir önkoşuludur. Gajo Petroviç'in deyişiyle:

Sadece, kişinin içinde yaşadığı dünyayı ve kendini değiştirmesini sağlayan eylem, özgür eylem olabilir... Özgürlüğün olumlu bir koşulu, gerekliliğin sınırlarının, yaratıcı insani yeteneklerin idrak edilmesidir... Özgür bir toplum mücadelesi, sürekli artan ölçüde bireysel özgürlük yaratmadıkça özgür bir toplum mücadelesi değildir.[12]

---

12. Gajo Petroviç, *"Man and Freedom"* ("İnsan ve Özgürlük"). Erich Fromm tarafından derlenen *Socialist Humanism* adlı kitapta, New York, 1965, s. 274-276. Ayrıca bkz. aynı yazar, *Marx in the Mid-Twentieth Century*, (Yirminci Yüzyıl Ortasında Marx), (New York, 1967).

Bu görüş doğruysa, devrimci süreç, niteliği bakımından fevkalade eğitimcidir. Böylelikle devrim yolunda, halka açıklık vardır, halka sağır olmak yoktur. Halkla kaynaşma vardır, halka güvensizlik yoktur. Lenin'in belirttiği gibi, bir devrim ne kadar çok kuram gerektiriyorsa, önderleri de ezenlerin iktidarına karşı durabilmek için o kadar halkla *iç içe* olmak zorundadırlar.

Bu genel açıklamalara dayanarak diyalog karşıtı ve diyalogcu eylem kuramlarının daha kapsamlı bir analizini yapabiliriz.

Boyun Eğdirme (Fetih)

Diyalog karşıtı eylemin baş özelliği, boyun eğdirme zorunluluğudur. Öteki insanlarla ilişkisinde diyalog karşıtı kişi onlara boyun eğdirmeyi amaçlar; giderek artan ölçüde ve en sertinden en inceliklisine, en baskıcısından en şefkatlisine (vesayetçilik) kadar her araçla.

Her boyun eğdirme edimi bir boyun eğdiren ("Conquistador!") ve boyun eğdirilen birini ya da şeyi gerektirir. Boyun eğdiren boyun eğenlere hedeflerini dayatır ve onları kendi malı ilan eder. Boyun eğenleri kendi çizdiği sınırlara göre yeniden biçimlendirir, onlar da bu biçimi içselleştirir ve "içinde bir başkasını barındıran" ikili varlıklar haline gelirler. Boyun eğdirme edimi, insanları şeyler konumuna indirgediği için, ölümseverdir.

Nasıl diyalog karşıtı eylem gerçek ve somut baskı durumunun eşlikçisiyse, diyalogcu eylem de bu baskı durumunun devrimci şekilde aşılmasında vazgeçilmezdir. İnsan soyutta değil, dünya üzerinde diyalog taraftarı veya karşıtıdır. İnsan önce diyalog karşıtı sonra ezen değildir; eşzamanlı olarak hem diyalog karşıtı hem de ezendir. Nesnel bir ezme/ezilme durumu içinde diyalog karşıtlığı, ezenlerin baskıyı sürdürebilmeleri için gereklidir. Sadece ekonomik değil kültürel olarak da baskı vardır; boyun eğenler kendi sözlerinden, ifadelerinden ve kültürlerinden edilir. Kaldı ki bir kez baskı oluştu mu onu sürdürmek için diyalog karşıtlığı vazgeçilmez hale gelir.

Özgürleştirici eylem doğası gereği diyalogcu olduğu için diyalog, eylemin arkasından gelemez, özgürleştirici eyleme eşlik etmelidir. Ve özgürleşme süreklilik içindeki bir durum olduğundan, diyalog, özgürleştirici eylemin *sürekli* bir yönü haline gelir.[13]

Boyun eğdirme arzusu (daha doğrusu boyun eğdirme zorunluluğu) diyalog karşıtı eylemde her an hazır ve nazırdır. Bu yüzden ezenler insanların dünyayı düşünebilme niteliğini yok etmeye çalışırlar. Ezenler bu yıkımı tamamen başaramadıkları için dünyayı *gizemlileştirmek* zorundadırlar. Ezilenlerin ve boyun eğdirilmişlerin düşüncesine, yabancılaşmalarını ve edilgenliklerini artıracak bir aldatmaca dünyası sunabilmek için ezenler, dünyanın bir problem olarak ifade edilmesini önleyen ve onun yerine dünyayı sabit bir varlık –insanların salt birer seyircisi olarak uyum sağlamak zorunda oldukları verili bir şey– olarak gösteren yöntemler geliştirirler.

Ezenler halkla, boyun eğdirerek edilgen kalmalarını sağlamak için yüz yüze gelmek zorundadır. Ancak bu yüzleşme, halkla *iç içe olmak* değildir, gerçek iletişim de gerektirmez. Bu yaklaşıma ezenlerin ezilenlere statükonun korunması için elzem olan mit yatırımını yapması eşlik eder: Ezme/ezilme düzeninin bir "özgür toplum" olduğu miti bunun örneğidir; herkesin istediği yerde çalışmakta serbest olduğu, yani patronlarından hoşlanmıyorlarsa oradan ayrılıp başka bir iş arayabilecekleri miti; bu düzenin

---

13. Bir halk devrimi bir kez iktidarı ele geçirdi mi, yeni devrimin eski ezen iktidarı yeniden kurma yönündeki her girişimi ezmesi biçimindeki ahlaki yükümlülüğü hiç de devrimin kendi diyalogcu niteliğiyle çelişeceği anlamına gelmez. Düşman sınıflar olarak eski ezenlerle ezilenler arasında diyalog, devrimden önce imkânsızdır. Devrimden sonra yine imkânsız kalmaya devam eder.

insan haklarına saygı gösterdiği ve bu nedenle de saygıya
değer olduğu miti; her çalışkan kişinin girişimci olabilece-
ği miti, daha kötüsü, sokak satıcısının da büyük bir fabri-
kanın sahibi gibi işadamı olduğu miti; genel eğitim hakkı
miti, ilkokula başlayan Brezilyalı çocukların pek azının
üniversiteye ulaşabildiği bir dönemde hem de, "Sen kimin-
le konuştuğunu biliyor musun" sorusu hâlâ aramızda yay-
gınken insanların eşitliği miti; "maddeci barbarlık"a karşı
"Hıristiyan Batı uygarlığı"nın savunucusu olarak ezen sı-
nıfların kahramanlığı miti; seçkinlerin iyilik ve cömertliği
miti –oysa gerçekte bir sınıf olarak yaptıkları şey seçme "iyi
işler"i teşvik etmektir– (bu, sonradan, uluslararası düzey-
de Papa 23. John tarafından sert bir dille eleştirilen "çıkar
gözetmeyen yardım" mitine çevrilmiştir);[14] "görev idraki
içindeki" egemen seçkinlerin halkın gelişimine katkıda
bulundukları, dolayısıyla halkın da minnetini seçkinlerin
sözlerini kabul ederek ve onların safında yer alarak gös-
termesi gerektiği miti; isyanın Tanrı'ya karşı işlenmiş bir
günah olduğu miti; özel mülkiyetin kişisel insani gelişme
için temel olduğu şeklindeki mit (böyle olduğu sürece tek
gerçek insani varlıklar ezenler olur); ezenlerin çalışkanlığı,
ezilenlerin tembellik ve hilekârlığı miti ve nihayet, ezilen-
lerin doğal zayıflığı ve ezenlerin üstünlüğü miti.[15]

---

14. "Üstelik, yoksul ülkelere yardım eden ekonomik bakımdan gelişmiş
ülkeler, halihazırdaki siyasi durumu kendi lehlerine çevirmenin ve onları
egemenlik altına almaya çalışmanın cazibesine kapılmamak için son de-
rece titiz davranmalıdırlar. Yer yer böylesi girişimler yapılacak olursa, bu,
başka bir ad altında gizlense bile, birçok ülke tarafından ortadan kaldırıl-
mış olan eski, ömrünü tamamlamış egemenliği yansıtan sömürgeciliğin
değişik bir biçiminden başka şey olmayacaktır. Uluslararası ilişkiler bu
şekilde bozulacak olursa, tüm halkların düzenli gelişmesi tehlikeye girer".
Papa 23. John, "Hıristiyanlık ve Toplumsal İlerleme", Papalık Mektubu,
Mater et Magistra'dan, 171. ve 172. maddeler.
15. Memmi, sömürgecinin sömürgeleştirilen hakkındaki imgesine ilişkin
şunları belirtir: "Sömürgeci yönelttiği suçlamayla, sömürgeleştirileni ilele-
bet tembel olarak damgalar ve tembelliğin onun özbeöz doğasının yapıtaşı
olduğuna hükmeder". Memmi, a.g.e., s. 81.

Burada andığım (ve okurların daha birçoğunu ekleyebileceği) mitler –bunların içselleştirilmesi ezilenlerin boyun eğmesi için temel koşuldur– ezilenlere gayet iyi düzenlenmiş propaganda ve sloganlarla, kitle "iletişim" araçları kullanılarak sunulurlar; sanki böylesi bir yabancılaşma gerçek bir iletişim sağlarmış gibi![16]

Özet olarak, aynı zamanda, zorunlu olarak, diyalog karşıtı da olmayan hiçbir ezme/ezilme gerçekliği yoktur; tıpkı içinde ezenlerin kendilerini durup dinlenmeksizin ezilenlerin sürekli boyun eğdirilmesine adamadığı bir diyalog karşıtlığı olmadığı gibi. Eski Roma'da egemen seçkinler, halkı "yumuşatmak" ve kendi huzurlarını sağlamak için onlara "ekmek ve sirk gösterileri" verme gereğinden söz ederlerdi. Günümüzün egemen seçkinlerinin de, tıpkı herhangi bir çağın seçkinleri gibi (bir tür "ilk günah" gibi) diğerlerine, ekmek ve oyunlarla ya da onlar bile olmaksızın boyun eğdirmeye ihtiyacı vardır. Boyun eğdirmenin içeriği ve yöntemleri tarihsel olarak değişiyor; değişmeyen ise (en azından egemen seçkinler varlığını sürdürdükçe) ölümsever bir tutku olan ezmedir.

Böl ve Yönet

Bu, ezenlerin eylem kuramının bir başka temel boyutudur ve ezmenin kendisi kadar eskidir. Ezen azınlık bir çoğunluğa boyun eğdirdiği ve egemen olduğundan, iktidarda kalmak için çoğunluğu bölmek ve bölünmüş halde tutmak zorundadır. Azınlık kendine halkın birliğini hoş görme lüksünü tanıyamaz; çünkü bu, hiç kuşku yok ki hegemonyasına ciddi bir tehdit demek olurdu. Dolayısıyla, ezenler, ezilenlerde biraz olsun birleşme ihtiyacı uyandırabilecek her tür eylemi tüm araçlarla (şiddet dahil) önlerler. Birlik, örgütlenme ve mücadele gibi kavramlar derhal tehlikeli

---

16. Burada eleştirdiğim şey, iletişim araçlarının kendisi değil, onların kullanılma şeklidir.

olarak damgalanır. Bu kavramlar elbette *tehlikelidir* –ezenler için– çünkü hayata geçirilmeleri özgürleşme eylemleri için gereklidir.

Ezilenleri daha da güçsüzleştirmek, tecrit etmek, ezilenler arasında bölünmeler yaratmak ve bunları derinleştirmek ezenlerin yararınadır. Ve bu, devlet bürokrasisinin baskı yöntemlerinden, halka, kendisine yardım edildiği izlenimi verilerek manipüle edildiği kültürel eylem biçimlerine dek çok çeşitli araçlarla gerçekleştirilebilir.

Ezenlere özgü kültürel eylemin, olaya fiilen katılan coşkulu; fakat saf uzmanların hemen hemen hiç algılamadığı bir özelliği, sorunları bir *bütünlüğün* boyutları olarak görmek yerine *tecrit edilmiş odaklar* halinde ele alan bir bakış tarzını teşvik etmesidir. "Yöresel kalkınma" projelerinde bir yöre ne kadar çok "yerel birime" bölünürse ve bu birimlerin kendi içlerinde bütün olmasının yanı sıra daha büyük bir bütünlüğün (bölge, yöre vs) parçası oldukları ve ait oldukları bütünün de daha büyük bir bütünün parçası olduğu (kıta bütününün parçası olarak ülke) göz ardı edilirse, yabancılaşma o denli artırılır. Ve insanlar ne kadar çok yabancılaşmışsa, bölünmeleri ve bölünmüş halde tutulmaları da o kadar kolaydır. Tecrit etmeye yönelik bu eylem biçimleri, ezilenlerin (özellikle kırsal bölgelerde) zaten tecrite dayalı olan hayat tarzını güçlendirdikleri ve başka bölgelerdeki ezilen insanların sorunlarından tecrit ettikleri için[17] ezilenlerin gerçekliği eleştirel olarak algılamasını önler.

---

17. Bu eleştiri elbette ki, diyalektik bir perspektif içinde, yerel topluluğun hem kendinde bir bütünlük hem de daha geniş bir bütünlüğün parçası olduğu anlayışına dayanan eylemleri hedef almıyor. Bu eleştiri, yerel topluluğun gelişmesinin, parçası olduğu genel bağlam dışında, öteki parçalarla etkileşim dışında gerçekleşemeyeceğini kavramayanları hedef alıyor. Bu gereklilik, çokluk içinde birliğin, güç dağılımı yapan örgütün ve gerçekliği dönüştürme gereğinin açıkça idrakinin bilincini içerir. Bu da, anlaşılır nedenlerle, ezenlerin korktuğu bir şeydir.

Aynı bölücü etki, (düzenleyicilerinin bu türden bir amacı olmadığı halde) son tahlilde yabancılaştırıcı etki yapan "eğitim kurslarına" katılan "önder kadrolarda" da görülür. Bu kurslar, önderlerini bilgilendirme yoluyla topluluğun ilerletilebileceği biçimindeki naif bir varsayıma dayanır; sanki bütünü ilerleten parçalarmış ve ilerletilince parçaları ilerleten bütün değilmiş gibi. Bu kurslara seçilecek kadar önderlik yeteneği gösteren topluluk üyeleri tabii ki ait oldukları topluluğun bireylerinin özlemlerini yansıtır ve ifade ederler. Kendilerine önder statüsü veren özel yetenekler gösterseler bile, hayat tarzları ve gerçeklik hakkındaki düşünme biçimleri arkadaşlarınınkilerle uyum içindedir. Kursu tamamlayıp daha önceleri sahip olmadıkları kaynaklarla topluluğa geri döner dönmez, ya bu kaynakları yoldaşlarının boyun eğmiş ve egemenlik altına alınmış bilincini denetim altına almakta kullanırlar ya da kendi topluluklarına yabancı hale gelirler ve önceki önderlik konumları böylece tehlikeye girer. Bu önderlik statüsünü kaybetmemek için muhtemelen topluluğu manipüle etmeyi daha etkili biçimde sürdürme eğiliminde olacaklardır.

Kültürel eylem sadece önderlerine değil, bütünleşmiş ve bütünleştirici bir süreç olarak tüm topluluğa yaklaştığı zaman bunun tam tersi bir süreç meydana gelir. Ya önceki önderler tüm diğerleriyle kaynaşır ya da eskilerin yerini, topluluğun yeni sosyal bilincinin bir sonucu olarak ortaya çıkan yeni önderler alır.

Ezenler bir bütün olarak topluluğu ilerletmeyi değil, seçkin önderlerini geliştirmeyi tercih ederler. Bu yolla yabancılaşma durumu korunur ve bir kamu bilincinin ortaya çıkması ve bütünsel gerçekliğe eleştirel bir müdahale önlenir. Oysa bu eleştirel müdahale olmadan, bir sınıf olarak ezilenlerin birliğini sağlamak daima zordur.

Sınıf çatışması, ezenlerin canını sıkan bir başka kavramdır çünkü kendilerini ezen sınıf olarak görmekten hoşlanmazlar. Ne kadar isteseler de, sosyal sınıfların varlığını inkâr edemiyor olmakla birlikte emek satın alanlar ile emeğini satmak zorunda bırakılanlar[18] arasında anlayış ve uyumun gerekli olduğunu savunurlar. Bununla birlikte, iki sınıf arasında varolan gizlenmesi imkânsız karşıtlık bu "uyum"u imkânsız kılar.[19] Seçkinler, sanki sınıflar tesadüfen bir araya gelmiş ve bir pazar ikindisi bir dükkân vitrininden merakla bakan insan yığınlarıymışçasına, sınıflar arasında uyum çağrısı yaparlar. Hayata geçirilebilir ve sergilenebilir tek uyum, ezenler arasında bulunur. Birbirlerinden ayrılabilmelerine ve grup çıkarları üzerinde bile ara sıra uyuşmazlığa düşmelerine rağmen sınıflarına yönelik bir tehdit olduğunda derhal birleşirler. Aynı şekilde, ezilenlerin uyumu da sadece ezilen sınıfın üyeleri özgürleşme

---

18. Piskopos Franic Spilt, bu noktayı ayrıntılı olarak şöyle ele alır: "İşçiler bir şekilde kendi emeklerinin sahibi haline gelmezlerse, her tür yapısal reform etkisiz kalacaktır. Bu, işçiler bir ekonomik sistemde daha yüksek ücret aldıkları fakat bununla yetinmedikleri zaman da doğrudur. İşçiler emeklerinin sahibi olmak isterler, satıcısı değil... Şu anda işçiler giderek artan ölçüde, emeğin insan kişiliğinin bir parçası olduğunu idrak ediyorlar. Ama bir kişi ne satın alınabilir ne de kendini satabilir. Her tür emek alım satımı ya da satışı, köleliğin bir biçimidir. İnsan toplumunun evrimi, bu bakımdan insan onuru sorununa bizimkinden çok daha az duyarlı olduğu söylenen bir sistem içinde, yani Marksizmde, apaçık ilerlemektedir". *"15 Obispos hablan enprol del Tercer Mundo"*. CIDOC Informa, (Meksiko, 1967), Belge 67/35, s. 1-11.

19. Sosyal sınıflar ve sosyal sınıflar arasındaki (Karl Marx'ın sık sık mucidi olmakla suçlandığı) mücadele konusunda bkz. Marx'ın J. Weydemeyer'e 1 Mart 1852 tarihli mektubu: "... Bana gelince, modern toplumdaki ne sınıfların ne de sınıflar arasındaki mücadelenin varlığını keşfetmiş olmanın şerefi bana ait değildir. Benden çok önce burjuva tarihçiler, sınıfların bu mücadelesinin tarihsel gelişmesini, burjuva ekonomistler de sınıfların ekonomik anatomisini betimlemişlerdi. Benim yaptığım yenilik, şunları katmış olmaktır: 1) Sınıfların varlığının sadece üretimin belirli tarihsel gelişim mücadelelerine bağlı olduğu; 2) Sınıf mücadelesinin zorunlu olarak proletarya diktatörlüğüne gittiği; 3) Bu diktatörlüğün ise sadece tüm sınıfların ortadan kalkmasına ve sınıfsız topluma geçiş aşamasını oluşturduğu." Karl Marx ve Friedrich Engels, *Selected Works* (Seçme Eserler), (New York, 1968), s.679. [*Karl Marx in Selbstzeugnissen und Bilddokumenten*, derleyen: Werner Blumenberg, Rowohlts Monographien 76, Reinbek 1962, s.75.]

mücadelesine girdiği zaman mümkündür. Her iki sınıfın birleşmesi ve uyum içinde davranması ancak istisnai durumlarda hem mümkün hem de gereklidir. Ama onları birleştiren acil durum ortadan kalkar kalkmaz, varoluşlarını belirleyen ve aslında hiç de ortadan kalkmış olmayan çelişkilere geri döneceklerdir.

Egemen sınıfın tüm eylemleri, bu sınıfın, ezen konumunu korumayı kolaylaştırmak üzere ötekileri bölmek zorunda olduğunu gösterir. Egemenlik altındaki sınıfların belirli "temsilcileri"ni teşvik ederek sendikalara müdahale etmeleri (bu temsilciler aslında ezenleri temsil ederler, kendi yoldaşlarını değil), önderlik niteliklerini taşıyan ve bu bakımdan "teskin" edilmezlerse bir tehlike oluşturabilecek kişileri terfi ettirmeleri, az sayıdaki insana yardım, diğerlerine de cezalar dağıtmaları; bütün bunlar seçkinlerin lehine bir sistemi korumak üzere ezilenleri bölme yollarıdır. Bunlar, ezilenlerin zayıf noktalarından birini –temel güvensizliklerini–, doğrudan veya dolaylı olarak sömüren eylem biçimleridir. Ezilenler, içlerinde ezenleri "barındıran" ikiye bölünmüş varlıklar olarak güvensizdirler, bir yandan içlerindeki bu ezene direnirler; öte yandan, ilişkilerinin belirli bir aşamasında bu ezenin çekiciliğine kapılırlar. Bu koşullar altında, ezenler, bölücü eylemlerinden kolayca olumlu sonuç alırlar.

Ayrıca, ezilenlerin, bir sınıf olarak birliklerini önlemek için yapılacak bir "teklifi" geri çevirmenin bedelini tecrübeyle bilirler: İşlerini kaybetmek ve başka işe girmelerini önleyecek bir "kara liste"de adlarını bulmak, olabileceklerin en azıdır. Böylelikle ezilenlerin temel güvensizliği, doğrudan doğruya emeklerinin köleliğiyle bağlantılıdır (ve bu da Piskopos Spilt'in vurguladığı gibi gerçekte kişilerin köleliği anlamına gelir).

İnsan, dünyasını (ki insanı bir dünyadır) yarattığı ve bunu dönüştürücü emeğiyle yarattığı ölçüde tatmin bulur. O halde, insanın tatmini/kendini gerçekleştirmesi dünyanın gerçekleşmesinden geçer. Fakat çalışma dünyasında var olmak tamamen bağımlı, güvensiz ve sürekli tehdit altında olmaksa –eğer işleri kendilerine ait değilse– insanlar tatmin olamazlar. Özgür olmayan iş tatmin edici bir uğraş olmaktan çıkar ve insandışılaşmanın aracı haline gelir.

Ezilenlerin birlik yönündeki her kımıldanışı, yeni eylemlerin bir belirtisidir; er ya da geç ezilenlerin kişiliksizleşme konumlarını kavrayacakları ve bölündükleri sürece yönlendirilmesi ve egemenlik altına alınması kolay bir av olacaklarını keşfedecekleri anlamına gelir. Birlik ve örgütlenme, ezilenlerin zayıflıklarını, dünyayı yeniden yaratabilecekleri ve daha insani kılabilecekleri bir dönüştürücü güç haline getirmelerine katkıda bulunabilir.[20] Bununla birlikte ezilenlerin gayet haklı olarak özlemini çektikleri daha insani bir dünya, ezenlerin "insani dünya"sının antitezidir; ezenlerin dünyası sadece ezenlerin mülkiyetindedir ve (insandışılaştıran) ezenler kendileriyle (insandışılaştırılan) ezilenler arasında olması imkânsız bir uyumu savunurlar; oysa ezenler ve ezilenler birbirinin antitezi olduklarından, bir grubun çıkarlarına hizmet eden şey, ötekinin çıkarlarına ters düşer.

O halde, statükoyu korumak üzere ötekileri bölmek, zorunlu olarak diyalog karşıtı eylem kuramının temel bir hedefidir. Ayrıca, egemenler kendilerini, insandışılaştırdıkları ve böldükleri insanların kurtarıcısı olarak sunmaya çalışırlar. Bununla birlikte bu mesihçilik oyunu, gerçek niyetlerinin kendilerini kurtarmak olduğunu gizleyemez. Kendi zenginliklerini, iktidarlarını, kendi hayat tarzlarını,

---

20. Bu nedenle, tarım işçisi köylüleri, kentli işçilerden tecrit edilmiş halde tutmak, tıpkı bu iki grubu öğrencilerden tecrit edilmiş halde tutmak gibi, ezenler için vazgeçilmezdir. Öğrencilerin isyanının sunduğu örnek (sosyolojik olarak bir sınıf oluşturmadıkları halde) onları, halkla birleşmeleri halinde tehlikeli kılar. Bu yüzden alt sınıfların, öğrencilerin sorumsuz ve düzene karşı olduklarına, öğrencilerin sunduğu örneğin yanlış olduğuna çünkü öğrenciler olarak, tıpkı fabrika işçilerinin ve köylülerin "ülkenin ilerlemesi" için çalışmaları gerektiği gibi derslerine çalışmaları gerektiğine ikna edilmesi gerekir.

yani ötekileri boyunduruk altına almaya imkân sağlayan şeyleri kurtarmak isterler. Yanılgıları ise, insanların ne bireyler ne de ezen bir sınıf olarak, kendi kendilerini *kurtaramayacak* olmalarıdır ("kurtuluş"tan ne anlaşılırsa anlaşılsın). Kurtuluş ancak ötekilerle *birlikte* başarılabilir. Ancak seçkinler ezdikleri ölçüde, ezilenlerle *birlikte* olamazlar; ezilenlere karşı olmak, ezmenin özüdür.

Ezenlerin eyleminin psikanalizi yapılacak olsa, herhalde, (1. Bölüm'de betimlendiği şekliyle) "sahte iyilikseverliğin" ezenlerin suçluluk duygusunun bir boyutu olduğunu gösterirdi. Ezen kişi, bu sahte iyilikseverlikle sadece adaletsiz ve ölümsever bir düzeni korumaya değil, ayrıca kendisi için huzur "satın almaya" çalışır. Oysa huzur satın alınamaz; huzur, ezen konumda vücut bulamayan dayanışma ve sevgi edimlerinde yaşanır. Bu nedenle diyalog karşıtı eylem kuramının kurtarıcılık öğesi, bu eylemin ilk özelliğini pekiştirir: Boyun eğdirme gerekliliğini.

Statükoyu ve böylece egemenlerin iktidarını korumak için halkı bölmek gerektiğinden ezilenlerin, ezenlerin stratejisini kavramasını önlemek belirleyici önem taşır. Böylece ezenler, ezilenleri "toplumdışıların, kavgacı serserilerin ve Tanrı düşmanlarının" (insanın insanlaşmasına cesaretle yönelmeyi yaşamış olan ve halen yaşayan insanlara böylesi yaftalar takarlar) şeytani eylemlerine karşı "savunduklarına" inandırmalıdırlar. Halkı bölmek ve kafa karıştırmak için yıkıcılar kendilerine yapıcı der ve gerçek yapıcıları yıkıcı olmakla suçlarlar. Bununla birlikte tarih daima bu tanımları düzeltme işini üstlenegelmiştir. Günümüzde resmi terminoloji Tiradentes'i* bir komplocu ("inconfidente"), Tiradentes'in önderlik ettiği özgürlük hareketini de komp-

---

* Tiradentes, Brezilya'nın Portekiz'den ayrılıp bağımsız olmasını amaçlayan ve Minas Gerais eyaletinde Ouro Prêto'da 1789'da kalkışılan başarısız bir isyanın önderiydi. Bu hareket tarihsel olarak Inconfidencia Mineira (Küçük Komplo) adıyla anılır. (ç.n.)

lo ("inconfidencia") olarak nitelemeye devam ettiği halde, ulusal kahraman, Tiradentes'e "haydut" diyen, onu astıran ve cesedini kestirip parçalara ayırtan, bu kanlı parçaları ibret olsun diye yöredeki köylerin sokaklarına attıran adam* değildir. Kahraman, Tiradentes'tir. Tarih Tiradentes'e seçkinlerin verdiği "unvanı" yırtmış ve onun eylemini gerçekte olduğu gibi tanımıştır. Kahramanlar, yaşadığı dönemde özgürleşme için birlik arayışında olanlardır; iktidarlarını, bölmek ve yönetmek için kullananlar değil.

Manipülasyon

Manipülasyon, diyalog karşıtı eylem kuramının bir başka boyutudur; tıpkı bölme stratejisi gibi o da boyun eğdirmenin, yani kuramın bütün boyutlarının çevresinde döndüğü hedefin bir aracıdır. Manipülasyon aracıyla egemen seçkinler kitleleri, kendi hedeflerine uyumlu kılmaya çalışırlar. Ve (kırsal kesimde veya kentte) bu insanların siyasi olgunlaşmamışlığı ne kadar büyükse, iktidarını kaybetmek istemeyenler tarafından manipüle edilebilmeleri de o kadar kolaydır.

Halk bu bölümde daha önce betimlendiği gibi birçok mit kullanılarak manipüle edilir. Fakat bir mit daha vardır: Burjuvazinin halka yükselme yolu olarak kendisini model olarak sunması. Bununla birlikte bu mitlerin iş görmesi için halkın burjuvazinin sözünü kabul etmesi şarttır.

Belirli tarihi koşullar altında manipülasyon, egemen sınıf(lar) ile egemenlik altındaki sınıflar arasındaki anlaşmalar yoluyla başarılır. Bu anlaşmalar yüzeysel değerlendirildiklerinde, sınıflar arasında bir diyalog izlenimi verebilirler. Ama aslında gerçek hedefleri, egemen seçkinlerin apaçık çıkarıyla belirlendiği için bu anlaşmalar diyalog de-

* Bu kişinin adı Visconde de Barbacena'ydı. Bölgenin kraliyet idarecisiydi. (ç.n.)

ğildir. Son tahlilde bu anlaşmalar egemenlerin kendi emellerine ulaşması için kullanılır.[21] Halkın, "ulusal kapitalizm" denen şeyin savunulması için "ulusal burjuvazi" denenlere verdiği destek bu konunun örneğidir. Bu anlaşmalar er geç halkın boyunduruğunu güçlendirir. Bu anlaşmalar ancak halk (naifçe bile olsa) tarihsel süreçten ortaya çıkmaya başladığı ve bu ortaya çıkış egemen seçkinleri tehdit ettiği zaman önerilir. Halkın tarihi süreçteki varlığı, artık seyircilikten ibaret kalmaz, saldırganlığın ilk işaretlerini de taşır hale geldiğinde, bu olgu, egemen seçkinlerde, manipülasyon taktiklerini iki katına çıkarmalarına yol açacak bir huzursuzluk yaratmaya yeterlidir.

Bu tarihi aşamada manipülasyon, egemenliğin korunmasının temel bir aracı haline gelir. Halkın sahneye çıkmasından önce (işin aslına bakarsak) manipülasyon yoktur, sadece mutlak ezme vardır. Ezilenler hemen hemen tamamen gerçekliğe gömülmüş durumdaysa onları manipüle etmenin gereği yoktur. Diyalog karşıtı eylem kuramında manipülasyon, tarihi sürecin yeni somut koşullarına ezenlerin verdiği karşılıktır. Manipülasyon yoluyla egemen seçkinler halkı gerçek olmayan türden bir "örgütlenme"ye yöneltebilir ve böylece kendilerini tehdit eden alternatifi, yani ortaya çıkmış ve ortaya çıkmaktaki halkın gerçek örgütlenmesini önleyebilirler.[22] Tarihi sürece girerken halkın önünde iki imkân vardır: Ya özgürleşmek üzere gerçek

---

21. Anlaşmalar kitleler için ancak sürdürülen veya henüz girişilecek olan eylemin hedeflerinin kendi kararlarına tabi olması halinde geçerli olurlar (bu durumda da artık anlaşma değildir).

22. Manipülasyon edimlerinin sonucu olan "örgütlenme"de halk –salt yönlendirilen nesne olarak– manipülatörlerin hedeflerine uyumlu kılınır. Gerçek örgütlenmenin çerçevesinde ise bireyler örgütlenme sürecinde etkindirler ve örgütlenmenin hedefleri başkaları tarafından dayatılmaz. Birinci durumda örgütlenme "kitleleştirme"nin bir aracıdır, ikinci durumda ise özgürleşmenin bir aracıdır. (Brezilya siyasi terminolojisinde "kitleleştirme", halkı manipüle edilebilir ve düşünmekten yoksun yığın haline indirgeme sürecidir –ç.n.).

Paulo Freire

tarzda örgütlenmek zorundadır ya da seçkinler tarafından manipüle edilecektir. Gerçek örgütlenme süreci tabii ki egemenlerin tutumuyla uyarılmayacaktır; bu, devrimci önderlerin görevidir.

Bununla birlikte, özellikle ülkenin daha sanayileşmiş merkezlerinde büyük ezilen grupları, kent proletaryası oluşturur. Bu kesimler ara sıra kımıldansalar da, devrimci bilinçten yoksundurlar ve kendilerini imtiyazlı sayarlar. Burada manipülasyon, çok çeşitli aldatmacaları ve vaatleriyle genellikle verimli bir ortam bulur. Manipülasyonun karşı kutbu, halka tarihi süreç içindeki konumunu, yani ulusal gerçekliği ve manipülasyonun kendisini problem olarak ifade eden eleştirel bilinçli devrimci örgüttür. Francisco Weffert'ın deyişiyle:

Solun tüm politikası kitleler üzerine kurulmuştur ve kitlelerin bilincine bağlıdır. Eğer bu bilinç bocalarsa, sol köklerini kaybeder ve çöküş kesinlikle kaçınılmaz olur. Sol, (Brezilya örneğinde olduğu gibi) kestirme yoldan iktidara yönelerek, devrimi gerçekleştirebileceği düşüncesine kapılsa bile.[23]

Bir manipülasyon durumunda sol, hemen hemen her zaman "kestirme yoldan iktidara gelme"nin çekiciliğine kapılır, bir örgütü oluşturmak için ezilenlerle birleşmenin gereğini unutur ve egemen seçkinlerle gerçekleşmesi imkânsız bir "diyalog"a girmeye kalkar. Sonunda da bu seçkinler tarafından manipüle edilme noktasına gelir ve "gerçekçilik" denen seçkinci bir oyuna düştüğü de ender görülen şey değildir.

Manipülasyon, tıpkı amaçlarına hizmet ettiği boyun eğdirme gibi halkı düşünemez hale gelinceye kadar uyuşturmaya çalışır. Çünkü tarihi süreç içindeki varlığına bu

23. Francisco Weffert. "Political de massas". *Politico e Revolução Social no Brasil* (Rio de Janeiro 1967), s.187.

süreç hakkındaki eleştirel düşünmeyi de eklediğinde, halkın oluşturduğu tehdit, bir devrimde tamamlanır. Bu doğru düşünme, ister "devrimci bilinç" ister "sınıf bilinci" densin, devrimin olmazsa olmaz bir önkoşuludur. Egemen seçkinler bu olgunun öylesine farkındadırlar ki halkı düşünmekten alıkoymak için fiziki şiddet dahil her türlü aracı içgüdüsel olarak kullanırlar. Diyaloğun eleştiri yeteneğini geliştirebilme özelliğini gayet keskin bir sezgiyle kavrarlar. Bazı devrimci önderler halkla diyaloğu "burjuvaca ve gerici" bir faaliyet olarak görürken, burjuvazi ezilenler ile devrimci önderler arasındaki diyaloğu önlenmesi gereken son derece gerçek bir tehlike olarak görür.

Manipülasyon yöntemlerinden biri, bireylere burjuvaca bir kişisel başarı hırsını aşılamaktır. Bu manipülasyon bazen doğrudan doğruya seçkinler tarafından gerçekleştirilir, bazen dolaylı yoldan, popülist önderler aracılığıyla. Weffert'ın vurguladığı gibi bu önderler oligarşik seçkinler ve halk arasında aracı işlevini görürler. Böylelikle, popülizmin bir siyasi eylem tarzı olarak ortaya çıkış nedeni, zorunlu olarak, ezilenlerin ortaya çıkışına denk düşer. Bu süreçte ortaya çıkan popülist önder ikiye bölünmüş bir varlıktır; iki ortamda birden yaşayan bir "amfibi"dir. Halk ve egemen oligarşiler arasında sarkaç misali gidip gelir ve her iki grubun da damgasını taşır.

Popülist önder gerçek halk örgütü için mücadele etmek yerine, sadece manipüle ettiği için bu tip önderlerin devrime yararı pek azdır ya da hiç yoktur. Ancak bu ikili niteliğini ve ikili eylemini terk ederek ve kararlılıkla halk safını seçerse (böylece popülist olmaktan çıkar) manipülasyondan kurtulabilir ve kendini devrimci örgütlenme görevine adayabilir. Bu noktada halk ve seçkinler arasında aracı olmayı bırakır ve seçkinlerin karşıtı haline gelir. Bunun üzerine seçkinler derhal onu ortadan kaldırmak üzere harekete geçeceklerdir. Getulio Vargas'ın* devlet başkanlığının son döneminde 1 Mayıs töreninde işçilere hitap ederken kullandığı dramatik ve nihayet gayet net anlamlı kavramlara dikkat edin:

> Size, benim başkanlığımdaki yönetimin başlattığı muazzam yeniden yapılanma eserinin, işçilerin desteği ve her günkü, usanmaz işbirliği olmaksızın başarıyla tamamlanamayacağını söylemek istiyorum.[24]

Vargas sonra görevdeki ilk doksan gününden söz etti, "orada burada hükümetin eylemlerine direniş halinde ortaya çıkarılan güçlüklerin ve engellerin değerlendirmesini" yaptı. Halka, "çaresizliği, sefaleti, aşırı hayat pahalılığını, ücretlerin düşüklüğünü... talihsizlerin çaresizliğini ve daha iyi günler umuduyla yaşayan çoğunluğun talepleri"ni ne kadar derinden hissettiğini dolaysızca anlattı.

Sonra işçilere çağrısı daha nesnel bir ton aldı:

> Buraya, yönetimin elinde şu anda halkın ekonomisini dolaysız eylemlerle savunacak yasalar ya da somut araçlar bulunmadığını söylemeye geldim. Bu yüzden, halkın örgütlenmesi gerekmektedir; sadece kendi çıkarlarını savunmak için değil, ayrıca hükümete hedeflerine ulaşabilmesi için gerekli destek temelini de sağlamak için... Sizin birliğinize ihtiyacım var. Dayanışma içinde, sendikalarda örgütlenmenize muhtacım. Hükümetin yanında tavır alacak güçlü ve bölünmez bir blok oluşturmanıza ihtiyacım var; hükümetin, sorunlarınızı çözmek için gereksindiği tüm güce sahip olması için. Sabotajcılarla mücadele edebilmeniz, spekülatörlerin ve açgözlü haydutların çıkarlarına kurban olmamanız, halkın çıkarlarının zarar görmemesi için birliğinize ihtiyacım

* Getulio Vargas, 1930'da Brezilya Devlet Başkanı Washington Luis'i iktidardan indiren devrime önderlik etti. 1945'e kadar diktatör olarak iktidarda kaldı. 1950'de seçimle başkan olarak iktidara döndü. 1954 Ağustosunda muhalefet kendisini iktidardan uzaklaştırmak üzereyken intihar etti. (ç.n.)
24. Vasco da Gama Stadyumu'nda 1 Mayıs 1950'de yaptığı konuşma. *O Governo Trabalhista no Brasil* (Rio), s. 322-324.

var... işçilere seslenmenin zamanı gelmiştir: Özgür ve örgütlü güçler olarak sendikalarınızda birleşin... Halihazırda, işçi örgütlerinin desteği olmadan hiçbir yönetim hayatta kalamaz ve sosyal hedeflerine ulaşmaya yetecek güce sahip olamaz.[25]

Kısacası, Vargas bu konuşmada örgütlenmesi ve haklarını savunmak üzere birleşmesi için halka gayet keskin bir çağrı yaptı ve devlet başkanı olarak onlara hükümet karşısındaki engelleri, direnişi ve sayısız güçlükleri anlattı. Bu andan itibaren Vargas yönetimi, 1954 Ağustosundaki trajik sonuna kadar giderek daha fazla güçlükle karşılaştı. Vargas görevinin son döneminde halkın örgütlenmesini bu kadar çok yüreklendirmeseydi –bu tavrı ulusal çıkarların savunulması için gerekli bir dizi önlemle bağlantılıydı– gerici seçkinler, aşırı önlemleri muhtemelen almayacaklardı.

Halka oligarşilerin bir aracısının yapacağından (ne kadar ihtiyatlı da olsa) farklı bir tarzda yaklaşan her popülist önder, –güçleri onu durdurmaya yetiyorsa– oligarşiler tarafından ortadan kaldırılacaktır. Fakat önder kendini vesayetçilikle ve sosyal refah faaliyetleriyle sınırlarsa, bu önder ile çıkarlarına dokunulan oligarşi grupları arasında ara sıra görüş ayrılıkları çıksa bile, derin ayrılıklar pek ender görülür. Bunun nedeni, sosyal refah programlarının, manipülasyonun araçları olarak –sonuçta– boyun eğdirme amacına hizmet etmesidir. Bunlar uyuşturucu etki yapar ve ezilenlerin ilgisini, sorunlarının gerçek nedenlerinden ve bu sorunların somut çözümünden uzaklaştırır. Ezilenleri, kendileri için biraz daha fazla yardım elde etmeyi uman birey gruplarına böler. Bununla birlikte bu durum olumlu bir öğe de içerir: Yardım alan bireyler gittikçe daha fazlasını ister; yardım almayanlar, yardım alanların durumuna bakıp hasede kapılırlar ve onlar da yardım almak ister. Egemen seçkinler herkese "yardım" veremeyeceği için ezilenlerin huzursuzluğu artar.

---

25. A.g.e., altını ben çizdim.

Devrimci önderler, manipülasyonun çelişkilerinden – ezilenleri bu yoldan örgütleme hedefiyle–, onu ezilenlere bir problem olarak tanımlamak üzere yararlanmalıdırlar.

Kültürel İstila

Diyalog karşıtı eylem kuramının son bir temel özelliği, kültürel istiladır. Bu da tıpkı bölücü taktikler ve manipülasyon gibi boyun eğdirmenin hedeflerine hizmet eder. Bu olguda, istilacılar bir başka grubun kültürel bağlamına bu grubun potansiyellerine saygı göstermeksizin sızarlar. İstila ettikleri gruba, dünyaya kendi bakışlarını dayatırlar ve ifade imkânlarını felce uğratarak, istila edilenlerin yaratıcılığına ket vururlar.

İster güler yüzle ister kaba saba gerçekleşsin, kültürel istila her zaman istilaya uğrayan kültürün özgünlüklerini kaybeden veya kaybetme tehlikesiyle karşı karşıya bulunan insanlarına karşı bir şiddet edimidir. Kültürel istila boyunca (diyalog karşıtı eylemin tüm biçimlerinde olduğu gibi) istilacılar sürecin hem yazarları hem oyuncularıdır. İstila ettikleri ise nesnelerdir. İstilacılar biçimlendirir; istila edilenler biçimlendirilir. İstilacılar seçer; istilaya uğrayanlar bu seçime uyar veya uymaları beklenir. İstilacılar yapar; istilaya uğrayanlar sadece istilacıların eylemi yoluyla yaptıkları yanılsaması içindedirler.

Her tür egemenlik istilayı içerir; bazen fiziki ve açık biçimde bazen de yardım eden dost rolünü oynayarak kamuflaj içinde. Son tahlilde istila, ekonomik ve kültürel egemenliğin bir biçimidir. İstila bir metropol toplum tarafından bağımlı bir topluma uygulanabilir veya aynı toplum içindeki bir sınıfın bir başka sınıf üzerindeki egemenliğine ilişkin olabilir.

Kültürel boyun eğdirme, saldırıya uğrayanların kültürel özgünlüğünü yitirmesine yol açar; saldırıya uğrayanlar zamanla istilacıların değerlerini, normlarını ve hedeflerini benimserler. Egemen olma, diğerlerini kendi görünüşlerine ve yaşama tarzlarına göre biçimlendirme tutkusu içindeki istilacılar, saldırdıkları insanların gerçekliği nasıl kavradıklarını bilmek isterler; çünkü ancak bu şekilde daha etkin biçimde egemen olabilirler.[26] Kültürel istila açısından, istilaya uğrayanların gerçekliği kendi gözleriyle değil, istilacıların gözleriyle görmeyi öğrenmeleri temel önem taşır. Bunlar istilacıları ne kadar fazla taklit ederlerse, istilacıların konumu da o kadar istikrarlı hale gelir.

Kültürel istilanın başarısı için, istilaya uğrayanların mutlak şekilde daha zayıf olduklarına ikna edilmeleri şarttır. Her şey karşıtını da içinde barındırdığından, istilaya uğrayanlar kendilerini değersiz saydıkları ölçüde, zorunlu olarak istilacıların üstünlüğünü de tanımak durumunda kalırlar. Böylece istilacıların değerleri istilaya uğrayanlar tarafından örnek alınmaya başlar. İstila ne kadar keskin vurgulanıyorsa, istilaya uğrayanlar kendi kültürlerinin ruhuna ve kendilerine ne kadar çok yabancılaşırlarsa, istilacılara o kadar çok benzemek, onlar gibi yürümek, onlar gibi giyinmek, onlar gibi konuşmak isterler.

İstilaya uğramış kişinin sosyal *beni*, her sosyal *ben* gibi sosyal yapının sosyokültürel ilişkileriyle biçimlenir; ve bu nedenle istilaya uğramış kültürün ikiliğini yansıtır. Bu ikilik, (daha önce açıklanmıştı) istilaya uğramış ve egemen olunmuş bireylerin, varoluşsal tecrübelerinin belirli bir ânında niçin ezen *sen* ile neredeyse "aynılaştığını" açıklar. Ezilen *ben*, ezen *sen* ile böyle neredeyse aynı hale gelmekten kopmak, onu daha nesnel görebilmek için ondan geri çekilmek zorundadır; böylece kendini eleştirel bir şekilde

---

26. Bu amaçla istilacılar, eylemlerini düzeltmek ve daha incelikli kılmak için, sosyal bilimleri ve teknolojiyi, giderek daha fazla ve bir ölçüde de doğa bilimlerini kullanırlar. İstilacılar, istila ettikleri insanların geleceğini belirleyen alternatifleri keşfetmek için mutlaka onların geçmiş ve bugünlerini tanımak ve bu şekilde de bu geleceğin gelişimini kendi yararlarına yönlendirmek zorundadırlar.

Paulo Freire

ezen ile çelişki içinde idrak eder. Bu arada da, içinde ezildiği yapıyı insandışılaştırıcı bir gerçeklik olarak "düşünür". Dünyanın kavranışındaki bu niteliksel değişim sadece praksis içinde başarılabilir.

Kültürel istila, egemenliğin kısmen *aracıdır*, kısmen de *sonucu*. O halde egemenlik niteliğindeki kültürel eylem (diyalog karşıtı eylemin öteki biçimleri gibi), kasıtlı ve planlanmış olmasına ek olarak, bir başka ifadeyle ezen bir gerçekliğin ürünüdür.

Mesela, katı ve ezen bir sosyal yapı, bu yapı içindeki çocuk yetiştirme ve eğitim kurumlarını zorunlu olarak belirler. Bu kurumlar eylemlerini yapının tarzına göre biçimlendirir ve yapının mitlerini aktarırlar. Evler ve okullar (anaokulundan üniversiteye) soyut olarak değil, zaman ve mekân içinde var olurlar. Ve egemenlik yapıları içinde büyük ölçüde, geleceğin istilacılarını hazırlayan taşıyıcılar olarak işlev görürler.

Evdeki ana, baba, çocuk ilişkisi, genellikle evi kuşatan sosyal yapının nesnel kültürel koşullarını yansıtır. Eğer aile evini belirleyen koşullar otoriter, sert ve buyurgan ise, aile evi baskı iklimini şiddetlendirecektir.[27] Ana babalar ve çocuklar arasındaki otoriter ilişkilerin artmasıyla, çocuklar çocukluk dönemlerinde ana baba otoritesini giderek daha fazla içselleştirirler.

---

27. Gençler, ana baba ve öğretmenlerin otoritesini giderek artan ölçüde kendi özgürlüklerine düşman görüyorlar. Bu nedenle, kendi dışavurum yeteneklerini asgariye indiren ve özgüvenlerini engelleyen eylem biçimlerine giderek daha çok direniyorlar. Bu gayet olumlu olgu tesadüfi değil, tarihsel dönemimizi (1. Bölüm'de de belirtildiği gibi) antropolojik bir çağ olarak niteleyen tarihsel iklimin bir belirtisidir. Bu nedenle de (bunu yapmaktan kişisel çıkarınız yoksa) gençliğin ayaklanmasını kuşaklar arasındaki geleneksel farklılığın bir örneğinden ibaret saymak mümkün değildir. Burada daha derin bir şey söz konusu. Ayaklanan gençler haksızlık üreten egemenlik toplumu modelini lanetliyorlar. Bununla birlikte kendi özel boyutuna sahip bu ayaklanma, haliyle henüz çok gençtir. Toplum doğası bakımından otoriter nitelikte olmayı sürdürür.

Bununla birlikte çözülmeli.

Fromm (kendisine özgü açıklıkla) –ister aile evinde (ilgisizlik ve baskı veya sevgi ve özgürlük ortamındaki ana, baba, çocuk ilişkisi) isterse bir sosyokültürel ortamda olsun– bir durumu ortaya çıkaran nesnel koşulları analiz eder ve bu arada da ölümseverlik ve yaşamseverlik problemini tanımlar. Çocuklar bir sevgisizlik ve baskı ortamında yetiştirildilerse, özgüçleri bastırılmışsa ve çocuklukları sırasında gerçek isyan yoluna giremezlerse, ya tamamen kayıtsızlığa sürüklenirler –otoriteler ve otoritelerin onları "biçimlendirmek"te kullandıkları mitlerle gerçekliğe yabancılaşırlar– ya da yıkıcı eylem biçimlerine katılabilirler.

Evdeki hava okulda da devam eder; öğrenciler (tıpkı evdeki gibi) doyum sağlamak için kendilerine yukarıdan dayatılmış kuralları benimsemek zorunda olduklarını kısa sürede keşfederler. Bu kurallardan biri, düşünmemektir.

Bu genç insanlar, katı ilişki yapısı yüzünden okulda daha da pekiştirilen ataerkil otoriteyi içselleştirirler ve meslek sahibi olduklarında (bu ilişkilerin zihinlerine işlediği özgürlük korkusu yüzünden) yanlış eğitilmelerine yol açan katı biçimleri tekrar etme eğilimindedirler. Belki de sınıf konumlarının yanı sıra bu olgu niçin bu kadar çok yetişkin uzmanın diyalog karşıtı eylemi benimsediğini açıklar.[28] Halkla hangi uzmanlıkları dolayımıyla yüz yüze gelirlerse gelsinler, görevlerinin halka, kendilerindeki bilgi ve teknikleri "vermek" olduğuna neredeyse sarsılmaz bir inanç beslerler. Kendilerini insanların "geliştiricisi" olarak görürler. Eylem programları (ezen eylemin herhangi bir nitelikli kuramcısı tarafından hazırlanmış bile olsa) kendi hedeflerini, kendi inançlarını ve kendi düşüncelerini kapsar. Halkı dinlemek yerine ona, "azgelişmişliği yaratan tembellikten"

28. Bu belki, devrimci göreve inanmış oldukları halde halka güvensizliği sürdüren ve halkla bütünleşmekten korkan kişilerin diyalog karşıtı davranışını açıklar. Böylesi kişiler ezeni bilinçsizce içlerinde yaşatırlar. Ve efendiyi "barındırdıkları" için de özgürlükten korkarlar.

nasıl "kurtulabileceklerini" öğretme yollarını tasarlarlar. Bu uzmanlara, o halkın "dünyaya bakışı"na saygı duyma gereği saçma görünür; "dünyaya bakış", uzmanlarda bulunur çünkü. Aynı şekilde, bir eğitim eyleminin program içeriğini organize etmek için ille de doğrudan doğruya o insanlara danışılması gereğini de saçma bulurlar. Halkın cehaletini o kadar mutlak sayarlar ki onların, uzmanların öğrettiklerini almaktan başka bir şeye yetenekleri olabileceğine inanamazlar.

Ancak varoluşsal tecrübelerinin belirli bir noktasında, istilaya uğramış olanlar (daha önceleri bir aşamasında belki de uymuş oldukları) bu istilaya her bakımdan karşı koyarlarsa uzmanlar, başarısızlıklarını mazur göstermek için istilaya uğramış grubun üyelerinin "aşağı" olduklarını; çünkü "saplantılı", "beceriksiz", "hastalıklı" veya "kanı bozuk" olduklarını söylerler.

İyi niyetli uzmanlar ("istila"yı kasten ideoloji olarak değil kendi eğitimlerinin dışavurumu olarak kullananlar) sonunda kendi eğitimsel başarısızlıklarının "sokaktaki sade vatandaşın" içsel değersizliğine değil, kendi istila edimlerinin şiddetine atfedilmesi gerektiğini keşfederler. Bu keşifte bulunanlar zor bir seçimle karşı karşıya kalırlar; istilayı kınama gereği duyarlar fakat egemenlik biçimleri içlerine öylesine yerleşmiştir ki, bu reddediş kendi kimliklerini tehdit eder. İstilaya karşı çıkmak, egemen olunan ve egemen olanlar arasındaki ikiye bölünmüşlük durumunu sona erdirmek ile eşanlamlı olurdu. İstilayı besleyen tüm mitleri ortadan kaldırmak diyalogcu eylemi başlatmak demek olurdu. Tam da bu nedenle, (yoldaşlar olarak) iç içe olmak için (yabancılar olarak) *üzerinde* veya *içinde* olmaktan vazgeçmek anlamına gelirdi. Oysa bu yapılmadığından bu insanları özgürlük korkusu kaplar. Bu sarsıntılı süreç boyunca, doğal olarak bir dizi kaçamakla, korkularını rasyonalize etme eğilimindedirler.

Özgürlük korkusu, eylemlerinin istilacı niteliğini henüz keşfetmemiş ama kendilerine eylemlerinin insandışılaştırıcı olduğu söylenen uzmanlarda daha da büyüktür. Özellikle somut durumların kodlarının çözülmesi noktasında, eğitim kursuna katılanların koordinatöre tedirginlikle şunu sormasına hiç de az rastlanmıyor: "Bizi nereye sürüklemeye çalışıyorsun?" Oysa koordinatör onları herhangi bir yere "sürüklemeye" çalışmamaktadır. Sadece, somut bir durumla bir problem olarak yüz yüze gelmeye çalışırken, kursa katılanlar, bu durum hakkındaki analizleri derinleştiğinde ya mitlerinden arınmak ya da bu mitleri yeniden onaylamak zorunda olduklarını anlamaya başlarlar. Kendini mitlerinden arındırmak ve mitlerinden vazgeçmek, bu noktada kendini yıpratmak olurdu. Öte yandan, bu mitleri yeniden onaylamak, kendini ele vermek anlamına gelirdi. (Savunma mekanizması olarak iş gören) tek yol, kendi alışılagelmiş uygulamalarını koordinatöre yansıtmaktır: *Manipülasyon, boyun eğdirme / fetih ve istila.*[29]

Bu mesafe koyma tavrı, daha küçük ölçekte olsa da somut baskı durumunda bunalmış ve yardım mekanizmasıyla evcilleştirilmiş halktan insanlar arasında da meydana gelir. New York kentinde Robert Fox'un koordinatörlüğünde değerli bir eğitim programı uygulayan "Full Circle"[30] öğretmenlerinden biri şu olayı anlatır: New York'un bir gettosundaki bir gruba, köşe başında koca bir çöp yığınını gösteren bir kodlanmış durum sunulmuştu; grubun toplantı yaptığı sokaktı bu. Katılanlardan biri önce, "Bir Afrika ya da Latin Amerika sokağı görüyorum" dedi. Öğretmen, "Niçin New York'ta değil?" diye sordu ve şu cevabı aldı: "Çünkü biz Birleşik Devletler'deyiz ve burada böyle şeyler

---

29. Bkz. "Extensao ou Communicaçao?" adlı makalem. *Introducción a la Acción Cultural* (Kültürel Eyleme Giriş) adlı kitapta, (Santiago, 1969).
30. Bu kurumun faaliyetleri için bkz. Mary Cole, *Summer in the City* (Kentte Yaz) (New York, 1968).

olamaz". Kuşkuya yer yok ki bu adam ve onunla aynı kanıyı paylaşan arkadaşları için gerçeklik o derece aşağılayıcıydı ki, ifade edilmesi bile tehdit ediciydi ve bu nedenle bu gerçeklikle aralarına mesafe koyuyorlardı. Başarı ve kişisel kazanma kültürü tarafından koşullanmış yabancılaşmış bir kişi için içinde bulunduğu konumun nesnel olarak kötü olduğunu kabul etmek, kendi başarı olanaklarını tıkamakla eşanlamlı görünür.

Yukarıda aktarılan durumda da, uzmanların durumunda da, bireylerin sonradan içselleştirdikleri mitleri geliştiren kültürün belirleyici gücü açıkça bellidir. Her iki durumda da egemen sınıfın kültürü, kişilerin karar veren varlıklar olarak doğrulanmasını önler. Uzmanlar da, New York gecekondu bölgelerindeki o tartışmaya katılanlar da, tarihsel sürecin etkin özneleri olarak, kendi durumlarından yola çıkarak konuşmaz ve davranmazlar. Hiçbiri de egemenliğin kuramcısı veya ideoloğu değildir. Tersine, egemenlik *nedenleri* haline gelen *etkiler*dir onlar. Bu, iktidara geldiğinde devrimin yüzleşmek zorunda olduğu en ciddi problemlerden biridir. Bu aşama, önderlerin siyasi bilgeliğinin, karar gücünün ve cesaretinin azamisini gerektirir. Önderler tam da bu nedenle, irrasyonel sekter tavırlara düşmemek için yeterli yargı gücüne sahip olmalıdırlar.

Herhangi bir dalda uzmanlaşmış meslek sahipleri, ister akademik eğitim görmüş olsunlar, ister olmasınlar, onları ikiye bölünmüş varlıklar haline getirmiş olan bir egemenlik kültürü tarafından "üstbelirlenmiş"[31] insanlardır (Alt sınıflardan gelmiş olsalardı, aynı yanlış eğitime ve belki de daha kötüsüne sahip olacaklardı). Bununla birlikte uz-

---

31. Bkz. Louis Althusser, *Pour Marx* (Paris, 1967) [*Marx İçin*, Çev. Işık Ergüden, İthaki Yay., 2002]. Althusser bu kitabın tam bir bölümünü "La dialectique de la Surdetermination"a ("Üstbelirlenimin Diyalektiği") ayırmıştır.

manlar, yeni bir toplumun reorganizasyonu için gereklidir. Ve onlar arasında pek çok kişi –özgürlük korkağı ve insanlaştırıcı eyleme katılmaya gönülsüz olsa bile– aslında her şeyden önce yanlış yola sürüklenmiş kişiler oldukları için devrim safına çekilebilirler ve çekilmelidirler de.

Bu devrim safında görevlendirme, devrimci önderlerin, daha önceki diyalogcu kültürel eylemden yola çıkarak "kültür devrimi"ni başlatmasını gerektirir. Bu noktada devrimci güç, insanı inkâr etmeye çalışanlara engel olma rolünün ötesine geçer ve toplumun yeniden inşasına katılmak isteyen herkese açık bir *davet* çıkararak, yeni ve daha atak bir tutum alır. Bu anlamda, "kültür devrimi", devrim iktidara gelmeden önce gerçekleştirilmesi gereken diyalogcu kültürel eylemin zorunlu bir devamıdır.

"Kültür devrimi"nin yeniden kuran eyleminin hedefi, bütün toplumun, tüm insani faaliyetler dahil olmak üzere, yeniden inşa edilmesidir. Toplum, mekanik bir şekilde yeniden inşa edilemez. Devrim aracılığıyla kültürel olarak yeniden yaratılan kültür, bu yeniden inşanın temelindeki araçtır. "Kültür devrimi" devrimci yöntemin, *conscientizaçao*'su çerçevesinde gösterdiği azami çabadır; bu çaba, görevi ne olursa olsun, her bireye ulaşabilmelidir.

Sonuç olarak, bu *conscientizaçao* çabası, uzman olacağı düşünülen kişilerin teknik ve bilimsel eğitimiyle yetinemez. Yeni toplum, eski toplumdan birden fazla yönüyle nitelikçe farklılaşır.[32] Devrimci toplum, teknolojiye, kendisinden önceki toplumun yüklediği amaçların aynısını yükleyemez; dolayısıyla, her iki toplumdaki insanların öğrenimi de farklı olmak zorundadır. Devrimci toplumdaki bilim ve teknoloji sürekli özgürleşmenin ve insanlaşmanın hizmetinde olduğu sürece, teknik ve bilimsel eğitim hümanist eğitime aykırı düşemez.

---

32. Bununla birlikte bu süreç, mekanik düşünürlerin naif bir şekilde varsaydıkları gibi aniden meydana gelmez.

Bu bakış açısından insanların meslek eğitimi için (bütün meslekler zaman ve mekân içinde meydana geldikleri için) aşağıdaki noktaların kavranması gerekir: a) Kültürün devrimci dönüşüm boyunca altyapıda geçmişin "kalıntıları"nın[33] varlığını sürdürmesini sağlayabilen bir üstyapı olduğu; b) Mesleğin kendisinin, kültürü dönüştürmenin bir aracı olduğu. Kültür devrimi *conscientizaçao*'yu yeni toplumun yaratıcı praksisi içinde derinleştirirken, insanlar eski toplumun mitsel kalıntılarının niçin yeni toplumda da varlığını sürdürdüğünü kavramaya başlayacaklardır. Ve o zaman, yeni bir toplumun olgunlaşmasını engelleyen ve her devrim için ciddi bir sorun olan bu hayaletlerden kendilerini daha çabuk özgürleştirebileceklerdir. Ezen toplum bu kültürel kalıntıları, istilayı sürdürebilmek için kullanır; bu kez istila edilen devrimci toplumun ta kendisidir.

Bu istila özellikle korkunçtur çünkü egemen seçkinler tarafından değil, devrime katılmış kişiler tarafından gerçekleştirilir. Ezeni içlerinde "barındırdıkları" için, devrimin atmak zorunda olduğu bundan sonraki temel adımlara, tıpkı ezenlerin yapacağı şekilde direnirler. Ve ikiye bölünmüş varlıklar olarak (yine kalıntılar sayesinde) bürokrasiye dönüşen ve kendilerini şiddetle ezen iktidarı da kabullenirler. Bu zorba, baskıcı bürokratik iktidar ise Althusser'in yeni toplumda özel koşulların izin verdiği her durumda "eski öğelerin yeniden etkinleşmesi"[34] dediği şeyle açıklanabilir.

Yukarıda anlatılan tüm bu nedenlerle, devrimci süreci –iktidar alındıktan sonra– "kültür devrimi" şeklinde sürdürülen diyalogcu kültürel eylem olarak yorumluyorum.

---

33. Althusser, a.g.e.
34. Bu konuda Althusser şu yorumu yapar: "Cette reactivation serait proprement inconcevable dans une dialectique depourvue de surdetermination./ Bu yeniden etkinleşme üstbelirlenimden yoksun bir diyalektikte bütünüyle anlaşılmaz olurdu". Althusser, a.g.e., 116.

Her iki aşamada da –kişilerin, gerçek bir praksis yoluyla, nesne statüsünü aşıp tarihi özne statüsünü benimsemelerini sağlayan–, ciddi ve derinlemesine bir *conscientizaçao* gayreti gereklidir.

Sonuçta kültür devrimi, önderler ve halk arasında sürekli diyalog praksisini geliştirir ve halkın iktidara katılımını sağlamlaştırır. Bu şekilde hem önderler hem de halk eleştirel faaliyetini sürdürürken, devrim bürokratik eğilimlere (bunlar yeni baskı biçimlerine varırlar) ve (her zaman aynı olan) istilaya karşı daha kolay savunulabilir. İstilacı –burjuva toplumunda olduğu gibi devrimci bir toplumda da– tarım uzmanı, sosyolog, iktisatçı, sağlık uzmanı, rahip, papaz, eğitimci, sosyal hizmet görevlisi ya da bir devrimci olabilir.

Boyun eğdirme ve baskının sürdürülmesi amaçlarına hizmet eden kültürel istila, daima gerçekliğe dar bakışı, dünyanın durağan kavranmasını ve dünyaya bakış tarzının başkalarına zorla dayatılmasını içerir. İstilacının "üstünlüğü" ile istila edilenin "zayıflığını" ve aynı zamanda istilacıların diğerlerine zorla değerler dayatmasını gerektirir; bu arada da istila edilenler istilacıya "aittir" ve istilacılar onları kaybetmekten korkar.

Kültürel istila ayrıca, istila edilmiş olanların eylemi hakkında nihai kararın istilaya uğramış olanlarca değil, istilacılar tarafından verilmesi demektir. Ama karar gücü, karar vermesi gerekende değil, onun dışında olunca, ona sadece karar verme yanılsaması kalır. Bu yüzden de ikiye bölünmüş, tepkisel, istila edilmiş bir toplumda, hiçbir sosyoekonomik gelişme olmaz. Gelişmenin meydana gelebilmesi için şunlar şarttır: a) Karar yetkisinin arayanda bulunduğu bir arayış ve yaratıcılık hareketi, b) Bu hareketin sadece mekân içinde değil, ayrıca bilinçli bir arayış içinde olan kişinin varoluşsal zamanında da gerçekleşmesi.

Bu nedenle her gelişme dönüşümdür ama her dönüşüm gelişme değildir. Yeşeren bir tohumun içindeki dönüşüm gelişme değildir. Aynı şekilde, bir hayvanın dönüşümü de gelişme değildir. Tohumların ve hayvanların dönüşümleri, ait oldukları tür tarafından belirlenir; ve kendilerine ait olmayan bir zaman içinde meydana gelirler çünkü zaman insanlara aittir.

Yetkinleşmemiş varlıklar arasında insan, gelişen tek türdür. Tarihi, otobiyografik, "kendi için varlık" olarak dönüşümü (gelişmesi) kendi varoluşsal zamanı içinde gerçekleşir, asla bu zamanın dışında değil. İçinde, bağımlı oldukları bir "sahte kendi için varlık"ın yabancılaşmış "öteki için varlıkları" haline geldikleri somut baskı koşullarına maruz kalan insanlar gerçek anlamda gelişmezler. Ezende bulunan karar erklerinden mahrum bırakıldıklarından ezenlerin kurallarını izlerler. Ezilen ancak içinde tutsak olduğu çelişkinin üstesinden gelip "kendi için varlık" haline geldiğinde gelişmeye başlar.

Toplumu bir varlık olarak düşünürsek, sadece "kendi için varlık" olan bir toplumun gelişebileceği açıktır. İkiye bölünmüş toplumlar, "tepki toplumları", istilaya uğramış, metropol topluma bağımlı toplumlar gelişemezler çünkü yabancılaşmışlardır. Siyasi, ekonomik ve kültürel karar alma erkleri kendilerinin dışında, istilacı toplumdadır. Son tahlilde, istilacı toplum istila edilen toplumun kaderini belirler: Bu kader, dönüşümden ibarettir çünkü metropol toplumun onun dönüşümünden çıkarı vardır, gelişiminden değil.

Modernleşmeyle gelişmeyi birbirine karıştırmamak önemlidir. "Uydu toplum"daki kimi grupları etkileyebilmesine rağmen, modernleşme hemen hemen her zaman sunidir ve bundan yarar sağlayan da sadece metropol toplumdur. Gelişmeksizin sadece modernleşen bir toplum, dış ülkeye bağımlı olmayı sürdürecektir; birazcık, temsili karar yetkisi üstlense bile. Bağımlı kaldığı sürece her ülkenin kaderi budur.

Bir toplumun gelişip gelişmediğine karar vermek için kişi başına gelire dayanan kıstasların (istatistiksel biçimde ifade edildiklerinden bunlar yanıltıcıdır) ötesine geçilmelidir. Aynı şekilde ulusal gelirin araştırılmasına dayanan kıstaslar da yetersizdir. Temel ve belirleyici kıstas, toplumun "kendi için varlık" olup olmadığıdır. Değilse, diğer kıstaslar gelişmenin değil, modernleşmenin göstergesidir.

İkiye bölünmüş toplumlarda başlıca çelişki, onlar ve metropol toplum arasındaki bağımlılık ilişkisidir. Çelişki bir kez aşıldı mı, o güne dek "yardım" sayesinde sağlanan ve asıl olarak metropol topluma yarar sağlayan dönüşüm, "kendi için varlığı" ilerleten gerçek bir gelişme halini alır.

Yukarıdaki nedenlerle bu toplumların giriştiği salt reformist çözümler (bazı reformlar seçkin grupların daha gerici öğelerini ürkütse, hatta paniğe sürüklese bile) bu toplumların dış ve iç çelişkilerini çözmezler. Metropol toplum bu reformist çözümleri hemen hemen her zaman, tarihsel sürecin taleplerine cevap olarak ve hegemonyasını korumanın yeni bir yolu olarak başlatır. Sanki metropol toplum şöyle der gibidir: "Halk devrim yapmadan önce, reform yapalım". Ve bu hedefe ulaşmak için metropol toplumun elinde, bağımlı toplumu fethetmekten, manipüle etmekten, ekonomik ve kültürel (ve bazen askeri) istilasından –egemenlik altına alınmış toplumların önder seçkinlerinin büyük ölçüde metropol toplumun önderlerinin ajanları biçiminde rol oynadıkları istiladan– başka imkân yoktur.

Diyalog karşıtı kuramın bu taslak halindeki analizine son verirken, devrimci önderlerin ezenlerin kullandığı diyalog karşıtı yöntemleri kullanmaması gerektiğini bir kez daha vurgulamak isterim. Devrimci önderler aksine, diyalog ve iletişim yolunu izlemelidirler.

Paulo Freire

Diyalogcu eylem kuramını analize girişmeden önce, devrimci önderlik grubunun nasıl oluştuğunu ve bunun devrimci süreçteki bazı tarihsel ve sosyolojik sonuçlarını kısaca ele almak gerekiyor. Genellikle bu önderlik grubu, şu ya da bu şekilde, egemenlerin sosyal tabakasında yer almış kişilerden oluşur. Bu kişiler belirli tarihsel koşullarda, varoluşsal tecrübelerinin belirli bir noktasında ait oldukları sınıfı terk eder ve gerçek (en azından öyle olacağı umulur) bir dayanışma edimiyle ezilenlerle birleşirler. Bu yandaşlık gerçekliğin bilimsel analizinin sonucu olabilir ya da olmayabilir ama (gerçek yandaşlık ise) bir sevgi ve gerçek kendini adama edimi oluşturur.[35] Ezilenlere katılmak, onlara gidip iletişim kurmayı gerektirir. Halk ortaya çıkan önderlerde kendini bulmalıdır, önderler de halkta kendilerini bulmalıdır.

Ortaya çıkan önderler zorunlu olarak, henüz kendi ezilme durumlarını açıklıkla kavramayan ya da ezenlerle aralarındaki uzlaşmaz *karşıtlık ilişkisini* eleştirel olarak idrak etmeyen, ezilenlerin kendilerine ilettiği *seçkin egemenliği* çelişkisini yansıtırlar.[36] Ezenler hâlâ daha önceki sayfalarda ezenlerle "aynılaşma" olarak andığımız durumda olabilirler. Öte yandan, belirli nesnel tarihsel koşullar yüzünden, halihazırda kendi ezilme durumları hakkında görece net bir anlayışa ulaşmış olmaları da mümkündür.

Birinci durumda, halkın ezenlerle aynılaşması –veya kısmi aynılaşması– (Fanon'un düşüncesini tekrar edelim) onun, ezeni kendi *dışında* görmesini imkânsız kılar. İkinci durumda ise ezeni kendi dışında görebilir ve böylece de

---

35. Guevara'nın bu konudaki düşünceleri önceki bölümde aktarılmıştır. German Guzman, Camilo Torres için şöyle der: "...her şeyini verdi. Halka canlı bir kendini adamışlık tutumunu her an korudu: Bir rahip, bir Hıristiyan ve bir devrimci olarak". Germán Guzmán'dan çevrilmiştir: *Camilo-El Cura Guerrillero* (Bogota, 1967), s. 5.
36. "Sınıfsal zorunluluk" başka şeydir, "sınıf bilinci" başka bir şey.

ezenle arasındaki uzlaşmaz karşıtlık ilişkisini de eleştirel olarak kavrayabilir.

İlk durumda ezen, halkın içinde "barınır" ve halkın sonuçtaki ikiye bölünmüşlüğü, içini özgürlük korkusuyla doldurur. (Ezenlerin teşvikiyle) sihirli açıklamalara veya içinde bulundukları ezilme konumunun sorumluluğunu kaderci bir şekilde üstüne yükledikleri yanlış bir Tanrı anlayışına sığınır.[37] Kendine güvenini yitirmiş, horlanmış, umutsuz bu insanların kendi özgürlüklerini elde etmeye uğraşması hiç de muhtemel değildir; bunu, ilahi takdiri günahkâr şekilde çiğnemek, kaderle yasak bir karşılaşma sayacakları bir isyan edimi olarak görürler (Bu nedenle, ezenlerin halkı beslediği mitlerin *problem* olarak tanımlanması gereği ne kadar vurgulansa yeridir). İkinci durumda, halk, ezilme durumu hakkında görece net bir tasavvura ulaşarak ezenleri kendisinin dışında görür ve tutsağı olduğu çelişkiyi aşma mücadelesine girer. Bu anda "sınıfsal zorunluluk" ile "sınıf bilinci" arasındaki mesafeyi aşar.

Birinci durumda, devrimci önderler ne yazık ki istemeyerek de olsa halkla çelişki içine düşerler. İkinci durumda, oluş halindeki önderler, halkın duygusal ve neredeyse ani desteğini alırlar; bu destek devrimci eylem süreci boyunca daha da artar. Önderler, kendiliğinden bir diyalogcu tavırla halka giderler. Halk ve devrimci önderler arasında hemen hemen dolayımsız bir duygudaşlık vardır: Karşılıklı bağlılıkları neredeyse bir an içinde kesinleştirilir. Ortaklaşalıkları içinde kendilerini, egemen seçkinlerle aynı derecede çelişkide görürler. Bu andan itibaren, halk ve önderler arasındaki diyalog pratiği neredeyse sarsılmazdır. Bu diyalog

---

37. Entelektüel ve ahlaki niteliklerine büyük değer verdiğim bir Şilili rahip 1966'da Recife'de beni ziyaret ettiğinde şunları söylemişti: "Pernambucalı bir arkadaşımla birlikte gecekondularda (mocambo) tarifi imkânsız bir sefalet içinde yaşayan çeşitli aileleri görmeye gittiğimiz zaman onlara böylesi bir hayata nasıl katlanabildiklerini sordum ve hep aynı cevabı aldım: 'Elimden ne gelir ki? Bu Tanrı'nın takdiri, ben de buna uymak zorundayım' ".

iktidara ulaşıldığında da sürecektir; ve halk, iktidara kendisinin geldiğini bilecektir.

Bu paylaşma hiçbir şekilde devrimci önderlerden beklenmesi gereken mücadele ruhunu, cesareti, sevgi yetisini veya gözü pekliği azaltmaz. Fidel Castro ve yoldaşları (o sırada onlara "sorumsuz maceracılar" deniyordu) olağanüstü ölçüde diyalogcu bir önderlik grubuydu ve Batista diktatörlüğünün vahşi şiddetine katlanan halkla dayanışma içindeydi. Bu dayanışma kolay olmadı. Önderlerin kendilerini onun için feda edecek ölçüde halkı sevme yiğitliğini gerektiriyordu. Önderlerin her felaketten sonra, yeniden başlayacak cesareti göstermesini (halkla *birlikte* biçimlendirildiği için), sadece önderlere değil, *onlara* ve halka –veya önderler de *dahil* olmak üzere halka– ait olacak müstakbel bir zafere sarsılmaz bir umutla bağlanmasını gerektiriyordu.

Fidel, giderek tarihsel mirası yüzünden zaten ezenlere uyumluluğunu kırmaya başlamış olan Küba halkının uyum sürecini tersine çevirdi. Ezenlerden bu "çekilme" halkı, ezenleri nesnelleştirmeye ve kendilerini ezenlerin çelişkisi olarak görmeye yöneltti. Böylece Fidel hiçbir zaman halkla çelişmedi (Guevara'nın *Relato de la Guerra Revolucionaria* adlı eserinde kaydettiği, yer yer görülen firarlar veya ihanetler zaten beklenmeliydi; Guevara aynı kitapta uyum sağlayan çok sayıdaki insandan da söz eder).

Böylelikle belirli tarihsel koşullar yüzünden, devrimci önderlerin halka doğru hareketi ya yataydır –bu takdirde önderler ve halk ezenlerle çelişki içinde bir birlik oluştururlar– veya bir üçgendir, devrimci önderler bu üçgenin tepe noktasında yer alırlar ve ezenlerle olduğu kadar ezilenlerle de çelişki içindedirler. Gördüğümüz gibi bu son durum, halkın henüz ezilme gerçekliğine ilişkin eleştirel bir anlayışa kavuşmadığı yerlerde önderlere dayatılır.

Bununla birlikte, bir devrimci önderlik grubu hemen hiçbir zaman kendisinin halkla çelişki oluşturduğunu kavramaz. Bunun idraki gerçekten de acı vericidir ve bu idrake karşı gösterilen direnç bir savunma mekanizması işlevi görüyor olsa gerek. Nihayetinde, ezilenlerle bütünleşme içinde ortaya çıkmış olan önderler için, birlikte bir bütün oldukları insanlarla çelişki içinde olduklarını görmek kolay değildir. Kendi isteği dışında halkla (savaşa girmemekle birlikte) çelişen devrimci önderlerin belirli davranış biçimlerini analiz ederken bu direnci kabul etmek önemlidir.

Devrimi gerçekleştirmek için kuşkusuz devrimci önderlerden halkla bütünleşmiş olmaları beklenir. Halkla çelişki içinde olan önderler bu yakınlığı sağlamaya kalkıştıklarında, mesafeli ve güvensiz bir tutumla karşılaştıklarında, birçok durumda bu tepkiyi halkın bir kusuru olarak görürler. Bu önderler, halkın belirli bir tarihsel andaki bilincini, halkın içsel hastalığının kanıtı olarak yorumlarlar. Ama devrimin başarılabilmesi için halkın yakınlığına ihtiyaç duyduklarından (fakat aynı zamanda da güvensiz halka güvenmedikleri için) egemen seçkinlerin baskı yapmak için kullandığı yöntemlere başvurma hevesine kapılırlar. Halka güven duymayışlarını rasyonalize eden önderler iktidarı almadan önce halkla diyaloğun imkânsız olduğunu öne sürerler ve böylece diyalog karşıtı eylem kuramını tercih ederler. O andan itibaren de –tıpkı egemen seçkinler gibi– halkı fethetmeye çalışırlar: Mesih haline gelirler. Manipülasyona başvururlar ve kültürel istila uygularlar. Oysa bu yoldan yani baskı yolundan, devrim ya da en azından hakiki bir devrim yapamayacaklardır.

Devrimci önderliğin görevi (her koşul altında fakat özellikle burada tanımlanan koşullar altında), eylem sırasında bile, halkta güvensizliğe yol açan nedenleri ciddiyetle değerlendirmektir. Devrimci önderlik bunun ötesinde, halkla birleşmenin gerçek yollarını, halkın kendisini ezen gerçekliği eleştirel olarak kavrayabilmesi için, kendi kendisine yardım etmesi için ona yardımcı olmanın yollarını bulmalıdır. Egemenlik altındaki bilinç, bölünmüştür, kaypaktır, korku ve güvensizlik doludur.[38] Bolivya'daki mücadele hakkındaki günlüğünde Guevara tekrar tekrar köylülerin katılımının yokluğundan söz eder:

Tarım işçileri, istihbarat görevleri hariç, seferber olmuş değil ve bu da bizi bir miktar rahatsız ediyor. Ne hızlılar ne de etkili; etkisizleştirilebiliyorlar... Bizden artık korkmamalarına ve hayranlıklarını kazanmayı başarmamıza rağmen köylülerin katılımından yoksunuz. Bu çok yavaş ilerleyen ve sabır isteyen bir görev.[39]

Köylülerin ezilen bilincinde ezenin içselleştirilmesi, korkularını ve etkisizliklerini açıklar.

Ezilenlerin, ezenleri kültürel istila uygulamaya yönelten davranış ve tepkileri, devrimcilerde farklı bir eylem kuramına yol açmalıdır. Devrimci önderleri egemen seçkinlerden ayırt eden şey, sadece hedefleri değil, aynı zamanda hareket tarzıdır. Eğer aynı şekilde davranırlarsa, hedefleri de özdeş hale gelir. İnsan-dünya ilişkilerini halk için bir problem olarak tanımlamak, egemen seçkinler için ne kadar çelişkiyse, halkın devrimci önderlerinin bunu yapmaması da aynı ölçüde çelişkidir.[*]

Şimdi diyalogcu kültürel eylem kuramını analiz edip, bu kuramın temel öğelerini kavramaya girişebiliriz.

---

38. Bu konuda bkz. Erich Fromm, "The Application of Humanist Psychoanalysis to Marxist Theory" (Hümanist Psikanalizin Marksist Kurama Uygulanışı), *Socialist Humanism* (New York, 1966) adlı kitapta; ayrıca bkz. Reuben Osborn, *Marxism and Psychoanalysis* (Marksizm ve Psikanaliz) (Londra, 1965).

39. Che Guevara, *The Secret Papers of a Revolutionary: The Diary of Che Guevara* (Bir Devrimcinin Gizli Yazıları: Che Guevara'nın Günlüğü), The Ramparts Edition, 1968, s. 105, 106 ve 120.

* Almanca basımında bu cümle (muhtemelen yanlış olarak) şöyle çevrilmiş: Devrimci önderler bunu yapmayacak olursa, insan-dünya ilişkilerini problem olarak tanımlamak, egemen seçkinler için olduğu kadar halk için de bir çelişki olacaktır.

İşbirliği

Diyalog karşıtı eylem kuramında (bu kuramın başlıca karakteristiği olan) boyun eğdirme/fetih, öteki kişiyi fetheden ve onu bir "nesne"ye dönüştüren bir özne gerektirir. Diyalogcu eylem kuramında özneler dünyayı dönüştürmek için işbirliği içinde karşılaşırlar. Diyalog karşıtı egemen *ben*, egemenlik altındaki fethedilmiş *sen*'i nesneye dönüştürür.[40] Bununla birlikte diyalogcu *ben*, kendi varlığını hayata geçirmiş olanın *sen* ("ben-olmayan") olduğunu bilir. Ayrıca kendi varlığını hayata geçiren *sen*'in kendi açısından da bir *ben*'i oluşturduğunu ve onun da bir *sen*'i bulunduğunu bilir. Böylelikle, *sen* ve *ben* bu ilişkilerin diyalektiği içinde, iki *ben* haline gelen iki *sen* olurlar.

Diyalogcu eylem kuramı, fetih yoluyla egemen olan bir özne ve egemenlik altına alınmış bir nesne içermez. Onların yerine, dünyayı dönüştürmek için, onu adlandırmak üzere bir araya gelen özneler vardır. Eğer belirli bir tarihsel anda, önceden andığımız nedenlerle ezilenler özneler haline gelme yetisini yerine getiremeyecek olurlarsa, ezilme durumlarının bir problem olarak tanımlanması onların bu yetiyi üstlenmelerine yardımcı olacaktır.

Yukarıdaki sözler diyalog görevinde devrimci önderliğin hiçbir rolü olmadığı anlamına gelmez. Bu sözler sadece, –önemli, temel ve olmazsa olmaz rollerine rağmen– önderlerin halkın sahibi olmadıkları ve onu, kurtuluşuna doğru körlemesine gütme hakları olmadığı anlamına gelir. Böylesi bir kurtuluş tamamıyla önderlerden halka armağan olurdu; halkla aralarındaki diyalogcu bağın kopması ve halkın özgürleştirici eylemin ortak yaratıcıları olmaktan çıkarılıp bu eylemin nesneleri haline indirgenmesi olurdu.

Diyalogcu eylemin bir özelliği olan işbirliği, (işlevlerinin düzeyi ve dolayısıyla sorumluluk düzeyleri farklı ola-

---

40. Bkz. Martin Buber, *I and Thou* (New York, 1958). [M. Buber, *Ich und Du*, Heidelberg 1958],[*Ben ve Sen,* Çev. İnci Palsay, Kitabiyat Yay., 2003]

bilen) özneler arasında meydana gelir ve yalnızca iletişim yoluyla başarılabilir. Temel iletişim olarak diyalog her tür işbirliğinin temelini oluşturmalıdır. Diyalogcu eylem kuramında devrim davası uğruna halkı fethetmenin yeri yoktur. Ancak halkın yakınlığını kazanmak vardır. Diyalog dayatmaz, manipüle etmez, evcilleştirmez, "sloganlaştırmaz". Bununla birlikte bu, diyalogcu eylem kuramının hiçbir yere yönelmediği, diyalogcu kişinin ne istediği ya da bağlı olduğu hedefler hakkında berrak bir fikri olmadığı anlamına da gelmez.

Devrimci önderlerin ezilenlere bağlılığı, aynı zamanda özgürlüğe de bağlılıktır. Ve bu bağlılık yüzünden önderler ezilenleri fethetmeye kalkışamazlar fakat ezilenlerin eğilimini özgürleşmeye kazanmak zorundadırlar. Fethedilmiş eğilim, katılma değildir; böyle bir eğilim, yenik düşenin, önündeki seçenekleri belirleyen fatihe duyduğu "eğilimi"dir. Gerçek eğilimlilik, seçimlerin özgürce buluşmasıdır ve kişiler arasında, gerçekliğin aracılık ettiği iletişim olmaksızın gerçekleşemez.

Böylelikle işbirliği, diyalogcu özneleri, dikkatlerini, kendilerine aracılık eden ve bir problem olarak tanımlanmakla, onlar için bir meydan okuma oluşturan gerçeklik üzerinde odaklaştırmaya yöneltir. Bu meydan okumaya verilen cevap, diyalogcu öznelerin gerçeklik üzerinde, bu gerçekliği dönüştürmek üzere uyguladıkları eylemdir. Gerçekliği bir problem olarak tanımlamanın onu sloganlaştırmak olmadığını bir kez daha belirtmek istiyorum: Gerçekliği bir problem olarak tanımlamak, bir gerçekliği eleştirel olarak analiz etmek demektir.

Egemen seçkinlerin gizemlileştirme praksisine karşıt olarak diyalogcu kuram, dünyanın ifşa edilmesini gerektirir. Bununla birlikte hiç kimse dünyayı bir başkası *için* ifşa edemez. Gerçi bir özne ötekiler için bu ifşa sürecini başlatabilir ama ötekiler de bu eylemin özneleri haline gelmek zorundadırlar. Halkın özgürleşmeye eğilimi, özgün praksis içinde, dünyanın ve kendilerinin bu ifşa edilişi ile mümkün kılınır.

Bu eğilim, devrimci önderlerin adanmışlığını ve özgünlüğünü kavrayan halkın, kendine ve devrimci önderlere güvenmeye başlamasıyla çakışır. Halkın önderlere güveni, önderlerin halka güvenine cevaptır.

Bununla birlikte bu güven naif olmamalıdır. Önderler halkın potansiyellerine inanmalıdırlar; hiçbir önder halka, kendi eylemlerinin nesnesinden ibaretmiş gibi davranamaz; önderler halkın özgürleşme sürecine katılma yeteneğine inanmalıdırlar. Fakat ezilen insanların ikiye bölünmüşlüklerine her zaman güvensizlik duymalıdırlar; ezilenlerin içinde "barınan" ezene karşı güvensiz olmalıdırlar. Bu yüzden Guevara devrimcinin daima güvensiz olmasını öğütlerken[41] diyalogcu eylem kuramının temel koşulunu göz ardı etmez. O, burada sadece gerçekçidir.

Güven, diyaloğun temeli olsa da *a priori* bir koşulu değildir. Güven, insanların dünyayı, onu dönüştürme faaliyetinin bir parçası olarak suçlayan özneler oldukları karşılaşmadan doğar. Fakat ezilenlerin "içindeki" ezen kendilerinden daha güçlü olduğu sürece bunun getirdiği doğal özgürlük korkusu, onların dünyayı değil, devrimci önderleri suçlamalarına yol açabilir! Önderler safdil olamazlar, bu olasılıklara karşı tetikte olmalıdırlar. Guevara'nın *Anılar*'ı bu riskleri doğrulamıştır: "Sadece safı terk etmeler değil, davaya ihanet bile görüldü." Bu belgede yer yer, grubun tutarlılığını ve disiplinini korumak üzere kaçanı ceza-

---

41. Guevara, Küba'dan kendi ülkesinde gerilla faaliyetine katılmaya giden genç bir Guatemalalı olan El Patojo'ya şunları söyler: "Baştan kendi gölgene bile güvenmeyeceksin. Dost görünen tarım işçilerine, habercilere, kılavuzlara veya aracılık eden kişilere asla güvenmeyeceksin. Bir bölge tamamen kurtarılana kadar hiçbir şeye ve hiç kimseye güvenmeyeceksin". Che Guevara, *Episodes of the Revolutionary War* (New York, 1968), s. 102. [*Savaş Anıları*, Çev. Seçkin Selvi, Payel Yay., 1989]

landırma gereğini kabul ederken Guevara, ayrıca firarları açıklayan belirli etkenleri de kabullenir. Bu etkenlerden biri, belki de en önemlisi, kaçanın ikiye bölünmüşlüğüdür. Guevara'nın söz konusu belgesinin, onun Sierra Maestra'daki bir köyde (sadece bir gerilla olarak değil, ayrıca bir tıp doktoru olarak) bulunuşunu anlatan ve bizim işbirliği tartışmamızla ilgili bir başka bölümü hayli çarpıcıdır:

> Bu insanlarla ve sorunlarıyla her gün temas halinde olmanın sonucu, halkımızın hayatında tam bir değişim gerektiğine *kesinlikle ikna* olduk. Tarım reformu fikri berraklaştı. *Halkla bütünleşme* artık sadece bir kuram değildi, bizim özsel bir parçamız haline gelmek zorundaydı. Gerillalar ve köylüler *ayrılmaz bir kütlenin potasında* erimeye başladılar. Bu uzun süreçte, fikirlerin ne zaman gerçekleşeceğini ve bizim ne zaman köylülüğün bir parçası haline geleceğimizi hiç kimse kesin olarak söyleyemez. Bana gelince, Sierra'daki hastalarımla ilişki *kendiliğinden verilmiş ve bir bakıma şiirsel bir karar* iken *bambaşka bir değere sahip ciddi bir güç* haline geldi. Sierra'nın bu yoksul, eziyet çeken dost insanları *devrimci ideolojimizin biçimlenmesine ne kadar büyük bir katkıda bulunduklarını hayal bile edemezler.*[42]

Guevara'nın halkla bütünleşmenin *"kendiliğinden verilmiş ve bir bakıma şiirsel bir karar"* iken *"bambaşka bir değere sahip ciddi bir güç"* haline gelmesine yol açtığını vurgulamasına dikkat edelim. O halde, köylülerle diyalog içinde Guevara'nın devrimci praksisi nihai hale geldi. Guevara'nın belki de alçakgönüllülüğü yüzünden söylemediği şey, halkla bütünleşmesini, kendi alçakgönüllülüğü ve sevgi yetisinin mümkün kılmış olduğudur. Ve bu tartışılmaz diyalog bağı, işbirliği haline geldi. Guevara'nın (Fidel ve yoldaşlarıyla birlikte Maestra Dağı'na, sıkılıp macera arayan bir genç olarak çıkmamıştı elbet) "halkla bütünleş-

---

42. A.g.e., s. 56-57. Altını ben çizdim.

menin bir kuramdan ibaret olmaktan çıkıp, (kendisinin) özsel bir parçası haline geldiğini" kabul ettiğine dikkat edin. Guevara, bu *bütünleşme* ânından itibaren köylülerin nasıl gerillaların "devrimci ideolojisi"nin "biçimlendiricileri" haline geldiğini vurgular.

Guevara'nın kendisinin ve yoldaşlarının deneylerini anlattığı, "yoksul, dost" köylülerle temaslarını adeta kutsal kitap diliyle betimlediği *yalın üslubu*, bu olağanüstü adamın derin sevgi ve iletişim yetisini gösterir. İşte bu sevgiden bir başka sevgi adamının, "gerilla rahip" Camilo Torres'in çalışmalarını coşkuyla dile getirişinin gücü ortaya çıkar. Gerçek işbirliğini hayata geçiren bütünleşme olmasa, Küba halkı Maestra Dağı'ndaki adamların devrimci faaliyetinin salt nesnesinden ibaret kalırdı ve nesneler olarak devrime katılmaları da imkânsız olurdu. O zaman olsa olsa "eğilim" ortaya çıkardı ve bu da egemenliğin bir öğesi olurdu, devrimin değil.

Diyalogcu kuramda, devrimci eylemin halkla *bütünleşmeyi zorla* elde edeceği hiçbir aşama olamaz. *Bütünleşme*, *işbirliğini* getirir, bu da önderleri ve halkı Guevara'nın tanımladığı şekilde *birleşmeye* götürür. Bu birleşme ancak devrimci eylem, özgürleştirici olmak için gerçekten insani, anlayışlı, sevgi dolu, iletişimsel ve alçakgönüllü ise var olabilir.

Devrim, hayatı sever ve yaratır. Hayatı yaratmak için bazı kişileri hayatı engellemekten alıkoymak zorunda kalabilir. Doğanın temeli olan hayat-ölüm döngüsüne ek olarak bir de doğal olmayan bir *yaşayan ölüm* vardır: Tamlığı inkâr edilen hayat.[43]

Burada, ne kadar çok Brezilyalının (ve genelde Latin Amerikalının) "yaşayan ölüler", insani "gölgeler", umut-

---

43. Günümüz düşüncesinde insanın "Tanrı'nın ölümü"nün ardından kendi ölümüne karşı savunulması konusunda, bkz. Mikel Dufrenne, *Pour L'Homme* (Paris, 1968).

Paulo Freire

suz erkekler, kadınlar ve çocuklar olduğunu, içinde hayat
kalıntılarının verem, solucan hastalığı (schistosomiasis),
bebek ishali... pek çok yoksulluk hastalığı (bunların çoğu,
ezenlerin terminolojisinde "tropikal hastalıklar" diye anı-
lır) tarafından kemirildiği sonsuz bir "görünmez savaş"ta[44]
kurban edildiklerini gösteren istatistiklerden alıntı yapmak
gereksiz.

Rahip Chenu yukarıda sayılan türden uç durumlara
gösterilmesi olası tepkiler konusunda şu değerlendirmeyi
yapar:

Gerek kilise konseyini ziyaret eden rahipler gerek kilise dışın-
dan bilgili kişiler arasında pek çoğu dünyanın ihtiyaçları ve acı-
ları karşısında sadece, yoksulluk ve adaletsizlik tablolarını ve
belirtilerini hafifletmek üzere duygusal bir protestoya başvur-
makla kalacağımızdan ve bunların nedenlerini analiz edip bu
adaletsizliğe aldırış etmeyen ve bu yoksulluğa yol açan bir reji-
mi suçlamayacağımızdan endişe etmektedir.[45]

Özgürleşme İçin Birlik

Egemenler diyalog karşıtı eylem kuramıyla baskı duru-
munu daha kolay korumak için ezilenleri bölme zorunlu-
luğu duyarken, diyalogcu kuramda önderler, özgürleşmeyi
gerçekleştirmek amacıyla ezilenler arasında –ve önderlerle

---

44. Pek çok köylü açlıktan kurtulmak için kendini veya ailesinin üyelerini
köle olarak satar. Belo Horizonte'deki bir gazete, köle olarak satılan bu yok-
sulluk kurbanlarının 50 bin gibi korkunç bir sayıya ulaştığını (toplam 1.5
milyon dolara satılmışlardı) ortaya çıkardı ve bir muhabir bunu kanıtlamak
için bir adamı ve karısını 30 dolara satın aldı. "Açlıktan ölen nicelerini gör-
düm" diye açıkladı köle: "Kendimi satmakta sakınca görmeyişim bundan".
1959'da Sao Paolo'da bir köle satıcısı tutuklandığı zaman, Sao Paololu büyük
toprak sahiplerine, kahve çiftliklerine ve inşaat projelerine köle sattığını iti-
raf etti (Genç kızlar ise genelevlere satılıyordu). John Gerassi, *The Great
Fear* (Büyük Korku) (New York, 1963).
45. M.D. Chenu, *Témoignage Chrétien*, Nisan 1964. Andre Moine tarafın-
dan *Christianos y Marxistas Despues del Concilio* (Buenos Aires, 1965) adlı
kitapta aktarıldığı şekliyle, s. 167.

ezilenler arasında– birlik sağlamak üzere bitmek tükenmek bilmeyen bir uğraşıya kendilerini adamak zorundadırlar.

Zorluk, bu diyalogcu eylem kategorisinin (tıpkı ötekiler gibi) praksis dışında meydana gelememesidir. Egemen seçkinler için baskı praksisi kolaydır (ya da hiç değilse zor değildir); ama devrimci önderlerin özgürleştirici bir praksis gerçekleştirmesi hiç kolay değildir. Birinci grup işini yaparken iktidar araçlarına güvenebilir, ikinci grup bu iktidarı karşısında bulur. Birinci grup, serbestçe örgütlenebilir, ciddi ve dolaysız bölünmelere maruz kalsa bile, temel çıkarlarına yönelik herhangi bir tehditle yüz yüze kaldığında hızla birleşir. İkinci grup, halk olmaksızın var olamaz ve bu çok temel koşul onun örgütlenme çabalarına başlıca engeli oluşturur.

Egemen seçkinler, devrimci önderlerin örgütlenmesine izin verseydi kendileriyle çelişmiş olurlardı. Egemen seçkinlerin, iktidarını pekiştiren ve organize eden içteki birliği, halkın bölünmesini gerektirir; devrimci önderlerin birliği ise ancak halkın kendi içinde ve devrimci önderlerle birliği sayesinde var olur. Seçkinlerin birliği halkla *uzlaşmazlığından* doğar; devrimci önderler grubunun birliği ise (birleşmiş) halkla *bütünleşmesinden* doğar. Ezilenin *ben*'ini ikiye bölen, böylece onu ikili, duygusal bakımdan dengesiz ve özgürlük korkağı hale getiren somut ezilme durumu, egemenin bölücü eylemini kolaylaştırır çünkü özgürleşme için vazgeçilmez olan birleştirici eylemi engeller.

Kaldı ki, egemenliğin kendisi de *nesnel olarak* bölücüdür. Egemenlik, ezilen *ben*'in, kadiri mutlak ve baskın görünen ve bu iktidarı açıklayan gizemli güçler sunarak onu yabancılaştıran bir gerçekliğe "meyilli" tutumunu sürdürmesini sağlar. Ezilen *ben*, kısmen "meyilli" olduğu gerçekliğin, kısmen de kendisinin dışında, üzerinde hiçbir değişiklik yapamadığı bir gerçekliğin sorumlusu saydığı gizemli güçlerin içinde yerleşiktir. Birbiriyle özdeş bir geçmiş ve bugün ile umuttan yoksun bir gelecek arasında bölünmüştür. Kendini *oluş* halinde algılamayan biridir. Bu nedenle ötekilerle birlik içinde kurulması gereken bir geleceği olamaz. Fakat "eğilimini" kırar ve içinden yükselmeye başladığı gerçekliği nesnelleştirirse, kendini, bir nesneyle (gerçeklik) karşı karşıya olan bir özne (bir ben) olarak bütünleştirmeye başlar. Bu anda, bölünmüşlüğünün sahte birliğinin çözülmesiyle, gerçek bir birey haline gelir.

Ezilenleri bölmek için, bir baskı ideolojisi elzemdir. Bunun karşıtı olarak ezilenlerin birliğinin gerçekleştirilmesi, ezilenlerin gerçekliğe *niçin* ve *nasıl* meylettiklerini idrak etmeyi öğrenmelerini sağlayan bir kültürel eylem biçimi gerektirir; ideolojinin tasfiyesini gerektirir. Bu nedenle, ezilenleri birleştirme uğraşı, salt ideolojik "sloganlaştırma"ya ihtiyaç duymaz çünkü bu tutum da özneler ve nesnel gerçeklik arasındaki gerçek ilişkiyi çarpıtarak bütünsel, bölünmez kişiliğin *idrak, duygu* ve *eylem* yönlerini böler.

Diyalogcu-özgürleştirici eylemin amacı, ezilenleri başka bir gerçekliğe "bağlamak" üzere gizemli bir gerçeklikten "koparmak" değildir. Tersine diyalogcu eylemin hedefi, ezilenlerin uyumlulaşmışlıklarını kavramaları yoluyla adaletsiz bir gerçekliği dönüştürmeyi seçmelerini mümkün kılmaktır.

Ezilenlerin birliği için (toplumsal konumlarının gereği olması bir yana) dayanışma şarttır ve tabii ki bu birlik sınıf bilinci gerektirir. Ancak Latin Amerika köylülerini karakterize eden, gerçekliğe gömülmüş olmak durumu, ezilen bir sınıf olma bilincinin öncesinde (ya da hiç değilse eşliğinde) ezilen bireyler olmanın bilincine erişmesi anlamına gelir.[46]

---

46. Birinin, ezilen bir insan olarak statüsünün eleştirel bilincine ulaşması, içinde bulunduğu gerçekliğin ezen bir gerçeklik olduğunu eleştirel biçimde idrak etmesini gerektirir. Bu nedenle mesele, Lukács'a göre "birinci derece bir erk etkeni ve belki de sonucu belirleyecek silah olan, toplumun doğasına ilişkin doğru içbakıştır". *Georg Lukács, Histoire et Conscience de Classe* (Paris,

Bir Avrupa köylüsüne kendisinin bir kişi olduğunu bir problem olarak tanımladığınızda herhalde bunu garipseyecektir. Ama Latin Amerikalı tarım işçilerinin durumu farklıdır; çünkü dünyası genellikle çalıştığı çiftliğin sınırlarında sona erer, jestleri bir dereceye kadar hayvanlarınkini ve ağaçlarınkini taklit eder ve bunları çok kere kendileriyle eşdeğer sayarlar.

Doğaya ve ezenlere bu şekilde bağımlı olan insanlar, *olmaları* engellenmiş *kişiler* olduklarını keşfetmeyi öğrenmek zorundadırlar. Kendilerini keşfetmeleri öncelikle, kendilerini Pedro, Antonio veya Josefa olarak keşfetmeleri demektir. Bu keşif, adlandırmaların yüklendiği anlamın farklı bir kavranışını içerir: "Dünya", "insan", "kültür", "ağaç", "iş", "hayvan" kelimeleri yeniden gerçek anlamlarını kazanırlar. Yaratıcı emekleri aracılığıyla, köylüler artık kendilerini, (öncesinde gizemli bir varlık olan) gerçekliğin dönüştürücüleri olarak görürler. İnsan olarak artık başkaları tarafından sahip olunan "şeyler" olamayacaklarını fark ederler. Ve ezilen bireyler olmanın bilincinden ezilen bir sınıfın bilincine doğru adım atabilirler.

Tarım işçilerini (köylüleri) "sloganlar"a dayanan ve söz ettiğimiz bu temel yönleri göz ardı eden aktivist yöntemlerle birleştirme yolundaki her girişim bireylerin sadece bir yere yığılmasını sağlar ve eylemlerine mekanik nitelik verir. Ezilenlerin birliği nesneler düzeyinde değil, insani düzeyde gerçekleşir; gerçek anlamda yalnız, altyapı ve üstyapı arasındaki diyalektik içinde kavranan bir gerçekliğin içinde gerçekleşir. Birleşebilmeleri için ezilenler, öncelikle kendilerini, ezenlerin dünyasına bağlayan büyü ve mitlerden oluşan göbek bağını kesmek zorundadırlar. Onları birbirlerine bağlayacak birlik, farklı nitelikte olmak zorun-

---

1960), s.93. [Alıntı Almanca'dan çevrilmiştir. Georg Lukács, *Geschichte und Klassenbewusstsein*, (Berlin 1923, s. 80.)], [*Tarih ve Sınıf Bilinci*, Çev. Yılmaz Öner, Belge Yay., 1998].

dadır. Bu vazgeçilmez birliği gerçekleştirmek için devrimci süreç, ilk ânından itibaren *kültürel eylem* olmak zorundadır. Ezilenlerin birliğini sağlamakta kullanılan yöntemler, ezilenlerin toplumsal yapı içindeki tarihsel ve varoluşsal tecrübelerine bağlı olacaktır.

Tarım işçileri, tek ve apaçık bir ezen karar merkezinin bulunduğu "kapalı" bir gerçeklik içerisinde yaşar. Kentteki ezilenler ise ezen karar merkezinin çoğul ve karmaşık olduğu geniş bir bağlamda yaşar. Tarım işçileri baskı sistemini cisimleştiren bir egemen kişinin denetimi altındadır. Kent bölgelerinde ezilenler bir "kişi olmayan ezen"e tabidir. Her iki durumda da ezen erk bir dereceye kadar "görünmez"dir: Kırsal bölgelerde ezilenlere yakınlığı, kentlerde de dağınıklığı yüzünden.

Bununla birlikte böylesi farklı durumlardaki kültürel eylem biçimlerinin amacı aynıdır: Görünür olsun olmasın, kendilerini ezenlere bağlayan nesnel durumu, ezilenler için açık hale getirmek. Sadece, bir yandan nutuk üretmekten ve etkisiz "laf"lardan, öte yandan da mekanik aktivizmden kaçınan eylem biçimleri, egemen seçkinlerin bölücü eylemine karşı koyabilir ve ezilenlerin birliği yönünde adım atabilir.

Örgütlenme

Diyalog karşıtı eylem kuramında, manipülasyon, boyun eğdirme (fetih) ve egemenliğin vazgeçilmez bir öğesidir. Diyalogcu eylem kuramında halkın örgütlenmesi bu manipülasyonun uzlaşmaz karşıtını temsil eder. Örgütlenme birlikle sadece dolayımsız bağlantılı olmakla kalmaz, ayrıca bu birliğin doğal gelişimidir de. Dolayısıyla önderlerin birlik arayışı, halkı örgütlemenin zorunlu girişimidir ve özgürleşme mücadelesinin ortak bir görev olduğuna tanıklık etmelidir. Ortak bir çabada –insanların özgürleşmesi için– işbirliğinden doğan bu sürekli, alçakgönüllü ve cesur tanıklık, diyalog karşıtı denetim tehlikesini önler. Tanıklığın biçimi, her toplumun tarihsel koşullarına bağlı olarak değişebilir; ama tanıklığın kendisi, devrimci eylemin olmazsa olmaz bir öğesidir.

Bu tanıklığın *ne* ve *nasıl* olduğunu belirlemek için, bugünkü tarihsel bağlam, halkın dünyaya bakışı, toplumun baş çelişkisi ve bu çelişkinin başlıca yönü hakkında artan ölçüde eleştirel bilgiye sahip olmak belirleyici önem taşır. Tanıklığın bu boyutları, tarihsel, diyalogcu ve dolayısıyla diyalektik olduğu için, bunlar, kendi bağlamını analiz etmeksizin öteki bağlamlardan ithal edilemez. Başka türlü davranmak, göreli olanı mutlaklaştırmak ve gizemlileştirmektir; o zaman yabancılaşma kaçınılmaz hale gelir. Diyalogcu eylem kuramında tanıklık, gerçek devrimi ayırt eden kültürel ve eğitici niteliğin başlıca ifadesidir.

Tanıklığın tarihsel olarak değişmeyen temel özellikleri şunlardır: Söz ve eylem arasında *tutarlılık*; tanıkları, varoluşu sürekli bir risk olarak yaşamaya mecbur eden bir *cesaret*; hem tanıkları hem de muhataplarını gittikçe daha fazla eyleme yönelten *radikalleşme* (sekterlik değil); *sevme yürekliliği* (zalim bir dünyaya uyum sağlamak değil, insanların giderek özgürleşmesi uğruna bu dünyanın dönüştürülmesi); ve halka *inanç* çünkü tanıklık onadır, halk önündeki bu tanıklık onunla arasındaki diyalektik ilişkisi yüzünden egemen seçkinleri de (onlar da bu tanıklığa alışılagelmiş tarzda karşılık verirler) etkiliyor olsa bile.

Her gerçek (yani eleştirel) tanıklık, önderlerin her zaman halkın katılımını ânında kazanamayacakları olasılığı dahil, riske girme cesaretini gerektirir. Bir tanıklığın belirli bir anda ve belirli koşullar altında ürün vermemiş olması bu nedenle gelecekte de ürün veremeyecek hale geldiğini göstermez. Tanıklık soyut bir jest değil, bir eylem olduğu için –çünkü dünya ve insanlarla yüzleşmedir– durağan değildir. İçinde ortaya çıktığı toplumsal bağlamın parçası haline gelen dinamik bir öğedir. Bu andan itibaren içinde yer aldığı bağlamı etkilemekten vazgeçmez.[47]

Diyalog karşıtı eylemde manipülasyon halkı uyuşturur ve ona egemen olunmasını kolaylaştırır. Diyalogcu eylemde manipülasyonun yerini özgün örgütlenme alır. Diyalog karşıtı eylemde manipülasyon, fetih (boyun eğdirme) amaçlarına hizmet eder. Diyalogcu eylemde gözü pek ve sevgi dolu tanıklık, örgütlenmenin hedeflerine hizmet eder.

Egemen seçkinler için örgütlenme, kendilerini örgütlemek demektir. Devrimci önderler için örgütlenme, kendilerini halkla *birlikte* örgütlemek demektir. Birinci durumda egemen seçkinler, erklerini, insanlara daha etkin egemen olabilecekleri ve onları kişiliksizleştirebilecekleri şekilde yapılaştırır. İkinci durumda örgütlenme ancak varlığı özgürlüğün praksisinin ifadesiyse ancak o zaman doğasına ve hedefine uygun düşer. Dolayısıyla, her örgütlenme için gerekli olan disiplin, emir-komuta ile karıştırılmamalıdır. Bir örgütlenme elbette önderlik, disiplin, karar belirleme ve hedefler olmaksızın –yerine getirilecek görevler ve hesap verme olmaksızın– ayakta kalamaz ve bunlar olmadan, devrimci eylem işlemez. Ancak bu olgu hiçbir şekilde, halka kullanılacak nesne muamelesi yapılmasına gerekçe oluşturamaz. Halk zaten ezenler tarafından kişi olmaktan çıkarılmıştır; eğer devrimci önderler de *conscientizaçao* için çalışmak yerine halkı manipüle ederlerse, bu, örgütlenmenin en temel hedefiyle yani özgürleşmeyle çelişir.

Halkı örgütlemek, içerisinde, kendileri de kendi sözlerini söylemekten alıkonmakta olan[48] devrimci önderlerin

---

47. Bir süreç olduğu göz önüne alındığında, gerçek tanıklığın hemen meyve vermemiş olması, mutlak başarısızlık olarak değerlendirilemez. Tiradentes'in bedenini doğrayanlar, onun bedenini parçalayabildiler ama tanıklığını silemediler.

48. Küba Üniversitesi'nde bir tıp okulunun müdürü olan Dr. Orlando Aguirre Ortiz bana şöyle demişti: "Devrimde üç 'P' vardır: *Palavra, povo, e polvora* (Söz, halk ve barut). Barutun patlaması, halkın, eylem yoluyla, özgür-

dünyanın nasıl adlandırılacağını öğrenme tecrübesini başlattığı süreçtir. Bu, gerçek bir öğrenme tecrübesidir ve bu nedenle diyalogcudur. Önderler sözlerini bu yüzden tek başlarına söyleyemezler; halkla *birlikte* söylemek zorundadırlar. Diyalogcu bir şekilde davranmayan, kendi kararlarını dayatmakta ısrar eden önderler halkı örgütleyemez, manipüle ederler. Özgürleştirmezler, kendileri de özgürleşmezler, sadece ezerler.

Halkı örgütleyen önderlerin, kendi sözlerini keyfi bir şekilde dayatma hakkına sahip olmadığını söylemek, onların, ezilmeye alışık halk arasında dizginsizliği teşvik eden liberal bir görüşü benimsemek zorunda oldukları anlamına gelmez. Diyalogcu eylem kuramı hem otoriterliğe hem de dizginsizliğe karşıdır, bu şekilde otoriteyi ve özgürlüğü onaylar. Otorite olmaksızın özgürlük olamaz fakat özgürlük olmaksızın da otorite olamaz. Her tür özgürlük kendine özgü koşullar altında (ve farklı varoluş düzeylerinde) otorite haline gelebilme olasılığını içerir. Özgürlük ve otorite birbirinden ayrılamaz, birbirleriyle ilişkileri içinde değerlendirilmeleri gerekir.[49]

Gerçek otorite sadece iktidarın *el değiştirmesi* ile onaylanmaz, *temsilci olarak seçilme* ya da *eğilimde fikir birliği* yoluyla sağlanır. Otorite, sadece bir gruptan ötekine geçtiği ya da çoğunluğa zorla dayatıldığı yerde, yozlaşır ve otoriterliğe dönüşür. Otorite, özgürlükle çatışmaktan ancak "özgürlük otorite haline gelmiş" ise kaçınabilir. Birinin aşırı semirmesi ötekinin körelmesine yol açar. Nasıl otorite özgürlük olmadan olamıyorsa ve bunun tersi de doğruysa, otoriterlik de özgürlüğü reddetmeden var olamaz, dizginsizlik ise otoriteyi inkâr etmeden.

---

leşme peşinde, kendi somut durumu hakkındaki idrakini berraklaştırır". Bu devrimci doktorun, sözü, bu makalede kullanıldığı anlamıyla, eylem ve düşünme olarak, praksis olarak vurguladığını gözlemek ilginçti.

49. Somut durum bir ezme ya da denetim durumu ise bu ilişki çatışma yüklü olacaktır.

Diyalogcu eylem kuramında örgütlenme, otoriteyi gerektirir, bu yüzden otoriter olamaz; özgürlüğü gerektirir, bu yüzden dizginsiz olamaz. Örgütlenme bu nedenle daha ziyade, içerisinde önderlerin ve halkın; gerçekliği dönüştürerek daha sonra tüm toplum içinde kurmaya çalışacakları gerçek otoriteyi ve özgürlüğü birlikte yaşadıkları, toplumsal olarak algılanan son derece eğitici bir süreçtir.

Kültürel Sentez

Kültürel eylem, sosyal yapıya, bu yapıyı ya korumak ya da değiştirmek hedefiyle etkide bulunan daima sistematik ve amaçlı bir eylem biçimidir. Amaçlı ve sistematik bir eylem biçimi olarak tüm kültürel eylemlerin, hedeflerini belirleyen ve yöntemlerini tanımlayan bir kuramları vardır. Kültürel eylem (bilinçli veya bilinçsizce) ya egemenliğe ya da insanların özgürleşmesine hizmet eder. Kültürel eylemin bu diyalektik olarak karşıt tipleri, sosyal yapının içinde ve üzerinde etkide bulunurken *süreklilik* ve *değişimin* diyalektik ilişkilerini yaratırlar.

Sosyal yapı, *olmak* için *oluşmak* zorundadır; bir başka deyişle, "oluşmak", sosyal yapının –Bergsoncu anlamıyla– "kalıcılığı" ifade etme yoludur.[50]

Diyalogcu kültürel eylemin hedefi, süreklilik-değişim diyalektiğini ortadan kaldırmak değildir (böyle bir amacın gerçekleşmesi imkânsızdır çünkü diyalektiğin ortadan kalkması bizzat sosyal yapının ve böylelikle insanların da ortadan kalkmasını gerektirirdi); diyalogcu kültürel eylem, daha çok, sosyal yapının uzlaşmaz çelişkilerini aşmayı ve böylelikle insanların özgürleşmesini sağlamayı hedefler.

---

50. Bir yapıyı sosyal yapı (böylelikle de tarihsel-kültürel bir yapı) kılan şey –mutlak anlamda– ne süreklilik ne de değişimdir; bu ikisi arasındaki diyalektik ilişkidir. Son tahlilde, sosyal yapıda kalıcı olan şey, ne süreklilik ne de değişimdir; bu süreklilik değişim diyalektiğinin kendisidir.

Öte yandan diyalog karşıtı kültürel eylem bu çelişkileri gizemlileştirmeyi amaçlar; böylece de gerçekliğin radikal dönüşümünden kaçınmayı (veya bunu mümkün olduğunca önlemeyi) umar. Diyalog karşıtı eylem açıkça veya içkin olarak, sosyal yapı içinde, kendi taşıyıcıları lehine konumları korumayı amaçlar. Bu taşıyıcılar sosyal yapıda hiçbir zaman yapının uzlaşmaz çelişkilerinin aşılmasını sağlayacak ölçüde radikal değişimler kabul edemezler; ama ezilenler üzerindeki kendi karar erklerini tehlikeye düşürmeyecek biçimleri kabul edebilirler. Bu nedenle bu tür eylem halkın *fethedilmesini, bölünmesini, manipüle edilmesini* ve *kültürel istilayı* içerir. Bu, zorunlu olarak ve esas olarak suni bir eylemdir. Bununla birlikte diyalogcu eylem suni her yönün aşılmasıyla nitelenir. Diyalog karşıtı kültürel eylemin sunilik özelliğini aşmaktaki yetersizliği, hedefinin egemenlik olması yüzündendir. Kültürel eylemin bunu diyalog içinde yapma yeteneği ise hedefinin özgürleşme olmasından kaynaklanır.

Kültürel istilada aktörler, eylemlerinin konusal içeriğini kendi değerlerinden ve ideolojilerinden çıkarırlar. Başlangıç noktaları kendi dünyalarıdır; kendi dünyalarından gelip, istila ettiklerinin dünyasına girerler. Kültürel sentezde "başka bir dünya"dan halkın dünyasına gelen aktörler istilacı olarak davranmazlar. *Öğretmek, aktarmak* veya *vermek* üzere değil, halkla birlikte, halkın dünyasını öğrenmek üzere gelirler.

Kültürel istilada (kurbanları olan kültüre bizzat gitmeleri bile gerekmez; eylemleri giderek daha fazla teknolojik araçlar tarafından yerine getirilir) aktörler kendilerini, seyirci rolü, nesne rolü biçtikleri halka dayatırlar. Kültürel sentezde aktörler, dünyaya yönelik ortaklaşa yürüttükleri eylemin ortak hazırlayıcısı haline gelen halkla bütünleşir.

Kültürel istilada hem seyirciler hem de korunacak gerçeklik, aktörlerin eyleminin nesneleridir. Kültürel sentezde seyirci yoktur; aktörlerin eyleminin nesnesi, insanların özgürleşmesi uğruna dönüştürülmesi gereken gerçekliktir. O halde kültürel sentez, içinde biçimlendiği yapıların koruyucusu olarak kültürle yüzleşen bir eylem biçimidir. Tarihsel eylem olarak kültürel eylem, egemen durumdaki yabancılaşmış ve yabancılaştırıcı kültürü aşmanın bir aracıdır. Bu anlamda her gerçek devrim, kültür devrimidir.

Bu kitabın 3. Bölümü'nde anlatıldığı şekliyle, halkın üretken konularının ya da anlamlı konusallarının araştırılması, kültürel sentez olarak eylem sürecinin başlangıç noktasını oluşturur. Gerçekten de bu süreci iki ayrı aşamaya bölmek mümkün değildir: Yani önce *konusal araştırma* ve *sonra kültürel sentez olarak eylem.* Böylesi bir bölme, halkın araştırmacılar tarafından edilgen nesneler olarak incelendiği, analiz edildiği ve sorgulandığı bir başlangıç aşaması fikrini içinde taşır; bu da diyalog karşıtı eyleme uygun bir işleyiştir. Böylesi bir bölünme, sentez olarak eylemin, istila olarak eylemden doğduğu şeklinde ilkel bir yoruma yol açardı.

Diyalogcu kuramda bu bölünme meydana gelemez. Konusal araştırmanın özneleri sadece uzman araştırmacılar değil, aynı zamanda kendi konusal evrenleri araştırılan halktan insanlardır. Sorgulama –kültürel sentez olarak eylemin ilk ânı– sonraki eylem aşamalarına doğru gelişen yaratıcı bir ortam oluşturur. Böylesi bir ortam, istilaya uğrayanların yaratıcı coşkusunu yabancılaşma yoluyla öldüren, onları umutsuzluğa ve onsuz gerçek yaratıcılığın olamadığı, deneyin risklerinden duyduğu korkuya terk eden kültürel istilada var olamaz.

İstilaya –hangi düzeyde olursa olsun– uğrayanlar, istilacıların kendilerine kural olarak belirlediği modellerin ötesine nadiren geçebilirler. Kültürel sentezde istilacı yoktur: Bu nedenle dayatılan model de yoktur. Bunların yerine gerçekliği eleştirel olarak analiz eden (ama bu analizi hiçbir zaman eylemden koparmayan) ve tarihsel sürece özneler olarak müdahale eden aktörler vardır.

Önceden hazırlanmış olanları izlemek yerine önderler ve halk, karşılıklı dayanışma içinde eylemlerinin ana çizgilerini birlikte yaratırlar. Bu sentezde önderler ve halk, bir bakıma yeni idrak ve yeni eylem içinde yeniden doğarlar. Yabancılaşmış kültürün anlaşılması, yabancılaşmadan kurtulmuş bir kültürde sonuçlanan dönüştürme eylemine yol açar. Önderlerin daha aydınlanmış idraki, halkın ampirik bilgisiyle yenilenir, halkın bilgisi ise önderlerin idrakiyle kesinleştirilir.

Kültürel sentezde –ve sadece kültürel sentezde– önderlerin dünyaya bakışıyla halkınki arasındaki çelişkiyi, her ikisini de zenginleştirerek çözümlemek mümkündür. Kültürel sentez bu iki görüş arasındaki farkları inkâr etmez; aksine bu farklılığa dayanır. Kültürel sentez, birinin dünyaya bakışının ötekininki *tarafından* istilasını *reddeder* fakat her birinin ötekine verdiği inkâr edilemez desteği olumlar.

Devrimci önderler kendilerini halktan ayrı örgütlemekten kaçınmak zorundadırlar. Belirli tarihsel koşullarda halkla aralarında meydana gelebilecek herhangi türden bir çelişki, ne olursa olsun çözülmelidir ve bir ilişkiyi –zorla– dayatarak kültürel istila yoluyla (çelişki) örtbas edilmemelidir. Kültürel sentez bunun tek yoludur.

Devrimci önderler halkın dünyaya bakışı gibi gerçek bir şeyi hesaba katmadıkları için pek çok hata ve yanlış hesap yaparlar: Halkın dünyaya bakışı, açıkça ve içkin olarak ilgilerini, kuşkularını, umutlarını, önderlerini görüş tarzlarını, kendileri ve ezenleri hakkındaki görüşlerini, dini inançlarını (hemen her zaman farklı inançlara özgü öğelerin bir karışımıdır), kaderciliklerini, isyankâr tepkilerini içerir. Bu öğelerden hiçbiri ayrıştırılmış halde ele alınamaz; çünkü bunların her biri karşılıklı etkileşim içinde bir bütünlük oluştururlar. Ezenler bu bütünlüğü ancak egemenlik kurarak veya egemenliği koruyan istila eylemlerine yararlı olacağı ölçüde bilmek isterler. Devrimci önderler içinse bu bütünlüğün bilinmesi, eylemlerinin kültürel sentez niteliği kazanması için vazgeçilmezdir.

Kültürel sentez (adı üstünde *sentez* olduğu için) devrimci eylemin hedeflerinin halkın dünyaya bakışında ifade edilmekte olan özlemlerle sınırlanması demek değildir. Eğer böyle olsaydı (halkın dünyaya bakışına saygı kisvesi altında) devrimci önderler bu bakış tarzına edilgen bir şekilde bağımlı olurlardı. Ne önderlerin halkın dünyaya bakışını istila etmesi ne de halkın (çoğu kere naif kalan) özlemlerine önderlerin uyumlulaşması kabul edilebilir.

Somutlaştıralım: Belirli bir tarihsel anda halkın temel umudu ücretlerin artışı talebinden öteye geçmiyorsa, önderler iki hatadan birine düşebilir. Eylemlerini bu tek talebi alevlendirmekle sınırlayabilirler[51] ya da halkın bu özlemini önemsemeyip onun yerine daha ileri hedefler koyabilirler; henüz halkın ilgisinin menziline girmemiş hedeflerdir bunlar. Birinci durumda devrimci önderler halkın taleplerine uyma çizgisini benimserler. İkinci durumda halkın özlemlerine saygı göstermeyerek kültürel istilacı durumuna düşerler. Çözüm sentezden geçer: Önderler bir yandan halkın daha yüksek ücret talebiyle özdeşleşmeli, bir yandan da bu talebin anlamını bir problem olarak tanımlamalıdır. Bunu yapmakla önderler, ücret talebinin tek bir boyutunu oluşturduğu gerçek, somut, tarihsel durumu problem olarak tanımlamış olurlar. O zaman ücret taleplerinin tek başına kesin bir çözüm sağlayamayacağı açıklığa kavuşacaktır. Bu çözümün özü, kitabın daha önceki bölümlerinde Üçüncü Dünya piskoposlarından yapılan alıntıda bulu-

---

51. Lenin, Rus Sosyal Demokrat Partisi'nin, proletaryanın ekonomik taleplerini devrimci mücadelenin aracı olarak vurgulama eğilimine sert bir şekilde saldırdı, bu uygulamayı "ekonomik kendiliğindencilik" olarak niteledi. "What is to be done?" (Ne Yapmalı?),*On Politics and Revolution, Selected Writings* (Siyaset ve Devrim, Seçme Yazılar) adlı kitapta. (New York, 1968).

nabilir: "Eğer işçiler bir şekilde kendi emeklerinin sahibi olmazlarsa, bütün yapısal reformlar etkisiz kalacaktır... İşçiler kendi emeklerinin sahibi olmalıdırlar, satıcısı değil... Çünkü emeğin ticaretini yapmak ya da emeğini satmak köleliğin bir biçimidir".

Emek "kişinin bir parçası olduğu" ve "bir insan ne satılabileceği ne de kendisini satabileceği" için "herkesin kendi emeğinin sahibi" olması gerektiği hakkında eleştirel bilince ulaşmak, kolay çözüm yanılsamasının ötesine adım atmaktır. Bu, insanileştirilmesi yoluyla insanları insanlaştırmak için gerçekliğin gerçek biçimde dönüştürülmesine girişmektir.

Diyalog karşıtı eylem kuramında kültürel istila, manipülasyonun hedeflerine hizmet eder. Manipülasyon da fetih hedeflerine, fetih ise egemenliğe hizmet eder. Kültürel sentez, örgütlenmenin amaçlarına hizmet eder, örgütlenme ise özgürleşmenin amaçlarına.

Bu çalışma çok açık bir gerçekle ilgilidir: Nasıl ezenler, ezmek için bir ezme eylemi kuramına ihtiyaç duyuyorsa, ezilenler de özgür olmak için bir eylem kuramına ihtiyaç duyarlar.

Ezenler kendi eylem kuramlarını halkın katılımı olmadan geliştirirler çünkü zaten halka karşıdırlar. Halk ise – ezildiği ve baskı altında tutulduğu, ezenlerin görüntüsünü içselleştirdiği sürece– kendi başına özgürleştirici eylem kuramını oluşturamaz. Bu kuram, yalnızca halkın devrimci önderlerle karşılaşması içinde –ortaklaşalıkları, ortak praksisleri içinde– inşa edilebilir.

Ek 1
Eleştirel Pedagoji Hakkında
Yeniden Düşünmek:
Paulo Freire ile söyleşi

M acedo:* *Yetişkinlerin okuma yazma öğrenmesini, özellikle de ezilenlerin eğitilmesini sürekli bir uğraş edinmeye sizi hangi etkenler yöneltti?*

Freire: Genç yaşlarımdan beri, eğitim uygulamalarına son derece yoğun ilgi duydum. Gençken, bir lisede Porte-

---

* Donaldo Macedo, Freire'in The Politics of Education: Culture, Power and Liberation (Eğitim Politikası: Kültür, İktidar ve Özgürleşme) adlı kitabının İngilizce çevirmenidir. Bu söyleşi, Türkçede ilk kez kitabı yayımlanan yazarın düşünce sistematiği hakkında daha etraflı bilgi vermek için sözü edilen kitaptan alınmıştır. (y.n.)

kiz dili öğretmenliği görevini kabul etmiştim. Portekizce sözdizimini öğretmek ve öğrenmek beni büyülüyordu. Tabii o dönemde ailelerinin hali vakti gayet yerinde öğrencilerin öğretmenliğini yapıyordum.

Portekiz dili ve özelde de Portekizce sözdizimi çalışmaya duyduğum ilgi, dilbilim, dilbilgisi ve dil felsefesi alanlarındaki belirli okumalarla birlikte beni genel iletişim kuramlarına yöneltti. Ben özellikle anlam, dilsel işaretler ve birbiriyle konuşan özneler arasında gerçek bir iletişim gerçekleşmesi için dilsel işaretlerin kolay anlaşılabilir olması ihtiyacı konularıyla ilgiliydim. On dokuzumdan yirmi iki yaşıma kadar bu konular benim başlıca entelektüel uğraşlarımdı. Bir başka önemli etki de karım Elza'dır (Şimdi yedi torunumuz var). Elza beni olağanüstü etkilemiştir.

Böylece, dilsel çalışmalarım ve Elza'yla tanışmam beni pedagojiye yöneltti. Tarihsel, kültürel ve felsefi düşüncelerin yanı sıra belirli pedagojik fikirler de geliştirmeye başladım. Ama bu fikirleri geliştirirken, çocukluğumun geçtiği yerin, Kuzeydoğu Brezilya'nın gayet dramatik ve meydan okuyan sosyal gerçeklikleriyle yüzleşmek zorundaydım. Ailemin ekonomik durumu yüzünden son derece zor bir çocukluk dönemi geçirmiştim. Şimdi işçilerle, tarım işçileriyle ve balıkçılarla çalışan genç bir adam olarak sosyal sınıflar arasındaki farklılıkların bir kez daha farkına vardım.

Çocukken işçi sınıfı çocukları ve tarım işçileriyle birlikteydim. Bir yetişkin olarak yine yetişkin işçiler, tarım işçileri ve balıkçılarla birlikteydim. Bu yeni karşılaşma pek naif sayılmazdı ve beni, pedagojik araştırmayla daha derinden uğraşmaya duyduğum kişisel ihtiyacı kavramaya herhangi bir kitaptan çok daha fazla yöneltti. İçinde bulunduğum eğitim uygulaması hakkında yetişkinlerden öğrenme konusunda beni motive etti.

Brezilya'da okuma yazma bilmeyenlerin oranı son derece yüksek düzeyini sürdürdüğü için okuma yazma me-

selesini çok önemli buluyordum. Üstelik insanların oku-
yup yazamaması bana gayet haksız görünüyordu. Okuma
yazma bilmemenin içinde taşıdığı adaletsizliğin daha ciddi
anlamları da vardır; okuma yazma bilmeyenlerin, kendile-
ri için karar vermekten, oy kullanmaktan ve siyasi sürece
katılmaktan aciz olmaları, bu bakımlardan kısırlaştırılması
gibi. Bu bana saçma görünüyor. Okuma yazma bilmemek,
kendisi için en iyi olanı seçmeyi ve en iyi (ya da en az kötü)
önderleri seçmeyi sağlayan sağduyuyu önlemez.

Bu adaletsizliklerin beni de etkilediğini gayet iyi hatır-
lıyorum, bu adaletsizlikler düşünmelerim ve çalışmalarım
sırasında pek çok zamanımı aldı. Bir gün, yetişkin eğitimi
alanında dikkate değer tecrübelerden sonra, insanların için-
de bulundukları gerçekliğe bakışları (ama benim bakış açım
değil) hakkındaki münakaşalar ve tartışmalar yoluyla okul
ve çocuklara ilişkin, ana babalar ve öğretmenler arasında
yürüttüğüm toplantılarla ilgili bir dizi teknik geliştirdim.
Brezilya'da buna ana baba ve öğretmen grupları denir. Uzun
bir süre bu yüz yüze gelmelerde geliştirdiğim teknikleri iler-
letme üzerinde yoğunlaştım; bu toplantıları neyin gerçek ve
somut olduğu hakkında eleştirel düşünme forumları olarak
görmeye çalıştım. Bu uğraşıyı uzun süre hiçbir şeyi yazıya
dökmeden sürdürdüm (bu benim kültürümün sözel nite-
liğini yansıtıyor). Sonra sormaya başladım. Niçin, disiplin
gibi kimi konuları münakaşa ederken kullanmış ve kullan-
makta olduğum ilkeleri, eleştirel bakışı ve pedagojiyi izleyen
bir şey olmasın ki? Disiplin nedir? Özgürlük ve otorite ara-
sındaki ilişki nedir? Babanın otoritesi ve çocuğun özgürlüğü
arasındaki ilişki nedir? Çocuklar niçin ezberden cümleler
okuyup, alfabenin harflerini deneyerek bulmasınlar? Ger-
çekte, cümleyi bir hareket noktası olarak kullanarak, bir bü-
tün olarak kelimenin tümlüğüyle başlamalıdırlar yoksa bir
harf simgesiyle, en küçük birimle değil. Şunu sordum; yetiş-
kin öğrencilerimle konuştuğum zaman söz konusu ettiğim

temalar hakkında neden yazılmasın? Azgelişmişlik nedir? Milliyetçilik nedir? Demokrasi nedir? İnsanlara kelimeleri okumaları öğretilirken de niçin aynı şey yapılmasın ki?

Bir kez formüle ettikten sonra, bir öğretme yöntemi bulana kadar bu temaları araştırdım. Bana bu soruyu sormanız iyi oldu çünkü Kuzey Amerikalı okurun benim pedagojik düşüncemin gelişimiyle ilgili herhangi bir bilgisi olduğunu sanmıyorum.

Macedo: *Tarım işçileriyle yeniden karşılaşmanızı anlatırken, onlardan pek çok şey öğrenmemiz gerektiği nosyonundan söz ettiniz. Bu öğrenme sürecini daha ayrıntılı olarak tartışır mıydınız?*

Freire: Tarım işçilerinden elbette ki öğrenecek pek çok şeyimiz var. Tarım işçilerinden söz ettiğim zaman, vurguladığım şey, ötekilerden öğrenmemiz gereğiydi, genelde öğrenenlerden öğrenmemiz gereği. Sürekli olarak vurgulamaktayım, tarım işçilerinden öğrenmeliyiz; çünkü onları, benim eğitim uygulamamın belirli bir ânında öğrenenler olarak görüyorum. Öğretmenliğini yaptığımız öğrencilerden pek çok şey öğrenebiliriz. Bunun olması için, öğretmenin her şeyi bildiği ve öğrencinin hiçbir şey bilmediği monoton, sıkıcı ve seçkinci gelenekçiliği aşmamız şarttır. Açıktır ki, öğrencilerimizden (ister tarım işçisi, ister kentli işçi, ister lisansüstü öğrenci olsunlar) öğrenmemiz gereğini tanırken, öğrenci ve öğretmenin bir ve aynı olmadığını da göz ardı etmemeliyiz. Ben bunu söylemiyorum. Yani, eğitimci ve öğrenci arasında bir fark vardır. Bu genel bir farktır. Bu genellikle bir kuşak farkıdır da.

Bu konu, yine siyasidir. Bana göre aynı zamanda ideolojiktir de. Eğitimci ve öğrenci arasındaki fark, her şeyden önce kuram ve uygulama, otorite ve özgürlük ve belki dün ve bugün arasında varolan gerilimle aynı olan belirli ve sürekli bir gerilimle ilgili bir olgudur.

Eğitimciler bu gerilimin ve bu farkın bilincinde oldukları zaman, bu farklılıkların uzlaşmaz hale gelmemesi için sürekli tetikte olmalıdırlar. Yapmamız gereken şey, her bir günü öğrenenlerle yaşamak ve aramızdaki bu gerilimle – uzlaştırılabilir olan bu gerilimle– başa çıkmaktır. Bu durumu uzlaşmaz değil de uzlaştırılabilir olarak tanımak, bize seçkinci ve otoriter değil de demokratik eğitimci niteliği verir.

Ne kadar eleştirel yaşarsak (bu Girouxcu anlamda radikal bir pedagoji diyeceğim şeydir) radikal ve eleştirel bir eğitim uygulamasını o kadar içselleştiririz, öğretme ve öğrenmeyi birbirinden ayırmanın imkânsızlığını o kadar fark ederiz.

Ben, bilginin nesnesinin, bir iyelik olmaktan ziyade, bilinebilir bir özne haline geldiği gerçek bir öğrenme durumunda ötekilerle birlikte olabilirim. Bu tip bir durum bilebilen öznelere; eğitimcilere ve öğrenenlere aracılık eder. Eğitimci ve öğrenen birbiri hakkında bilgi sahibi değilse ve eğer birbirlerine bir şeyler öğretmiyorlarsa bu somut ilişkiyi yaşamaları ve değerlendirmeleri imkânsızdır.

İşte bütün bu düşüncelerden yola çıkarak, genellikle ve kategorik olarak tarım işçilerinden bir şeyler öğrenmemiz gerektiğini savunurum. Eğer üniversitedeki öğrencilerinden hiçbir şey öğrenmeye ihtiyaçları olmadığına inanan öğretmenler varsa, bunların bir tarım işçisinden öğrenmek konusunda ne söyleyeceklerini tasavvur edebilirsiniz. Bunların seçkinciliği onları tarım işçilerinden ve işçilerden öylesine uzaklaştırır ki sıklıkla benim bu konudaki görüşlerimi epeyce demagojik veya cahilce bulurlar. Fakat değildir. Kısaca, bilme sürecinin sıkı bir kavranışının onu bir sosyal süreç olarak gördüğünü (toplam süreçten ayrılmış bireysel bir andan ibaret değil), öğretmek ile öğrenmenin birbirinden ayrılmasının imkânsız olduğunu düşünüyorum.

Macedo: *Çoğu kez statükonun dışında yer alan bir düşünür olarak algılanıyorsunuz. Sistemden kopma, düşüncenizi daha yaratıcı ve eleştirel kılıyor mu?*

Freire: Bir ayağımı sistemin içinde öteki ayağımıysa sistemin dışında tutarak düşünmeye ve öğretmeye çalışıyorum. Elbette ki eğer sistem var olmaya devam ediyorsa sistemin tamamen dışında olamam. Ancak sistemin kendisi dönüştürülebilseydi o zaman tamamen sistemin dışında olabilirdim. Fakat sistem zaten kendi kendine bir dönüşüm halinde olduğu için bir türlü dönüştürülmez. Böylelikle etkili olmak için, sistemin kenarlarında yaşayamam. İçinde olmalıyım. Doğal olarak, bu belirli bir ikilik doğuruyor, sadece benim için değil, siz, Giroux, Carnoy ve Berthoff gibi kişiler için de. Bu hiç kimsenin kaçamayacağı bir ikilik; siyasi varlıklar olarak varoluşumuzun bir parçası olan bir ikilik.

Bu ikiliğin doğası nedir? Taktik bakımdan, hepimizin bir ayağı sistemin içinde; ve stratejik olarak hepimizin öbür ayağı sistemin dışında. Yani, benim rüyamın ve hedefimin bakış açısından, ben, stratejik olarak öteki ayağımı çekmeye çalışan sistemin dışındayım! Ve bu öbür ayağımla, elbette ki sistemin içindeyim.

Bu ikilik sıklıkla risklidir. Bu da pek çok kişinin niçin her iki ayağını da sistemin içinde tuttuğunu açıklar. Zaman zaman sağ ayaklarını yavaşça dışarı basmaya çalışan fakat hemen akabinde korkularına yenilen kişiler tanırım. Dışarı adım atan ve cezalandırılan öteki kişileri görür onlar. Sağ ayağıyla sımsıkı dışarı bastığı için hizmet süresi yakılan Giroux'nun durumu buna örnektir. Sistemin dışında olmaya çalışan (ve hatta bunu ilan etmiş olan) pek çok kişinin Giroux'nun mihnetli tecrübesini öğrendikten sonra geri çekildiğinden ve her iki ayağını da içeri bastığından kuşku duymuyorum. Bu kişiler kendi ikiliklerini çözmüşlerdir. Onlar geleneksel bir tavrı kabul etmişlerdir. Ben Giroux'yu seviyorum ve ona hayranım çünkü sağ ayağını dışarıda tutmayı sürdürüyor!

Macedo: *Öznellik ve eğitim siyasası ilişkisinden söz etmiştiniz. Bu temayı biraz daha açar mısınız?*
Freire: Öznellik ile ilgili konular genelde kuram ve uygulama ve varoluşla ilgili konulara benzer. Bunlar zaman boyunca felsefi düşünceye dokunan konulardır. Belirli bir şekilde bu konular öznellik üzerinde etki eden bilinci nasıl gördüğün bakımından iş görürler. Hegel öncesi veya Hegelci olabilecek bir idealizme düşme olasılığı var, burada nesnelliği yaratma gücüne sahipsiniz. Ayrıca öznelliğin sadece bir soyutlamadan ibaret olduğu, nesnelliğin bir kopyası olduğu şeklindeki uzlaşmazcı görüşe de düşebilirsiniz. Yani Marx bu idealist meşguliyetlerde büyük bir sıçrayış yapar. Fakat ben Marksist bayrak altındaki pek çok kişinin, zaman zaman alaycı bir şekilde özgürleştirici kadercilik dediğim bir kaderciliğe bağlı mekanik açıklamaları benimsediklerine inanıyorum. Bu tarihe verilmiş bir özgürlüktür. Bu nedenle özgürleşmeyi getirmek için herhangi bir çaba harcamak şart değildir. Ne olursa olsun özgürlük gelecektir. Ben bu kaderciliğe inanmıyorum elbette ki. Kendime her iki tip öznelciliğe de düşme izni veremem: Ne tarihi belirlenime ne de benim özgürleştirici kadercilik dediğim öznelciliğe.

Tamamıyla yanılabilirdim fakat Marksist eleştirel bakış açısı içinde bile, öznelliğin tarihteki rolünün kavranması sorunu yüzyılın sonuna kadar kıyasıya yüzleşmek zorunda olduğumuz bir etken, gerçek bir problemdir. Öznellik, özgürlük, dünyanın yeniden kurulması ve devrim problemleriyle bağlantılıdır, bir devrim öznelliği devre dışı bırakmak veya hiç değilse kurallaştırmak zorundadır öyle ki nesnel düşünmenin tasarımlarını izlesin. Doğrusu bana epistemolojik olarak kavranamaz görünüyor. Kaldı ki bana göre, bu yüzyılın sonuna kadar bütün bu konuların artık tamamen yoluna koyulması zorunludur; sosyal hareketlerin rolü ve iktidar konuları gibi problemlerin. Ben tarihin oluşturulmasında öznellik ve bilinçle son derece ilgili olduğum ve bunların rolünü hayati gördüğüm için artık toplumu dönüştürürken önemli görevin iktidarı ele geçirmek değil, iktidarı yeniden keşfetmek olduğunu düşünüyorum. İdealist bir bakışa veya tarihin mekanik bir açıklamasına düşmeksizin, eğitimin (ki dönüşüm için bir araç değildir) iktidarın yeniden keşfiyle pek çok şey yapacağını düşünüyorum. Bu yüzyılın düşünürleri, eğitimcileri ve Giroux gibi akademisyenlerinin ortaya koyacakları büyük bir işlev var. Sembolik olarak Giroux diyorum yoksa Giroux'nun kuşağından çok sayıda başka eğitimciyi de kastediyorum, Carnoy gibi ekonomistleri mesela, Carnoy kendisinden öncekilerin pek az diyalektik olan düşüncesini aşmaya girişmiştir. Günümüzde Carnoy sorunuzu yanıtlarken söz ettiğim görüşleri daha ileri götürüyor. Ayrıca Lukács'ın eski bir öğrencisi olan Agnes Heller'ın, kitaplarında da aynı konuları bulacaksınız. Bu konular bakımından ben, çok fazla katkıda bulunduğumu sanmıyorum, bunu söylemek sahte bir alçakgönüllülük değil, üzüntü duyuyorum. Ne var ki bu konuların daha fazla kavranmasına katkıda bulunmaya çalışmayı sürdüreceğim.

Macedo: *Düşüncenizin ve eğitim uygulamanızın siyasi sonuçları nelerdir?*

Freire: Genç bir adam olarak eğitim uygulamalarıma başladığım zaman, bunun potansiyel siyasi sonuçlarının farkında değildim. Siyasi içerikleri hakkında pek az düşünmüştüm, düşüncemin ve uygulamamın siyasi niteliği hakkında ise daha az düşünmüş durumdaydım. Bu düşüncelerin siyasi netliği vardı ve bu bir gerçekliktir. Eğitimin siyasi yapısı eğitimcinin öznelliğinden bağımsızdır yani, eğer eğitimci asla tarafsız olmayan bu siyasi yapının bilincinde ise bağımsızdır. Bir eğitimci sonunda bunu anladığı zaman siyasi ayrıntılardan artık asla kaçamaz. Bir eğitimci kendisine, içkin olarak siyasi olan seçimler hakkında soru sormak zorundadır, varolan yapı içinde onları kabul edilebilir kılmak için pedagoji kisvesine büründürülmüş olsalar bile. Böylelikle seçimler yapmak en önemli şeydir. Eğitimciler kendilerine kim için ve kim adına çalıştıklarını sormak zorundadırlar. Ne kadar bilinçli ve inançlı olurlarsa, eğitimci olarak rollerinin, mesleklerini tehlikeye atma iradesi de dahil risklere girmeyi gerektirdiğini o kadar anlarlar. İşlerini eleştirmeden, sadece mesleklerini korumak için yapan eğitimciler henüz eğitimin siyasi niteliğini kavramamışlardır.

Recife'de yetişkin eğitimi işinde çalıştığım ilk günün gecesini gayet iyi hatırlıyorum. Eve gittiğimde Elza bana "Nasıl gitti" diye sordu. Ve ona şöyle dedim: "Elza, sanırım bugün gördüğüm şeyi, bugün yaşadığım şeyi, iki ya da üç yıl sonra pek çok kişi bana soracak, 'bu ne Paulo?' diye. Fakat muhtemelen ben hapse atılmış olacağım. Ve hapse atılma olasılığımın daha yüksek olduğunu düşünüyorum". Gerçekten de üç olmasa bile dört yıl sonra tutuklandım.

Bu dönemde henüz eğitimin siyasi niteliği hakkında kafam tamamen berrak değildi ve *Education for Critical Consciousness* (Eğitim İçin Eleştirel Bilinç) adlı kitabımda bu siyasi netlik yoksunluğu açıkça görülür. Mesela, bu ilk kitapta siyasete değinememiştim bile. Yine de çalışmalarımın belirli bir ânını temsil ettiği için bu kitaptan yararlanmayı sürdürdüm. (Elbette ki ben, kabaca söylersek, yazdığım son kitap değilim. Bütün kitaplarım düşüncemdeki gelişmenin aşamalarını ortaya koyar.) Fakat bu kitap ikinci ve üçüncü kitaplarımda aştığımı düşündüğüm naif varsayımlar içeriyor. Düşüncemin ve arayışımın tümü bir siyasi çerçevenin parçasıydı ve hâlâ da öyledir, bu çerçeve olmaksızın çabalarım abes olurdu.

Macedo: *Tutuklandığınızdan söz ettiniz. Tutukluluk deneyiminiz nedir?*

Freire: 1964'te Brezilya'da darbeden sonra kısa bir süre tutuklandım. Gerçekte çok daha uzun süre tutuklanan pek çok kişi vardı. Sürgünden önce iki kere tutuklandım, bunların toplamı 75 gündür.

Mazoşist değilim ama bu benim için ilginç bir deneyimdi. Acı çekmekten hoşlanmıyorum ve kesinlikle bunu tekrar yaşamak hoşuma gitmez. Fakat tutukluluk süresinden, olan bitenler hakkında düşünerek yararlandım. Bu günler bir öğrenme deneyimiydi. Elbette ki eğitimin siyasi niteliği yüzünden tutuklanmıştım. Şimdi "Paulo, yetişkin eğitimiyle ilgili başkaları da vardı ve onlar tutuklanmadılar" diyebilirsiniz. Yanıtım onların siyasi olmadığı olabilirdi. Ayrıca onların siyasi olduklarını da söyleyebilirim. Tek fark onların siyasasının egemen sınıfın çıkarlarını zedeleyecek ölçüde ilerlemediğidir. Asıl fark budur. Tarafsız eğitimci yoktur. Biz eğitimcilerin bilmesi gereken şey, kimin yararına bir siyasi felsefe tipini benimsediğimiz ve kimin yararına çalıştığımızdır. Şükür ki benim siyasi fikirlerim egemen sınıfın çıkarlarının yararına değildi ve böyle olmamayı da sürdürüyor.

Macedo: *75 günden sonra sürgün mü edildiniz?*

Freire: Hapisteki 75 günden sonra daha ileri sorgulama için Rio de Janeiro'ya götürüldüm. Ve orada bana gazeteler aracılığıyla tekrar hapsedileceğim söylendi. Arkadaşlarım ve ailem beni, Brezilya'da kalmanın abes olacağına ikna ettiler. Böylece Şili'ye sürgüne gittim ve sonra ABD'ye geldim. Buradan Avrupa'ya geçtim. Toplam olarak sürgünde 16 yıl geçirdim.

Macedo: *Sürgündeki deneyimleriniz eleştirel ve pedagojik düşüncenizin daha da gelişmesine herhangi bir etki yaptı mı?*

Freire: Hiç kimse sürgünde huzur içinde olmaz. Bir kere hiç kimse sürgüne kendi seçimiyle gitmez. İkincisi hiç kimse, üzerinde kuvvetle iz bırakmayan bir sürgün dönemi geçiremez. Sürgün sizi varoluşsal biçimde etkiler. Bir varlık olarak sizi kuşatır. Sizi fiziksel ve zihinsel olarak sarsar. Sürgün, erdemlerinizi ve hatalarınızı büyütür. İşte sürgünün bana yaptığı budur.

Sürgündeyken, öğrenmeyle hakikaten ilgilendiğimi anlamıştım. Sürgünde öğrendiğim şey, bu kitapta tüm okurlara anlattığım şeydir: Her gün dünyaya açık ol, düşünmeye hazır ol; söyleneni sadece söylendiği için kabul etmeye hazır olma, okuduğunu yeniden okumaya eğilimli ol. Her gün sorgula, sor ve kuşku duy. Sanırım en gerekli olanı kuşku duymaktır. Emin olmamanın, yani, "kesinlikler"den fazlasıyla emin olmamanın hep gerektiğini düşünüyorum. Benim sürgünüm, uzun bir sürekli öğrenme dönemiydi.

Ben gençliğimden beri öğrenmeyle ilgili olduğum için, kendimi belirli mekânlarda (Şili, Cambridge, Cenevre ve La Paz) bir sürgün döneminde bulunca, düşünmeye ve kendimi sorgulamaya başladım, böylece bu yerlere ve sürgün dönemine büyük bir öğretmen muamelesi yapmış oldum.

Sürgünün bana öğrettiği ilk derslerden biri, öteki kültürler hakkında değer yargıları oluşturamayacağım ve oluşturmamam gerektiğiydi. Biz Brezilyalıların kendimize özgü bir stilimiz var: Caddede yürüme şekli, bir köşeyi dönme şekli, tipik ifadeler, mimikler vs. Elbette ki bizim tarzımız herhangi bir başka tarzdan ne daha iyi ne de kötü.

Şili'de ben, bir Brezilyalı olarak belirli durumlarda farklı şekilde tepki gösterdiğimi öğrendim.

Gençliğimden beri farklı kültürlere açık oldum ve bu açıklık duygusu benim bir öğretmen ve eğitimci olarak pek çok şey öğrenmeme yardım etti ve benim fikirlerimi ki ille de öteki kültürlere aktarılabilir olmaları gerekmez, düşünmeme ve yeniden düşünmeme yardım etti. Mesela, Şili'deki çalışmamın ilk ayından sonra birkaç şey daha açık hale geldi. Şilililer –ben değil–, kendi eğitim biçimlerini tasarlamalı ve gerçekleştirmeliydiler. İkincisi ben onlara yapabildiğim ölçüde yardım etmeliydim. Üçüncüsü onlara ancak onları daha iyi anlamaya başladığım takdirde yardım edebileceğimi öğrendim. Ve onların kültürünü ve tarihini kavramaksızın onları daha iyi anlayamazdım.

Bu benim için büyük bir öğrenme deneyimiydi ve Gine-Bissau'ya, Yeşil Burun Adaları'na, Angola'ya ve Sao Tome ve Principe'ye davet edildiğim zaman Afrika'da daha huzurlu bir zihin ve daha eleştirel bir yaklaşım şeklinde tekrarlandı. Bu yerleri ısmarlama bir alçakgönüllülükle ziyaret etmedim, güçlü inançlardan köklü bir şekilde destek alan bir alçakgönüllülük taşıyordum. Ötekilerin kültürleri hakkında öğrenme olarak adlandırdığım görevimin gerçek doğasını, ötekilere geçerli olduğunu düşündüğüm şeyi biraz öğretebilecek kadar öğrenmiştim.

Bana, sürgünün görüşlerimi gözden geçirmeme yardım edip etmediğini sorduğunuzda, bazı ortak örnekler verecektim, kesinlikle ukalalık olarak değil fakat bu kültürel farklılıkların entelektüel gelişmemin derinleşmesine yaptığı doğrudan etkiyi gösteren örnekler.

Şili'de üç hafta kadar kaldıktan sonra Şilili bir arkadaşla Santiago'da bir caddede yürüyüşe çıktık ve biz yürürken ben tipik bir Brezilyalı davranışıyla elimi onun omzuna koydum. Ansızın rahatsızlık hissetmeye başladı. Bu hoşnutsuzluğunu hissettim ve arkadaşım bana sonunda şöyle dedi: "Paulo, omzumda bir erkeğin elini hissetmek hoşuma gitmiyor". Elimi derhal çektim tabii ki ve bana hissettiklerini bilme şansı tanıdığı için ona teşekkür ettim. Eve döndüğümüz zaman düşündüm: "Duygusal bir davranışı reddeden bir kültürde yolunda gitmeyen bir şeyler mi var?"

Paulo Freire

Sonra, yıllar sonra Afrika'da Tanzanya'yı ziyaret ettim. Bir ders arasında Afrikalı bir profesör ve beni oraya davet eden arkadaşım kampusta yürüyorduk. Yürürken arkadaşım elimi tuttu ve parmaklarını benimkilerin arasına geçirdi, tıpkı üniversitenin bahçesinde gezen âşıklarmışız gibi. Kendimi korkunç kötü hissettim. Kuzeydoğudan bir Brezilyalı olarak ki ağırlıklı olarak maço bir kültürdür; başka hiçbir şekilde tepki veremezdim. Bir başka erkeğin elimi tutmasını kabul edemezdim. O zamana kadar sadece kadınların elini tutmuştum.

Arkadaşım elini gevşettiği bir an, yakalar da tekrar tutar korkusuyla hızla ellerimi ceplerime soktum. Sonra kendi kendime sordum: "Paulo, duygusal bir davranışı reddeden senin kültüründe yolunda gitmeyen bir şeyler mi var?"

Bu tip şeyler önemsiz gibi görünüyor; fakat ıvır zıvır görünen bu tür olayların, gerçekte çok önemli olduklarına çünkü tüm hayatımızla, kültürümüzle ve insanı öteki hayvanlardan ayırt eden belirleyici özelliklerle bağlantılı olduklarına bu kitabın okurlarının dikkatini çekmek isterdim. O halde bu ıvır zıvır olaylar bana bir temel sağlarlar ve onları ne kadar çok yaşantılarsam, benim, öğrenirken ve düşünürken kendimle teması kaybetmememe o kadar yardım ederler.

Son bir şey daha: Amilcar Cabral'ın çeşitli kültürlere dair olağanüstü fikirlerinin beni nasıl etkilediğini tasavvur edemezsiniz. Ayrıca Gramsci de öteki kültürlere yönelttiği sağlam bakışlarıyla beni gayet derinden etkilemiştir.

Macedo: Pedagogy in Process: Letters to Guinea-Bissau *(Bir Süreç Olarak Pedagoji: Gine-Bissau'ya Mektuplar) adlı kitabınızda Yeşil Burun Adaları'ndan söz ederken bir kültürün yeniden benimsenmesi nosyonundan söz ediyorsunuz. Amilcar Cabral'ın vurguladığı gibi Portekizceyi, sömürgecinin dilini kullanarak Yeşil Burun Adaları'nı ve*

Gine-Bissau'yu yeniden Afrikalılaştırmanın mümkün olduğu kanısında mısınız?

Freire: Yeşil Burun Adalıların yeniden Afrikalılaştırılmasından söz ettiği zaman Amilcar Cabral, kültürel kimlik dediği şeyi de vurgulamıştı. Eğer kültürü parçalanmışsa, kendi kültürü içindeki bir halkı, ki kültürü kimliğidir, Afrikalılaştıramazsınız. Dil, kültürün en acil, özgün ve somut dışavurumlarından biridir. Böylelikle bana göre Gine-Bissau ve Yeşil Burun Adaları'nın yeniden Afrikalılaştırılması kültürün bir bütün olarak yeniden benimsenmesiyle ilgilidir ve bu da bu insanların dilini de kapsar. "Yeniden benimsenme" diyorum; çünkü halk bu kültürü her zaman belli ölçüde benimsemeyi sürdürmüştür. Hiçbir sömürgeci, bir halkı, soykırım hariç kültürel olarak gerçekten kısırlaştıramaz. Sömürge süreci, yanı sıra akıl almaz ve diyalektik bir karşı hareket getirir. Yani, halkın sömürgeleştirmeye tepkisini kışkırtmayan hiçbir sömürgeci müdahale yoktur. Ben bu sorunu siyasi ve ideolojik de görüyorum yoksa sadece dilsel bir sorun olarak görmüyorum. Bu, hükümet ve parti için siyasi kararlar anlamına gelir. Fakat bu siyasi kararlar da ayrıca bir dizi idari ve ekonomik sonuç getirirler.

Öncelikle Yeşil Burun Adaları, Gine-Bissau, Sao Tome ve Principe ve öteki ülkelerin halklarının sadece sömürgecinin dili olduğu için Portekiz dilinden tamamen kopmalarının aptallık olduğu fikrimi paylaşacağınızı sanıyorum. Portekiz kültürünün olumlu yanlarını tamamen reddetmek (mesela, Portekizce yazan yazarları okumayı reddetmek) saçmalık olur. Bu ülkelerle yeniden bir ilişki kurma sürecinde sabık sömürgeciler Portekizcenin sunabileceği avantajları vurgulayarak yardım etmelidirler. İhtiyaçların ortaya koyduğu sorun, Afrika yerli dillerinin kullanımının, ekonomi, siyaset ve maliye gibi alanlarda dereceli olarak sömürgecinin dilinin yerini alabilecek şekilde nasıl harekete geçirileceği ve nasıl yerleştirileceğidir.

Gerekli tüm eserleri (kitapları, belgeleri, metinleri) bir gecede *creole* diline çevirebileceğinizi sanmıyorum. Bu ülkelerin, temel malların akışını durdurmaksızın bunu yapacak ekonomik temelleri yok. Böylece bu ülkeler bu ikilikle yüz yüze gelmek zorundadırlar. Bu, kültür bakımından en önemli problemlerden biridir fakat altyapı için hayati olan öteki temel konuların feda edilmesiyle çözülemez.

Bu ülkelerin ilkokulun ilk yıllarından liseye kadar tüm aşamaları *creole*'leştirmeleri gerek, yani insanlar korku duymaksızın ve hiçbir seçkinci sınırlamayla karşılaşmaksızın kendi yerli dilleriyle kendilerini ifade etmekte kendilerini özgür hissetsinler. Gerçekten de sömürgecinin dilini değil de kendi dillerini konuşmalarının derecesi hakkında kendileri bir karara varacaklardır. Üstelik Yeşil Burun Adaları ve Gine-Bissau gibi ülkelerin bir ulusal dil seçmelerinin büyük bir tehlike içerdiğini düşünüyorum. Bu yeni ülkelerin yüz yüze geldikleri siyasi güçlüklerin tümünü de anlıyorum. Bununla birlikte bu güçlükler hiçbir *creole*'nin bulunmadığı Angola ve Mozambik'te çok daha büyük. Angola ve Mozambik hükümetleri yerli dillerden birini nasıl ulusal dil olarak seçebilir? Bunu yapmak muhtemelen, kendilerini dilsel olarak söz hakları ellerinden alınmış hissedecek çeşitli etnik gruplar arasında bir kopuş yaratmak anlamına gelirdi. Bu, devrim sürecini bile tehlikeye sokabilirdi. Ne var ki etnik farklılıkların önünü kesen bir *creole*'nin bulunduğu Gine-Bissau ve Yeşil Burun Adaları'nın durumu bu değildir.

Asıl problem, bu ülkelerin teknik, bilimsel ve siyasi düşünme için resmi dil olarak Portekizceyi benimsemeleridir. Yeşil Burun Adalı çocuklar coğrafyayı, tarihi, biyolojiyi, matematiği ve sosyal bilimleri Portekizce öğreniyorlar. Bu, ulusal dilin bir görevi olmalıdır yoksa "resmi" dilin değil. Bu Brezilya'daki öğrencilerimden Brezilya tarihini İngilizce okumalarını istememe benzer. Düşünme yapısının na-

sıl tecavüze uğrayacağını görebilirsiniz: Yabancı bir konu
(İngilizce gibi) bir başka konuyu inceleyecek olan öğren-
ciye dayatılır. Eğer Yeşil Burun Adalı bir çocuğun Portekiz
dilini öğrenmede güçlükleri varsa, Portekizce olarak öteki
konuları öğrenmede nasıl güçlükle karşılaşacağını tasav-
vur edebilirsiniz.

Ben, bu tip siyasanın önümüzdeki birkaç yıl içinde daha
gerçekçi olmak zorunda olduğu kanısındayım. Siyasetçiler
dil konusunda net olmak zorundalar. Dilin sadece bir ileti-
şim aracı değil, ayrıca ulusal varlık için bir düşünme yapısı
da olduğunu kabul etmeleri gerek. Dil, bir kültürdür.

Sanırım, okuduğum yazılarınızdan çıkardığım kada-
rıyla bu sizin de görüşünüz Donaldo. Eğer bu ülkeler Por-
tekizceyi, resmi, siyasi ve bilimsel dil olarak kullanmakta
ısrarlı olurlarsa, bu konu bir kez daha siyasi bir konu haline
gelecek çünkü Portekiz dili, ideolojisiyle halkın varlığına
sızarak tarihi ve bilimsel oluşumu (biçimlenmeyi) belirle-
yecek. Bunun ötesinde, Portekizceyi kullanmayı sürdür-
mekte bir başka tehlike daha var: Seçkincilik. Sömürgeci
tarafından eğitilmiş oldukları ve böylece Portekizceyi akıcı
konuştukları için sadece politikacılar ve onların çocukları
iki dilde de rahattırlar. Eğitim sisteminde sadece iktidar sa-
hibi aileler başarılıydı. Sınavlarda başarılı olan ve iyi notlar
alanlar sadece bu ailelerin çocuklarıydı. Bilim ve tekno-
lojiye erişebilenler sadece onlardır. Böylelikle, çocukların
büyük kısmı, köylülerin oğulları ve kızları saf dışı bırakıla-
caktır. Ve yarın iktidarın yeni kuşağı sadece bugünün ikti-
dardaki ailelerinin çocuklarından oluşacaktır.

Bu ayrıca halkın büyük kısmıyla, bugün iktidarda olan
ailelerin çocukları –ki bunlar yarın yönetimde olacaklar-
dır– arasına büyük bir sosyal uzaklık koyacaktır. Son tahlil-
de kültür siyasasının bir boyutu olan dil siyasası, kocaman
bir devrimci çelişki yaratarak sosyal sınıf farklılıklarını de-
rinleştirecektir.

Macedo: *Creole'nin uzlaşmaz bir güç olduğu fikri hakkında ne düşünüyorsunuz? Yani, creole'nin Portekiz dilinin imtiyazlı ve egemen durumunu tehdit eden bir güç olduğu hakkında.*

Freire: Sanırım, bu ülkelerdeki pek çok iyi insanın, belki bilinçaltı düzeyde *creole* dilini kullanmayı reddetmesinin muhtemel bir nedenine değindiniz. Bu, nedenlerden sadece biri. İşin doğrusu, bir başka neden daha var: Bu reddin ideolojik gerekçelendirilmesi.

Toprak sahibi efendilerinden özgürleşmeyi başarmış bu insanların çocukluktan gençliğe uzanan yılları, sömürgecilerin özerk ve güzel bir dil olarak *creole* dilini tanımadığı bir sosyalleşme sürecinin damgasını taşırdı. Tersine de sömürgeciler tek geçerli dilin Portekizce olduğuna halkı ikna etmek zorundaydılar. Sömürgeleştirilenin çirkin ve vahşi bir lehçe konuştuğunu daima vurguladılar. Açıktır ki sömürgeleştirilenler sömürgeciye kendi kültürlerini benimsetemezlerdi çünkü pek çok durumda kendileri sömürgecinin kültürüne uyum sağlamışlardı. İktidardakiler, öteki insanları hizaya sokanlardır; iktidarda olmayanlar, iktidardakiler ötekileri kendi kültürel değer sistemi içinde birleştirmeye başlayamadan önce bunu başarmak zorundadırlar.

Yüzyıllardır *creole*'nin çirkin ve geçersiz bir dil olduğunu dinleye dinleye insanlar bu mite inanmaya başlarlar, Afrika'da pek çok iyi eğitim görmüş kişiden *creole*'nin bir dil olmadığını, üstün bir dil olduğu için Portekizceyi kullanmayı sürdürmek zorunda olduklarını söylediklerini duydum. Onlara hep şunu vurguladım: *Creole* hakkındaki değerlendirmeleri egemen ideolojinin, yani sömürgecinin, yani özgürleşme mücadelesinin karşıtının ideolojisinin yeniden üretilmesinin bir biçimidir.

Bunlar *creole*'ye direnmenin bilinçaltı ve ideolojik nedenleridir. Fakat bu nedenler çoğu kez başka kisveler alır. İnsanlar teknolojik ve bilimsel olarak ilerlemek zorunda olduklarını çünkü aksi takdirde özgürleşme mücadelesinin sekteye uğrayacağını vurgularlar, sanki *creole* dili bu görevleri, özellikle de modern bilimler alanında yerine getirmenin önkoşullarına sahip değilmiş gibi. Bunların hiçbiri doğru değil; Donaldo, siz, siz kendiniz bu akıl yürütmenin yanlış olduğunu biliyorsunuz, öncelikle iletişimsel işlevlerin tüm alanlarında tamamen gelişmiş hiçbir dil olmamıştır. Bir dil sadece tüm alanlarda uygulandığı ve ona bu şans verildiği zaman gelişebilir. Ben Afrika'dayken hep söylüyordum, bunların tümü toplumun üretici gücüyle ilgilidir. Mesela bugün güzel ve ileri denen Avrupa dilleri, Kuzey Amerikalılarca geliştirilen teknolojik terminolojiyi karşılayacak anlamlar arıyor. Bu terimleri çevirmedikleri zaman "stress" ve "input" gibi İngilizce terimleri kullanmaya zorlanıyorlar. Brezilya'da biz "esta estressado" deriz. Bu, Brezilya Portekizcesi, Fransızca ve bu İngilizce terimleri kullanan öteki diller aşağı anlamına gelmez. Bu diller, bu terimleri ödünç almaya zorlanmışlardır.

Çalışmam ABD'de ilk kez yayımlandığı zaman kimileri conscientizaçao kavramımızın İngilizce dengini veya *conscientization* terimini kullanmamızda ısrar etmişlerdi. Ben reddettim. Bu kelimeyi niçin kabul etmedim? Stress kelimesini kabul etmemeliyim fakat ediyorum. Niçin siz de *conscientizaçao*'yu kabul etmeyesiniz?

Creole hakkındaki bu yanlış nosyonları dilin doğasının kesin bir kavranışının dağıtacağı kanısındayım. *Creole*; gelişmenin, teknolojinin ve bilimin fikirlerini ifade etmek için, kendi yollarını bulmak için tüm olanaklara sahip. Temel konu, halkın, kendi *creole*'sini yapmasına ve geliştirmesine izin vermektir. *Creole* onu konuşan halk dışında hiç kimse tarafından sistematize edilemez.

Macedo: *Dil ve toplumun karşılıklı ilişkisi, cinsiyet ayrımının teşviki ve sürdürülmesinde dilin oynadığı rolün analizi, dil ve etnik özelliklerin analizi vs hakkında sosyodil alanında çok geniş bir literatür var. Bu dil çeşitlemeleri, standart dil diyeceğimiz imtiyazlı duruma meydan okuyacak uzlaşmaz bir güç olarak nasıl kullanılabilir?*

Freire: Kendini olumlama mücadelesinin belirli bir ânında, yönetici sınıf tarafından boyun eğdirilmiş ve sömürülmüş hiçbir sosyal grup veya sınıf veya hatta tüm bir ulus veya halk bir dili kullanmaksızın özgürleşme mücadelesini üstlenemez.

Bir kimlik oluşumu, birey, grup, sosyal sınıf veya her neyse bir kimlik olmaksızın, özgürleşme ve kendini olumlama mücadelesi olamaz. Ve çatışmaların arttığı ölçüde de tecrübe bize, bireylerin, grupların ve sosyal sınıfların, mücadele veya barış zamanlarında arkasında kimliklerini benimsedikleri ve korudukları duvarlar örme noktasına vardıklarını öğretti.

Bir kimlik duygusu olmayınca mücadeleye de gerek yoktur. Ben sadece eğer kim olduğumdan tamamen eminsem seninle dövüşürüm. Ben kesinlikle sen değilim. Akıl yürütme süreci gruplar için de benzerdir, hatta bilinçaltı düzeyinde bile. Özgürleşme mücadelesinde kendimizi bilinçli olarak savunurken, çatışmanın gerçek niteliğiyle ilgili olan bu bilinçaltı süreçte, özel bir dil geliştirmemizin önemini tanımayız bile. Bu, sömürgeleştirilmiş kişilerin kendi yerli dillerini korumaya niçin ihtiyaçları olduğunu açıklar. Ve dillerini ne kadar işlenmiş ve karmaşıklaşmış kılarlarsa, o kadar iyi olur; sömürgeci anlayamaz ve bu şekilde de sömürgeciye karşı kendilerini savunmak için kendi dillerini kullanabilirler. Bir örnek olarak, onların mücadelesinde dövüşemesem bile kadınların büyüleyici mücadelesine büyük sempati besliyorum. Bir erkek olmama rağmen, bir kadın gibi hissedebiliyorum ve bunu söylemekten korkmuyorum. Fakat kadınların özgürleşmesi, onların mücadelesidir. Kendi dişil dillerini geliştirme ihtiyacındadırlar.

Aşağı görmek, zayıf ve kararsız olarak görmek üzere sosyalleştirildikleri kendi dillerinin dişil karakterlerini kutlamalıdırlar. Mücadeleleri sürecinde, kendi dillerini kullanmalıdırlar, erkeklerin dilini değil. Ben bu dil çeşitlenmelerinin (dişil dil, etnik dil, lehçeler) gayet sıkı biçimde kimlikle karşılıklı bağlantılı, tutarlı olduğuna, kimliği ifade ettiğine inanıyorum. Bunlar kişinin kimlik duygusunu savunmasına yardım ederler ve özgürleşme mücadelesi sürecinde mutlak olarak gereklidirler.

Macedo: *Dil, kültür ve düşünce arasındaki karşılıklı ilişkileri nasıl nitelerdiniz?*

Freire: Bu karşılıklı ilişkilerin var olmadığı zamanlar olabilir. Dil ve düşünce arasında, gerçek düşünme sürecinin ve; konuşan, düşünen ve konuşan, konuşan ve düşünen bir kişinin gerçekliğinin somutluğunun bir ifadesi olan belirli bir ilişki vardır. Hatta yeni bir kelime türetebilirdik: "Konuşup düşünmek" veya "düşünüp konuşmak".

Geçici bir uzayın belirli bağlamında bu kültürel varlık kendini öteki varlıklarla birlikte yaratır; bu, kendimi ben olmayana göre; ben olmayan dünyaya göre ortaya koymama benzer. İnanıyorum ki benim dilim ve düşüncem diyalektik bir birliktir. Bunlar bir bağlam içinde derinden kök alırlar. Böylece bir bağlamda bir değişme varsa, düşünme-konuşmanın kesin bir biçimini mekanik olarak yaymaya yeterli olmayacaktır; ancak gerekliliklerle ortaya çıkmak zorundadır. Ben, eleştirel eğitimin ve radikal pedagojinin görevlerinden birinin, bağlamının yeniden yaratılmasında kendini yeniden yaratacak eleştirel düşünme-konuşma sürecine yardım etmek olduğu kanısındayım. Bu yeniden yaratmanın sadece mekanik bir düzeyde meydana geleceğini (bu asla gerçekleşmez) varsaymak yerine pedagoji, bu düşünmeyi yeniden formüle etmeye yardım rolünü üstlenmelidir.

Mesela Yeşil Burun Adaları'nı ele alalım. Yeşil Burun Adaları son altı yıl civarında radikal olarak değişmektedir çünkü önceleri bağlam-özne Portekiz'le ilişkisinde olduğu gibi bir bağlam-nesne yok artık. Yeşil Burun Adaları, aradaki sahte göbek bağını kesti. Portekiz bir göbek bağı olduğunu düşünmeye alışmıştı ama böyle bir göbek bağı hiç var olmamıştı. Gerçek bir göbek bağının olması için varoluşsal-tarihsel bir bağlantı olması gerekirdi ve Yeşil Burun Adaları'nın durumunda bu yoktu. Aradaki bağlantı Yeşil Burun Adalılara Portekizliler tarafından zorla dayatılmıştı. Fakat çok şükür, halk bağı kesti. Göbek bağını kestikten sonra ne olur? Yeşil Burun Adaları kendisi olmanın ilk adımlarını yaşamaya başlar. Kendini bulmaya çalışır. Bağımsızlıktan önce düşünce-dil olan şey aynı kalamaz: Bu pek isabetsiz kaçardı. Fakat bağlamı herhangi bir büyük ölçüde yapay olarak da değiştiremezsiniz. Bu da Yeşil Burun Adaları'nın devlet başkanı Aristides Pereira'ya niçin hayranlık duyduğumu açıklar. O Praia'da, bu konuşmamızda söylediğimizden çok daha fazlasını anlatan bir konuşma yapmıştı: "Özgürlüğümüzü elde ettik ve sömürgecileri attık. Şimdi zihinlerimizi sömürgelikten kurtarmamız gerek". Tamamen bu işte. Zihnimizi sömürgelikten kurtarmalıyız çünkü düşüncemiz özgürleşme mücadelesinde evrilen yeni kavramlarla çatışma içinde olacaktır.

Kültürle birbirine geçmiş bu yeni tarihsel bağlam ancak artık sömürgeleşmiş olmadığı ölçüde yeni olabilir. Yeşil Burun'da yeniden ortaya çıkan farklı bir zihniyet ve farklı bir kültür var. Bastırılmış yerli kültür yeniden su yüzüne çıkıyor. Sömürgeciler tarafından yasaklanmış belirli kültürel davranış kalıpları, dil, dünyanın ifadeleri, şiir ve müzik dahil yeniden ortaya çıkıyorlar. Halk artık hiçbir baş eğme hissetmeden yürüyor. Artık dik yürüyorlar, başlarını kaldırıyorlar. Bu yeni şekilde yürümenin, özgürce yürümenin de bir pedagojisi vardır. Bütün bu konular yeni bir düşünme yolu ve yeni bir konuşma yolu oluştururlar. Şimdi bu yeni düşünme varolan dille uyuşmadığı takdirde oluşacak büyük problemi görebilirsiniz. Sömürgecinin diliyle ifade edilen yeni bir düşünce hiçbir yere ulaşmaz.

Macedo: *Gelişmekte olan ülkeler denen ülkelerin büyük bir sorunu olan okuma yazma öğrenme konusundaki çalış- malarınız Üçüncü Dünya dışı bağlamlara uygulanamaz gö- rünüyor. Bu konuda ne düşünüyorsunuz; ve Birinci Dünya içinde bulunan Üçüncü Dünya bağlamından ve sizin eğitim önerilerinizin burada nasıl uygulanabileceğinden söz eder misiniz?*

Freire: Birinci Dünya dahil dünya üzerindeki ilk yolcu- luklarımdan beri, bu temel soruları sordum. Buna rağmen, son birkaç yıldır bu tip soruların bir derecede önemini yi- tirdiği kanısındayım. Öncelikle Üçüncü Dünya ve Birinci Dünya konusu hakkında konuşalım. ABD'de yaşama de- neylerimden (Cambridge'de çok mutluydum; yaşadığım caddeyi, Broadway'i hâlâ hatırlıyorum) Birinci Dünya'da Üçüncü Dünya'nın varlığını keşfettim; ABD'deki gettolar gibi. Ayrıca berbat bir ırk ayrımı ve bir tür ırkçılık olan dil şovenizmini de keşfettim. Bu gerçekliği eşzamanlı ola- rak buldum ve yaşadım. Ayrıca ayrımcılığa maruz kaldım (belki öteki yabancılar, özellikle de göçmenler kadar değil çünkü pek çok kişi benden ve çalışmalarımdan haberdar- dı). Fakat zaman zaman ayrımcılığa maruz kaldığımı his- settim. Benim İspanyol olduğumu düşünen insanlar onlara Brezilyalı olduğumu söylediğim zaman daha mesafeli olu- yorlardı. Bu sanırım Cambridge'de fazla Brezilyalı olma- ması yüzündendi!

Birinci Dünya'daki Üçüncü Dünya'yı keşfederken, Üçüncü Dünya'daki Birinci Dünya'nın, yönetici sınıfın var- lığının da açıkça farkına vardım. Birinci Dünya'daki baş- ka yerler gibi burada, ABD'de de, durum gayet karmaşık.

ABD sadece Birinci Dünya'dan ibaret olmadığı için ve bazı eğitimciler, ben değil, benim okuma yazma konusundaki yaklaşımımın sadece Üçüncü Dünya bağlamında uygulanabilir olduğunu söyledikleri için, benim yaklaşımımı en azından, kendi kolayca tanımlanabilir Üçüncü Dünya'larına uygulamak zorundalar.

Başlıca problem, bu eğitimcilerin Freire'in önerileri ilginç olsa bile, karmaşık bir toplum için hiçbir şeydir dedikleri zaman yanlış sularda kürek çekmeleridir. Burada konular farklı tanımlanmalıdır, yıllardır geliştirdiğim eğitim önerilerinin kaynağında gayet açık ama kaba olmayan iki temel fikir vardır.

İlk olarak, ister üniversitede, lisede, ilkokulda, ister yetişkinler için okuma yazma sınıfında olsun eğitim, siyasi bir edimdir. Niçin? Çünkü eğitimin doğası, içkin olarak siyasi niteliğe sahiptir, gerçekten de siyasanın eğitimsel yönleri vardır. Bir başka deyişle, bir eğitim ediminin siyasi niteliği ve bir siyaset ediminin de eğitimsel niteliği vardır. Eğer bu genelde böyleyse, tek başına Latin Amerika eğitiminin siyasi niteliği olduğunu söylemek yanlış olurdu. Dünyanın her yerinde eğitim, doğası gereği siyasidir. Metafizik terimlerle, söylersek, siyasa, eğitimin ruhudur, ister Birinci Dünya'da ister Üçüncü Dünya'da olsun eğitimin özüdür. Bir öğretmen belirli bir konuyu çalıştığı zaman (Giroux, mesela açıkça ilan edilenden farklı ve gizli bir öğretim programını* analiz eder) eğitimin tüm örnekleri siyasi edimler haline gelir. Benim ya da başka birinin bununla çelişebileceği hiçbir yol yoktur. O halde eğitimin siyasi niteliği Paulo Freire'in Üçüncü Dünya'dan getirdiği bir egzotizm değildir.

---

* Kastedilen eğitim kurumlarına sızmış kimi kişilerin kendi görüşlerini yaymaları değil; müfredatın, açıkça belirtilmeksizin, egemen ideolojiyi öğretmesi. (ç.n.)

İkinci olarak, Brezilya'da veya herhangi bir yerde, ister okuma yazma çalışması, ister lisansüstü üniversite eğitimi olsun, eğitim uygulamaya konan bir kuramlar dizisidir. Bundan kaçamayız. Siz burada Massachusetts'te olun veya ben Brezilya'da olayım, tartıştığımız şeyin de önemi yok (sizin durumunuzda dilbilim, benimkinde eğitimci ve öğrenen ilişkisi) en önemli görünen şey, eğitimciler olarak bize dayatılan bilginin nesnesidir. Bir kez daha bu eğitim uygulamasında bulunuyoruz, bir kez daha bir bilme pratiğinde yer alıyoruz. Önceden belirlenmiş, varolan bir bilgiyi öğrenmeye çalışabiliriz veya henüz var olmayan bir bilgiyi, araştırma gibi yaratmaya çalışabiliriz. Dünyanın her yerinde tüm bu eğitim uygulamaları bilme edimiyle ilgilidirler.

Burada tanımlanan konu, bu bilme edimlerinde bizim durumumuzun ne olduğudur. Bilgi kuramı konusunda görüşlerimiz nelerdir? Bilgi nesnesine nasıl yaklaşıyoruz? Ona sahip miyiz? Onu, öğrencilerimize dağıtmak üzere çantalarımızda mı taşıyoruz? Bu bilgi nesnesini öğrencileri beslemek için mi kullanıyoruz yoksa onlarda bilme esini uyandırmak için mi? Bizim bilgimizin sabırlı alıcıları rolünü oynamalarını değil de özneler rolünü üstlenmeleri için öğrencilerimizi teşvik ediyor muyuz?

Neyse, bunlar sadece Üçüncü Dünya'nın konuları değil: Bunlar evrensel konular. Fakat farklı kültürler, siyasalar ve ideolojiler tarafından dayatılan sınırlamalar olmadığını söylemek istemiyorum. Bu ülkede de başka her yerde de demokratik bilme uygulamasında gerçek sınırlar vardır. Tekrar ediyorum, yaratıcı ve eleştirel eğitim deneyi, Üçüncü Dünya'ya özgü bir egzotizm değildir.

Okuryazarlık meselesinde öğrenen durumundakiler, kendi dillerinde ustalaşma sürecinde özne olma rollerini yerine getirmelidirler. Üniversite öğrencileri, bilen öğrenciler ve yine bilen eğitimciler arasındaki karşılıklı değişimde, bilen özneler olma rolünü yerine getirmelidirler. Açıktır ki öğretmenler bilen tek özne değildirler.

Bu bilme sürecinde eğitimciler ve öğrenenlerin çıkış noktası öğrenenlerin beklentileri ve öğrenme sürecinde yüz yüze geldikleri önleyici engellerde odaklanır yoksa eğitimcinin beklentilerinde ve bilgisinde değil. Tekrar vurguluyorum bu, Üçüncü Dünya'ya özgü bir egzotizm değildir.

Bu savların ötesinde, ben, bir pedagojik bakış içinde, bir siyasi görüşün uygun olduğu, zaten bu pedagojik bakışın da doğası gereği siyasi olduğu ve bu nedenle bu kuramın uygulaması içinde bir kuramsal tavra uygun düştüğü kanısındayım.

Bazen eğitimciler, hiç kimsenin bir caddenin bir yanından öteki yanına caddeyi geçmeksizin geçemeyeceğini unutuyorlar!

Hiç kimse aynı taraftan başlayarak karşı tarafa ulaşamaz. Öteki tarafa ancak karşı taraftan yola çıkılarak ulaşılabilir. Benim bugünkü bilgimin düzeyi benim öğrencilerimin öteki yakasıdır. Ben karşı taraftan yani öğrencilerin tarafından başlamalıyım. Benim bilgim benim gerçekliğimdir, onların gerçekliği değil. Yani ben onları benim gerçekliğime getirmek için onların gerçekliğinden yola çıkmalıyım. Bir öğretmen şöyle diyebilir: "Bu, Paulo Freire'in bir başka romantik görüşü". Bununla birlikte ısrar ediyorum, bu fikirlerde hiçbir romantizm yoktur. Burada bulduğumuz şey, siyasi bir bakışla epistemolojik tutarlılıktır.

Eğitim kuramımın ve uygulamasının Birinci Dünya'da geçerliliği konusunda daha az soru var gibi görünüyor çünkü ABD'de, Büyük Britanya'da ve Avrupa'da entelektüeller ve eğitimciler benim eserlerimi inceliyorlar. Her zaman benimle fikir birliği içinde olmayabiliyorlar; ama buna rağmen pek çoğu bu fikirlerin Birinci Dünya bağlamında hayatiyetini görüyor. Burada Amerika Birleşik Devletleri'nde İngilizceyi ikinci dil olarak öğretme alanında benim düşüncemin genel çizgilerine göre çalışan çok sayıda öğretmen ve eleştirel pedagog var. Ayrıca, Ann Berthoff ve Aida Shaw, hem kuramlarına hem de uygulamalarına benim düşüncelerimi eklemliyorlar. Beş yıl kadar önce Almanya'da ilginç ve kapsamlı bir kitap, *Freire ile Öğrenmek* kitabı yayımlandı; bu okulöncesi eğitimi, benim yöntemlerimin uygulanmasını gösteren uzun süreli bir deneyi anlatıyordu. *Ezilenlerin Pedagojisi*'nde ve *Bir Süreç Olarak Pedagoji: Gine - Bissau'ya Mektuplar* adlı kitaplarımda tecrübelerimin yeniden yaratılması gerektiğini, ithal edilemeyeceğini vurgulamıştım. Kısacası benim Üçüncü Dünya'daki eğitim deneylerim Birinci Dünya'ya ithal edilemez; yeniden yaratılmalıdır.

Macedo: *Daha önceki bir söyleşinizde eğitim kuramlarınızdan bazılarının halen fizikçiler tarafından çalışma konusu yapıldığını söylemiştiniz. Yine, Massachusetts Üniversitesi'nde ilahiyat profesörü olan Richard Horsley, Ezilenlerin Pedagojisi'ni okuduktan sonra Yeni Ahit'i daha iyi anlamaya başladığını söylemişti. Eğitim kuramınızın çeşitli inceleme alanlarına yaptığı etkiyi yorumlayabilir misiniz?*

Freire: Hayatım boyunca, özellikle de *Ezilenlerin Pedagojisi* ABD'de yayımlandıktan ve dünyanın dört bir yanına yolculuk yaptıktan sonra benim düşüncemden şu ya da bu ölçüde etkilenmiş görünen pek çok eğitim uygulaması gözledim. O halde, eğitim hakkında yazdıklarımın evrensel bir boyutu olduğunu söyleyebilirim. *Ezilenlerin Pedagojisi*'nin uzun süreli bir tecrübeden doğduğu izlenimindeyim. Nesnelerin duygusal alanı olduğunda, bilme ediminin insani ve sezgisel boyutları olduğunda ısrarlıyım. Ben duyguları ve heyecanları hiçbir zaman parantezler içine sıkıştırmadım. Onları, sadece onları ifade ettiğimde tanırım. Bu kitap benim, dünya bilgisinin, bağlılıkla, duygularla, korkuyla, güvenle ve cesaretle yaşadığım, çalıştığım ve öğrettiğim yerde yaşamış ve deneyim kazanmış olduğum pek çok kısmıyla evliliğimden doğdu. Bu, Latin Amerika tarihinin ve kültürünün, özellikle de Brezilya'nın tarihinin ve kültürünün derinliklerinden geldi. Bu kitap zaman, tarih ve kültürle doyurulmuştur. Ve bu, inanıyorum ki bu kitabın evrenselliğini nasıl kazandığını açıklar.

Çıkış noktası olarak belirli bir topluluğu almayan bir evrenselliğin mümkün olduğunu sanmıyorum. Özeller üzerine genellemelerimize dayanmaksızın genelleme yapamayız. Evrensel hale gelmeden önce, özelsindir. Yerele erişmeden evrenselliğe çıkamazsın. Bana göre, evrensellik ne olursa olsun *Ezilenlerin Pedagojisi*'nin evrenselliği, yerelliğinin kesinliği ve gücünden gelmektedir. Ben bu kitapta evrensel bir kuram geliştirmenin ne taklidini yaptım ne de rüyasını gördüm. Buna rağmen, mesele şu; kitap insanların evrensel olarak ilgilendiği bazı konuları içeriyor. Mesela, Asya'da ve Afrika'da pek çok kişiden şöyle yorumlar aldım: "Kitabınızı okudum ve artık kendi ülkemi daha iyi anlıyorum". Bir Güney Koreliden aldığım mektubu asla unutamayacağım, bana kitabımı gizli gizli okuduğunu yazmıştı (Bana bu mektubu göndermeyi nasıl başardığını bile bilmiyorum). Kitabım onun kendi toplumunu daha iyi anlamasına yardım ettiği için bana teşekkür ediyordu. Doğu'dan başka kişilerden de benzer şeyler söyleyen mektuplar aldım. Bir mektupta, bir müze müdürü bana, *Ezilenlerin Pedagojisi*'nin üçüncü bölümünden gerçekten etkilendiğini yazmıştı.

Ayrıca matematikçiler ve fizikçiler de bana eserlerimden büyük ölçüde etkilendiklerini söylemişlerdir. Yaklaşık bir buçuk yıl önce Sao Paolo Üniversitesi Fizik Bölümü'nde bir doktora komitesine okur olarak davet edilmiştim. Bana benim eserlerimi dikkatle incelediklerini söylediler (elbette bir bilimsel disiplin olarak değil). Ve bu bölümdeki bir öğrencinin sunduğu doktora tezinin başlığı şuydu: "Freireci Bir Perspektifle Nasıl Bilim Yapılır?"

Genel olarak, ABD'de, Avrupa'da ve Büyük Britanya'da sosyologlar ve ilahiyatçılar tarafından inceleme konusu yapıldım.

Ezilenlerin Pedagojisi'nde bilginin bu çeşitli alanlarına değinen konular var. Bu konular hakkındaki tartışmalarımın ille de cevap oluşturması gerekmez ama bunlar bir meydan okuma oluyorlar. Fizikçilerin, matematikçilerin, antropologların, sanatçıların, müzisyenlerin ve ötekilerin kendi alanlarında eleştirel düşünmesini provoke ediyorlar.

İngiltere'de York Üniversitesi'nde yürüttüğüm bir haftalık seminerde bir öğrenci bana gelerek şöyle dedi: "Paulo, ben bu seminere kaydolmadım. Ben bu üniversitenin Müzik Bölümü'nün eski bir öğrencisiyim. Bir müzisyen ve besteciyim. Buraya sana *Ezilenlerin Pedagojisi*'ni okuduğumu ve çok etkilendiğim için kitabın müzikal bir versiyonunu yazdığımı söylemeye geldim". Söyledikleri beni öylesine derinden etkiledi ki şaşkınlıkla susup kaldım. Sonra el sıkıştık. Onu kucakladım ve ona kısaca dedim ki: "Çok mutluyum". Cenevre'ye dönüp oğluma bunu anlattığım zaman, oğlum iyi bir klasik gitarcıdır, bana sordu: "Niye partisyonları istemedin ondan? Ben çalardım. *Ezilenlerin Pedagojisi*'ni çalmak çok hoşuma giderdi!" Ona bütün söyleyebildiğim çok şaşırdığım ve susakaldığımdı.

Bu gibi olaylar yine oluyor. Öteki kitaplarım gibi *Ezilenlerin Pedagojisi* de yörüngesinin belirli bir noktasında beni bıraktı. Ben bunu çok güzel buluyorum çünkü kitaplar da insanlar gibi kendi özerkliklerini kazanma ihtiyacındadırlar. Şimdi *Ezilenlerin Pedagojisi*'ni kitapçılarda gördüğüm zaman neredeyse ona günaydın diyecek oluyorum.

Macedo: *Sizin kuramınızda, egemen kültürün egemenlik altına alınmış halk tarafından eleştirel biçimde ele alınması hakkında ne söyleyebiliriz?*

Freire: Bu soru çok kritik. Egemen olan ile egemenlik altına alınan arasındaki çelişkide, kültürel ve sınıfsal bir çatışma vardır. Bu çatışma, egemen olanın egemenlik altına alınanın güçlerini kıracağı, onların kendilik bilincini uyuşturmak için elinden gelen her şeyi yapacağı bir çatışmadır; bunu, egemenlik altına alınanların yaşantılarında varolan ve sayesinde var oldukları bir şey olarak kültürlerini inkâr etmek suretiyle gerçekleştirir. Burada kültür en geniş anlamındadır, kişinin yolda yürüme şeklinden dünyaya ilişkin bilgisine, bu bilginin dışavurumlarına ve bu dünyanın müzik, dans vs yoluyla dışavurumlarına uzanır.

Egemen olan, egemenlik altındakilere, kendi kültürlerine yönelik olumsuz bir tavır aşılamak ihtiyacındadır. Egemen, egemenlik altına alınanların kendi kültürlerini çirkin ve aşağılık bir şey olarak yanlış bir şekilde kavramalarını körükleyerek, onların kendi kültürlerini reddetmelerini teşvik eder. Dahası, egemen, onlara var olma, konuşma, dans etme, hoşlanma hatta yemek yeme tarzlarını dayatır. Yemek yeme deyince, egemenlerin en az şey dayattıkları bir alandır bu çünkü kendilerinin, egemenlikleri altına aldıklarından nasıl daha iyi yediklerinin vurgulanmasını istemezler.

Egemenlik altına alınmış kişiler, egemenlerinin söylediği gibi kendi kültürlerinin çirkin olmadığını sonunda anladıkları zaman ne olur? Kendi değerlerinin değersiz olmadığını, dünya üzerindeki varlıklarının egemenlerin söylediği gibi aşağılık olmadığını gördükleri zaman ne olur? İşin doğrusu, egemenlik altına alınmış olanlar, oldukları gibi olmaları engellenmiş varlıklardır. Sömürülmektedirler, tecavüze uğramaktadırlar ve var olma, kendilerini ifade etme hakları şiddetle reddedilmektedir. Bu, egemenlik altına alınmış kişiler, tek bir halkı, bir sosyal grubu (eşcinseller gibi), bir sosyal sınıfı veya belirli bir cinsi (kadınlar gibi) temsil etse de doğrudur.

Belirli bir noktada, egemen ile egemenlik altına alınmış olan arasındaki ilişkide de bir şey çatırdayıp kırılır. Ve daha daha çok şey kırıldığı zaman bunlar bir hareketlilik meydana getirirler. Başlangıçta bu hareketlilik asgari düzeydedir. Fakat bu hareketlilik, farklı bağlamlarda farklı konularda artmayı sürdürür. Bazen egemenler, egemenlik altındakileri korkutup sindirmek için daha şiddetli davranırlar ve egemenlik altındakiler daha çok acı çeker. Henüz bir kopma noktası oluşmaktadır ve bu kopma noktaları birike birike sıklık, yoğunluk ve niteliklerini artırırlar. Bütün bu kopma noktaları zorunlu olarak kültürün anlarıdır. Egemenlik altına alınmış olanlar, bu, eğer kültürel bir yaşantı olmasaydı nasıl dövüşüleceğini hiçbir zaman öğrenemezlerdi. Aynı şekilde, Amilcar Cabral özgürleşme hareketlerinin bir yandan kültürel bir olgu olduğunu, öte yandan ise kültürün bir etkeni olduğunu açıkça idrak etmişti. Birleşme, farklı ve yasak bir konuşma başlatma, bu konuşmanın (yasaklanmış olmasına rağmen) geçerli olduğunu keşfetme, bu konuşmanın güzel olduğunu keşfetme (bazıları çirkin olduğunu söylese bile) tecrübeleri: Bütün bunlar kültüreldir ve egemenlik altına alınmış olanların kültürüne aittir. Egemenlik altına alınmış insanlar, kültürleri içinde ne kadar hareketli olurlarsa o kadar birleşirler, büyürler ve hayal ederler (hayal etme de kültürlerinin bir parçasıdır) ve o kadar çok fanteziler kurarlar (fantezi, kültürün bilme edimiyle ilgili bir parçasıdır). Fantezi gerçekte yarının bilgisini uyarır (Niçin bu kadar çok sayıda insanın bilme ediminde fanteziyi küçümsediğini anlamıyorum). Ne olursa olsun, bütün bu edimler kendini özgürleştirmek isteyen ama egemenlik altına alınmış kültürü oluştururlar.

Egemenlik altına alınmış kültür özgürleşme peşine düştüğü zaman ne olur? Sadece egemenlik altına alınmış kültürden ibaret olduğu zaman beyni yıkanır ve evcilleştirilirdi. Fakat şimdi hâlâ egemenlik altına alınmış durumda olmasına rağmen kendini özgürleştirmek istemektedir. Ve bu kendini özgürleştirme isteme sürecinde, egemen kültürün, başka bir nedenle değil de egemen olduğu için, amaçlarını gerçekleştirecek bir dizi analitik ve bilimsel strateji geliştirmeye zorlandığını da keşfeder. Egemen kültür bu stratejileri, egemenlik altına almak üzere dünyayı analiz etmek ve açıklamak üzere geliştirir. Egemenlik altına alınmış kültür, kendini özgürleştirme gereğini idrak ettiği zaman inisiyatifi ele almak ve tıpkı egemen kültür gibi kendi stratejilerini geliştirmek zorunda olduğunu keşfeder. Egemenlik altına alınmış kültür bunu, sadece kabaca kendine uygun olduğu için değil, baskıya karşı dövüşmek daha iyi olduğu için yapar. O halde bir gün egemenlerin hizmetindeki işlenmiş kültür böyle olmayı bırakır ve eskinin egemenlik altına alınmış insanları tarafından sürekli özgürleşme yararına bir kültür yeniden yaratılır.

Bu bana insani bir perspektif gibi geliyor yoksa idealist veya aldatmaca veya fazlasıyla meleklere özgü değil. Bu insani bakışı reddetmeyi reddediyorum. Bana bu soruyu belki de, geçmişte bir ara (nerede olduğunu hatırlamıyorum) özgürleşme sürecinde, egemenlik altına alınmış olanların kendi mücadelelerinin araçları olarak hizmet etmek üzere egemen kültürün boyutlarından bazılarını eleştirel olarak eklemleyebileceklerini ve eklemlemeleri gerektiğini söylediğim için sordunuz.

Macedo: *Sosyal hareketler (kadın özgürlüğü, barış hareketleri, çevreciler) ne şekillerde yeni bir özgürlük söylemi yaratıyorlar?*

Freire: Sanırım öznellikle, benim bu yüzyılın sonuna kadar siyasi olarak geçerli saydığım bir temayla ilgili olarak sorduğunuz soruyu tamamlıyor bu soru.

Mesela, 1970'lerin başlarında Avrupa'dayken kimilerinin kadınların özgürlüğü gibi, çevre hareketi gibi sosyal hareketleri tartıştıklarını hatırlıyorum; tam bu hareketlerin tutunmaya başladığı dönemdi. Ve sol kanatta yer alan kimilerinin de bu hareketlere pek az saygı gösterdiğini de hatırlıyorum. Bu hareketlerin hiçbir siyasi önemi olmadığını çünkü sosyal sınıflarla değil, bu sosyal sınıflar içindeki bireylerle özdeş olduklarını söylüyorlardı. Ben bu hareketlerin etkisiz ya da hedef şaşırtmadan ibaret veya "kaçış"tan ibaret sayılmasında basit ve dogmatik bir şeyler olduğunu düşünüyordum.

İyi arkadaşlarımız arasında yer alan, Cenevre'de kurduğum Kültürel Eylem Enstitüsü'nde birlikte çalıştığım ve yakınlarda Brezilya'ya dönmüş bir çift hatırlıyorum. Bu hareketler hakkında son derece eleştireldiler. Bana dogmatik ve sekter görünen bu eleştiriciliklerini tartışmıştık. Ve o günden bu güne ben bu sosyal hareketlerin özgürleşme anları ve hareketleri olarak kendi dillerini oluşturduğunu hissettim.

Mesela, çevreciler insani ve şiirsel bir dille çevreyi savunuyorlar. Çevreyi savunarak her birimizi savunuyorlar. Hep söylediğim gibi, "Er geç, hareketlerinin içinde uyuklayan siyasa, galebe çalacak". Sosyal hareketler *zaten* siyasi doğarlar, siyasi nitelikleri her zaman içlerinde yer alanlar tarafından anlaşılmasa bile. Bu siyasi boyut (herhangi bir hareketin acil bakışının ötesindedir) özgürleşmenin hedeflerini ve dilini büyütecektir.

Bunu dünya çapında bir olgu olarak görüyorum. Fakat ayrıca henüz tamamen tanımlanmamış veya şekli tam çizilmemiş bir şey de görüyorum. Bu sosyal hareketler, siyasi partilerin bence, çok sayıda gence kendilerini güvenilmez varlıklar olarak ifşa etmesi ölçüsünde siyasi partilerin geleneksel davranışını yargılayarak başladılar. Avrupa'da sosyal hareketlerin oynadığı siyasi rolle ilgiliydim ve aynı zamanda da siyasi düzeydeki sınırlamalarını düşünüyordum. Sosyal hareketler kişisel ve bireysel özgürlükte durmamalıdırlar. Henüz, bir özgürlük edimini uygulamaya koymak için bir iktidar edimi gerekir. Ve tekrarlıyorum, bir iktidar edimi yeniden keşfedilmelidir, yani bu hareketlerin yeni ruhunda işleyecek şekilde yeniden yaratılmalıdır.

Sosyal hareketlerin formel iktidara ulaşma araçlarına sahip olmayacağını düşünüyordum. Eğer mesela, yeni siyasi partiler haline gelselerdi, geleneksel hale gelme riskine de girmiş olurlardı. Yani konu şu, siyasi partiler sosyal hareketlere nasıl yaklaşabilir ve kendi dilini nasıl geliştirebilir? Sekter olmayan, otoriter olmayan siyasi partiler bu hareketlerden hangi ölçüde öğrenebilir? Sağın partilerinden söz etmiyorum (sağ partilerin incelenmesiyle ilgileniyorum fakat onlara ait olmak istemem) fakat solun popüler partilerinden söz ediyorum. Bu partilerin sosyal hareketleri ele geçirmeye kalkışmadan onlara yaklaşması gerek. Bu hareketlere yaklaşırken sol partiler, bir anlamda kendilerini güçlendirecek ve tamamlayacaklardır.

Avrupa'da edindiğim ve Brezilya'ya döndüğümde yoğun bir şekilde yaşadığım bazı fikirler vardı. Orada, Katolik kilisesi içinde aile örgütleri ve taşra toplulukları gücü gördüm, geçmiş 15 yılda olağanüstü yankıları olmuştu ve kutsal metinlerin yeniden okunmalarını başlatmıştı.

Elbette ki bu yeniden okumalardan hoşlanmayanlar da vardı, bunları komünist ve şeytani müdahaleler olarak görüyorlardı. Bu yeniden okumalar hiç de böyle değildi. Bunlar, kutsal metinlerin, acı çekenin bakış açısından ve ötekilere acı çektirenin bakış açısından yeniden okunduğu eleştirel bir perspektifle ilgiliydiler. Brezilya'da siyasi tarihin bu parçası içinde ben bir siyasi partinin bir sosyal hareket içinde kendini nasıl oluşturup ortaya çıkarmaya başladığına tanık oldum. Brezilya işçi sınıfının bu yeni siyasi partisi, yarın yok olabilir; fakat şu an içinde bulunduğumuz yüzyılın sonuyla ilgili konularla başa çıkmak açısından son derece önemli olan bu yeniden uyanmış ruhu hayata geçirme mücadelesi vermektedir. Bu parti sosyal hareketlerden ortaya çıktı ve halen de onlara, onları egemenliği altına almaya çalışmayan yaklaşımını sürdürüyor. Gerçekte bu, söz konusu partinin üyesi olmamın sebebidir.

Dünya üzerindeki sosyal hareketlerin kendi söylemlerini yaratıp yaratmadıklarından emin değilim (Bana kalırsa, yaratmaları gerekir çünkü kişinin kendi dili, özgürleşme sürecinde önemli bir rol oynar). Bildiğim, bu hareketlerin bazı toplumların yeniden yaratılması yolundaki pek çok girişimde varlık gösterdikleridir.

Mesela Fransa'da çevrecilerin rolü tartışma kabul etmez. Mitterrand'ın zaferine yol açan son seçimlerde muazzam ölçüde etkindiler. Almanya'da yine çok önemlidir.

ABD gibi karmaşık toplumlarda ara sıra görünen başka örnekler de var; fakat bunlar bir tür kaçışla damgalanırlar. Bu kaçış gerçekçi olabilir çünkü var olmaları için kaçma arzusu, ihtiyacı ve acısının öncelikle var olması şarttır. Eğer bir yerde 500.000 kişinin katıldığı bir hareket varsa, bu, kaçışın arkasında temel kaygılar bulunduğunu gösterir. Fakat Latin Amerika'da büyük ölçüde kaçış hareketleri var olamaz. Latin Amerika halkı değişim ihtiyacında, kaçış değil. Söylediğim gibi kaçış hareketlerine duyulan ihtiyacı anlıyorum (bunlardan bazıları kendi dillerini yaratmışlardır; hatta, bu dil de yine kaçış içindedir); fakat bu hareketlerin pek az etkisi vardır.

Farklı bir toplum hayal eden hiçbir eğitimci, sosyal hareketleri göz ardı edemez. Görevlerimizden biri sosyal hareketleri anlamaya ve onlara özgürleşmeye yönelik somut yöntemleri nasıl sunabileceğimizi görmeye çalışmaktır.

Macedo: *Judy Goleman ve Neal Bruss (Massachusetts Üniversitesi fakülte mensupları) ile daha önceki bir konuşmanızda sizden, neler yapmaktan hoşlandığınızı tartışmanızı istemişlerdi. Bunu şimdi yorumlar mısınız?*

Freire: Neal bana bu soruyu sorduğu zaman heyecanlandım ve bu soruyu yanıtlamayı çok istedim fakat zamanım yoktu. Şimdi kabaca en çok hoşlandığım şey hakkında konuşacağım fakat söyleyeceklerimin hem entelektüel hem de duygusal bakımlardan anlaşılması gerektiğini eklememe izin verin.

Öteki insanlardan hoşlanmaktan ve onları iyi hissetmekten gerçekten hoşlanırım. Yaşamaktan hoşlanırım, kendi hayatımı yoğun yaşamaktan. Ben, kendi hayatını tutkuyla seven tipte biriyim. Elbette ki bir gün öleceğim fakat öldüğüm zaman yoğun yaşamış olarak öleceğim izlenimindeyim. Kendimle yoğun olarak uğraşarak öleceğim. Bu nedenle hayat için yoğun bir istek duyarak öleceğim, yani nasıl yaşıyorsam öyle.

Bu, ayrıca pedagoji çalışma şeklimdir de. Bu, dostluklar kurma şeklimdir ve bir kitabı okuma şeklimdir. Bir kitabı ilgisizce okuyamam. Bana bir yerimden dokunmayan ya da beni kımıldatmayan bir kitabı okuyamam. Yani yapmaktan hoşlandığımı söyleyeceğim ilk şey, yaşamaktan hoşlandığımdır.

Benim için hayatta temel olan şey, yaşamanın sınırlarından taşan bir varoluş yaratmaya çalışmaktır; iyice düşünüp taşınarak, yaratarak ve yeniden yaratarak, bu varoluş içinde ele aldığım, kurduğum ve yeniden kurduğum bir hayat yaratmaya çalışmak. Ne kadar çok şey yaparsam o kadar çok var olurum. Ve ben yoğun bir şekilde var olurum.

İnsanları sevmekten ve yoğun bir şekilde yaşamaktan hoşlansam bile, bütün insanlara her zaman iyi davranamam. Kimileri, insanlardan çok hoşlanmak isteyince, onlara daima iyi davranacağımı umabilirler. Bu kusuru, yaşamaktan, tutkuyla yaşamaktan hoşlanmanın getirdiği bir olgu olarak kabul etmek zorundayım. Bazen yaşama tutkum, bilme tutkumla karışıyor ve benim ötekilere yanlış davranmama yol açıyor. Fakat bu yanlışlar isteyerek yapılmıyor.

Şimdi, yaşamaktan hoşlanma nosyonunu bir yana koyalım, ben pek çok şeyden hoşlanırım. Sohbet etmeye bayılırım. Birlikte yaşadığımız eski tecrübeleri arkadaşlarla konuştuğum, hatırladığım ve yeniden canlandırdığım zaman bütün gece sürer bu. İki veya üç yıl önce Elza ve ben eski bir dostumuzu evimizde ağırlıyorduk. Bu arkadaş benimle Şili'de çalışmıştı. Yetenekli bir sosyologdur ve onu gerçekten çok severim. Ayrıca, tıpkı benim gibi hayatın âşığıdır. Ve benim gibi pisco'yu, ülkesinin tipik bir içkisidir, çok sever. Bana Şili'den bir şişe pisco getirmişti. Bütün gece konuştuğumuzu ve pisco içtiğimizi hatırlıyorum. Her şeyden ve her bir şeyden söz ettiğimiz, her şeyin; kuşkularımızın, gülmelerimizin, kederlerimizin, anılarımızın, mutluluğumuzun, ne yaptığımız ve ne yapmadığımız hakkındaki eleştirilerimizin, her şeyin konuşulduğu bir sohbetti. Onun Şili'de bir genç kız olduğu zamanlardaki hayatının her bir ânını yeniden yaşadık; sonra benim Şili'de çalıştığım ve onun benim asistanım olduğu günlerin her bir ânını da.

Bu tip şeyler yapmaktan, dostlarla sohbet etmekten çok hoşlanırım. Burada ABD'deki arkadaşlarımla da her fırsatta sohbet ederiz. İki yıl önce Boston'da siz ve Henry Giroux ile konuşarak geçirdiğimiz pek çok saati hatırlıyorum. ABD'ye gelirken Meksika'da mola verdim ve oradaki arkadaşlarla kaldım, konuştuk ve hatırladık. Bunu yaptığım için zamanımı boşa harcadığım duygusuna kapılmam. Ben bu sohbetlerden çok şey öğrenirim. Bence bu konuşmalar, planlanmış bir seminer kadar zengindir ve kapsamlarının genişliğiyle gayet kesin de olabilirler. Brezilya'ya döndüğümde bir arkadaşla bir tropikal sundurmada oturup pek çok konuşma yaptıktan sonra eve giderim ve konuşmamızdaki bazı şeyleri yazarım ve bunları düşünürüm. Benim için, iki, üç, dört veya daha fazla insanla konuşmak, dünyayı okumanın bir yoludur.

Yemek yemeyi çok severim. Bilmiyorum benimle aynı fikirde misiniz fakat yemek yemekle, yemek yemekten hoşlanmak, duyarlılık ve yaratıcılık arasında belirli bir bağlantı olduğunu düşünüyorum. İtiraf etmem gerek, yemek yemekten hoşlanmadıklarını söyleyen kişilerden biraz korkarım ben. Biraz kuşkulanırım (elbette ki hastalık durumları hariç). Fakat bir Brezilya feijoada'sı veya bir Yeşil Burun catchupa'sı veya bir Fransız yemeği yerine hapları veya sentetik besinleri tercih eden birine kuşkuyla bakarım. Şimdi, beslenme haplarını besinlerin yerine koymak mümkün olabilir ve bu da bir kültürdür. Tat alma, her şeyden önce kültüreldir. Fakat ben yoğun yaşarım ve kültürel olarak kendi besinlerimden tat alırım! Bir ev yemeği tadı veren şeyleri arayıp bularak benim hayatta kalmama yardım eden Elza'yla birlikte sürgünde 16 yıl geçirdim.

Benim için, yemek yeme tıpkı sohbet etme gibi bir sosyal edimdir. Yemek yerken kendi başıma olursam, yemekler ne kadar güzel olursa olsun önemi yok çünkü kendimi bir ölçüde kısıtlanmış hissederim. Öteki insanlarla birlikte yemek yemeye ihtiyacım var. Yiyecekler sohbete aracılık eder. Ayrıca az da olsa içki içmekten de hoşlanırım. Sadece meyve sularından değil, onlara bayılırım; fakat Brezilya cachaça'sı veya iyi bir Fransız, Şili veya Kaliforniya şarabı içmekten hoşlanırım. Ve iyi bir Portekiz şarabına bayılırım.

Ayrıca müziğin her türünden hoşlanırım, sadece klasik müzik denen müzikten değil. Evde işlerim beni tükettiği zaman, iyi bir parça bana yeniden enerji verir. Vivaldi veya Brezilyalı Villa-Lobos. Villa-Lobos beni Amazon'un gizemine götürür. Onun fantastik müziğinde ülkenin kudretli bir gücü var. Müziğin pek çok türü beni ilgilendirir ve bana huzur verir. Kuzey Amerika blues'ları, Brezilya sambası, Yeşil Burun morna'sı. Yeşil Burun'un morna'sı Brezilya'nın modinha'sıdır, yüzyılın başında popülerdi. Yeşil Burun'a ilk kez gittiğimde ve morna'ları işittiğim zaman Brezilya nostaljisine, hele modinha'nın popüler olduğu günlerin, benim bizzat yaşamadığım fakat müzik yoluyla bildiğim günlerin nostaljisine kapılmıştım. Halk müziği beni büyüler fakat klasik müzik klasiktir bence çünkü insana dayanır. Okumayı severim. Ve yazmayı severim, yazmak benim için kolay olmasa bile. Benim için yazmak, her zaman zor fakat zevkli bir alıştırma olmuştur. Ayrıca sıradan şeyleri, spor gibi, özellikle de futbolu severim. Denizi, kıyıları severim. Sahilde yürümeyi ve tropikal güneş altında güneş banyosu yapmayı severim. Büyük kentlerde yürümekten hoşlanırım. New York beni gevşetir. Büyük kentlerin göbeğinde kaybolmaktan hoşlanırım. Küçük topluluklarda kaybolma duygusunu hissettiğim zaman bazen hiç iyi olmuyor.

Mektup almaya bayılırım. Pek çok mektup alırım ve iyi bir arkadaşımın yardımıyla onları yanıtlamaya çalışırım. Ara sıra dünyaya bir mektup göndermeyi düşünürüm, insanlara yazmamalarını çünkü benim için bütün bu mektupları yanıtlamanın kolay olmadığını söyleyen bir mektup. Fakat arkadaşım bana yardım etmeye gönüllü ve çok yardımcı oluyor.

Çocukları severim. Yanılıyor olabilirim fakat çocukların da beni çok sevdiğini düşünüyorum. Sadece torunlarımın değil, onlar kesinlikle biliyorlar ki ben onların dedesiyim, sokaktaki çocukların da. Avrupa'da beni Noel zamanları Noel baba diye çağırıyorlardı, Brezilya'da da öyle ya, beyaz sakalımdan ötürü. Caddede koşarak yanıma gelirler. Bazen kendi kendime niye diye sorarım. Sanıyorum, onları ürkütmediğim için!

Yirmi üç yaşındayken ve yeni evliyken keşfetmeye başladım fakat kesinlikle ifade edemedim her zaman; canlı, zinde kalabilmemizin tek yolu ve gerçek filozoflar olabilmemizin tek yolu, içimizdeki çocuğun ölmesine asla izin vermememizdir. Toplum bize bu çocuğu öldürmemiz için baskı yapar ama direnmemiz gerek; çünkü içimizdeki çocuğu öldürdüğümüz zaman kendimizi de öldürürüz. Zamanından önce çöker ve yaşlanırız. Şimdi ben 62 yaşındayım fakat kendimi çoğu zaman on veya yirmi yaşımda hissediyorum. Beş basamak merdiven tırmandığım zaman bedenim bana yaşımı hatırlatıyor ama yaşlı bedenimin içindeki ben dipdiri; çünkü ben içimdeki çocuğu koruyorum. Ben ayrıca bedenimin bir zamanlar ben olan ve ben olmayı sürdüren bu çocuk kadar genç ve diri olduğunu düşünüyorum, bu çocuk beni hayatı böyle çok sevmeye yöneltiyor.

Biyolojik, duygusal, eleştirel ve entelektüel düzeylerde kendi içimdeki yetkinleşmemişliği hissederim, bu yetkinleşmemişlik beni sürekli olarak merakla, sevgiyle öteki insanlara ve dünyaya iter; dayanışma ve yalnızlığın aşılmasının peşindeyimdir. Bütün bunlar bir sevme isteğine, insanların kendilerinde yaratmaları gereken bir sevme kapasitesine işaret eder. Bu kapasite, kişi sevdiği ölçüde artar; sevmekten korktuğu zaman azalır. Elbette ki bizim toplumumuzda sevmek kolay değil çünkü mutluluğumuzu büyük ölçüde kederden çıkarırız; yani çoğu kez bizim mutlu olmamız için ötekilerin kederli olması gerekir. Bu koşullar altında sevmek zordur fakat şarttır da.

Basit şeyleri, ortak, gündelik yerleri severim. İnsanların ellerini nereye koyacaklarını bilmedikleri karmaşık, züppece toplantılardan nefret ederim: Ellerinizi koltuğa mı koymanız gerekir yoksa sakalınızı mı sıvazlamalısınız? Ellerini nereye koyacağını bilmemek, bir rahatsızlık belirtisidir. Bu tip toplantılardan nefret ederim. Ben rahat olmayı severim.

Elza'yı sevdiğimi bilmeyi severim. Evlendik ve 40 yıldır birbirimizi seviyoruz. Onunla ve çocuklarımla olmayı seviyorum. Baba olmayı seviyorum. Baba olmanın kötü bir yanını göremedim. Genç bir adamken bir kadınla yaşamanın ve uyumanın entelektüel hayatımı sekteye uğratabileceğini düşünüyordum (bu ilişkiden gayet davetsiz bir şekilde başka insanlar çıkagelir ve dünya onlara bağlıdır). Eğer böyle olsaydı yine de Elza'yla ve çocuklarımla olan hayatımı entelektüel hayatıma tercih ederdim. Fakat ailemle olan hayatım entelektüel hayatımla karşı karşıya gelmedi hiç, aynı anda hem bir ailem oldu hem de yazmayı başardım. Ailem yazılarıma müdahale etmedi ve yazılarım da aileme olan sevgime müdahale etmedi. Bu niçin büyük bir aşkla yazdığımı ve niçin yazmayı sevdiğimi açıklar.

Macedo: *Okurlarınıza son olarak ne öğütlersiniz?*

Freire: Özel bir öğüt verecek değilim fakat burada birkaç dostça öneride bulunabilirim. Birincisi, bu kitabı (*The Politics of Education: Culture, Power and Liberation*) yeniden okumaya başlayın. İkinci okumanız birinciden çok daha eleştirel olacaktır. Bunu sadece bu kitap için değil, tüm okumalarınız için öneriyorum.

İster bir yağmur damlası olsun (yağmur damlası düşerken donar ve güzel bir buz oluşturur), şakıyan bir kuş, işleyen bir otobüs, caddede bağırıp çağıran bir adam, isterse gazetede bir cümle, bir siyasi söylev, bir âşığın reddi, ne olursa olsun, eleştirel bir bakış benimsemeliyiz; soran, kuşkulanan, araştıran ve yaşadığımız hayatı aydınlatmak isteyen bir bakış benimsemeliyiz.

Önerim şu: Günlük hayatımızın yabancılaşmasını; rutinimizden, her şeyin bürokratik olarak tekrar etmesinden, günbegün "yapılması gerektiği" için ve biz hiç niçin sorusunu sormadığımız için, diyelim ki on saat aynı şeyleri yapmaktan doğan yabancılaşmayı yakalayalım. Kendi hayatlarımızı kendi ellerimize almalı ve denetim uygulamaya başlamalıyız. Zamana karşı durmaya ve zamanın altından kalkmaya çalışmalıyız.

Karmaşık toplumlarda bazen kendimizi zamana gömülmüş, tarihin eleştirel ve dinamik bir değerlendirmesini yapmaksızın, yaşar buluruz, sanki tarih üzerimizde yer alıyormuş, hayatlarımızı yönetiyor ve amansızca düzenliyormuş gibi. Bu, bizi hareketsizleştiren, boğan ve sonunda öldüren bir kaderciliktir. Tarih böyle bir şey değildir. Tarihin hiçbir gücü yoktur. Marx'ın söylediği gibi, tarih bizi yönetmez, tarihi biz yaparız. Biz tarih yaparken o da bizi yapar. Tekrar ediyorum benim önerim şudur: Bu kendini tekrar eden yabancılaştırıcı günlük rutinden sıyrılıp doğrulmaya girişelim. Hayatı anlamaya çalışalım; ille de şeylerin günlük tekrarı olarak hayatı değil, yaratma ve yeniden yaratma çabası olarak, isyan etme çabası olarak hayatı anlamaya. Yabancılaşmamızı ellerimize alalım ve soralım, "Niçin?", "Böyle olmak zorunda mı?" Bence değil. Tarihin nesneleri olmayı tamamen durduramasak bile, tarihin özneleri olmamız gerek. Ve özne olmak için şüphesiz, eleştirel bir tarih talep etmemiz gerek. Etkin katılımcılar ve gerçek özneler olarak biz ancak kendi hayatlarımızı eleştirel olarak sürdürdüğümüz zaman tarihi yapabiliriz.

Ek: 2
Kitapta Geçen Terimler

Birçok kavram ve terimin bu kitapta, yazara özgü bir bağlam ya da içerikte kullanılması nedeniyle aşağıdaki sözlükle bunları netleştirme gereği duyduk. Terimlerin bir kısmı özel terim olmamakla birlikte, kullanılan Türkçe karşılıkların içerdiği anlamların sınırlarını çizmek üzere sözlüğe alındı. Açıklamanın biraz uzun kaçmasının nedeni ise felsefi terimlerle fazla haşır neşir olmayan okurlara başvuru kolaylığı sağlayacağı düşüncesi oldu.

ANLAMLI KONUSAL: Eğitim sürecinde yer alacak kişi için önem taşıyan, onun birincil düzeyde anlam atfettiği konular bütünü. Eşanlamlısı: Konusal evren (İng. Meaningful thematics, Alm. sinnvolle Thematik).

BANKACI EĞİTİM MODELİ/KAVRAMI: Freire bunu "ezberci" eğitimden daha geniş anlamda, bilgiyi bir yatırım olarak gören anlayış için kullanıyor. Öğrenim görenler birer banka veznedarı gibi çeşitli konularda (hesaplara) bilgi mevduatı kabul ederler. Gerekli olduğu zaman da çıkarıp kullanırlar. Bu anlayış bilgiyi, ona sahip olanların verebileceği bir şey olarak görür. Sartre'ın aynı konuda kullandığı benzer kavram, "sindirim" ya da "tıkıştırma" eğitim kavramı/modeli biçimindedir (İng. Banking education concept, Alm. Bankiers-konzept der Erziehung/Bildung).

BÖLÜNMÜŞLÜK: Bkz. ikiye bölünmüşlük.

BOĞULAN BİLİNÇ: Kişinin bilincinin, içinde bulunduğu gerçeklik, yani ortam tarafından kaplanmış olma hali. Boğulan bilinç gerçekliği değiştiremeyeceği bir şey olarak görür ve tamamıyla ona uyum sağlar (İng. Submerged, Alm. Eingetaucht).

DÜNYA BAKIŞI: Belirli konulardaki fikirleri, ideolojiyi ifade eden dünya görüşünden farklı olarak bu konularla kişinin kurduğu öznel bağı ifade eder. Freire bu nedenle yer yer, aynı dünya görüşünü paylaşan ya da paylaşma sürecinde bulunan devrimci önderlerle ezenlerin dünyaya farklı bakışlarından söz eder (İng. View of the world, Alm. Weltschau).

EĞİLİM: Ayrıca meyil ve meyletmek, uyum ve uyumluluk olarak da kullanıldı. Kişi ya da kişilerin bir tarafa yakınlık duyması, kaba hatlarıyla bir tercih yapması (İng. Adhesion, Alm. Zuneigung).

EZME/EZİLME: Bir ya da bir grup insanın diğerlerinin üstünde kurduğu egemenliğin niteliği. Egemen olanın alttakileri, altta tutmakta kullandığı baskıdan farklı olarak baskı durumu, egemenliği oluşturan ilişkiyi ifade eder. Bu ilişki, ezenin ezileni nesne, şey durumuna indirgeyerek insandışılaştırmasıdır (İng. Oppression, Alm. Unterdrückung).

İDRAK : Zihinsel düzeyde farkına varma edimi ya da yetisi. Salt duyulara ilişkin olan "algılama" ve zaten farkında olunan bir şeyin anlamını belirleme, görüş oluşturma ifade eden "kavrama"dan farklı olarak kullanılmıştır (İng. Cognition, Alm. Erkenntnis).

İKİYE BÖLÜNMÜŞLÜK: Ayrıca sözdizimine göre 'ikiye bölünmüş'ün yanı sıra ikili ve bölünmüş olarak da kullanıldı. Kişinin kendi içinde, kendi varlığına yabancı bir öğe barındırması. Kitapta daha çok ezilenin bir yandan kendi ihtiyaçlarını düşünürken, bir yandan olaylara ezenin gözüyle bakması anlamında kullanılıyor, dolayısıyla ezenin değerlerini benimsemesi, savunması (İng. Ambiguity, splittedness, Alm. Gespaltenheit ve yanı sıra Dualitaet).

İNSANDIŞILAŞTIRMA/İNSANDIŞILAŞMA: İnsanın insani yetilerini kullanamaz hale gelmesi ya da insani yetilerinin tanınmayışı, insan olmayana dönüştürülmesi ya da ona insan olmayan muamelesi yapılması (İng. dehumanisation, Alm. Enthumanisierung).

KODLAMA: Eğitim sürecine katılanların, ele alınacak konuyu somut bir şekilde gözlerinin önüne getirmelerini sağlayan örnek. Somut olarak, bir sosyal durumu canlandıran/ifade eden bir fotoğraf, resim, tartışma konusu olabilecek öykü ya da kısa oyun vb olabilir (İng. Codification, Alm. Kodierung).

KOD ÇÖZME: Eğitim sürecine katılanların kodlamayı yorumlaması ve içerdiği çeşitli anlamları düşünüp tartışması, giderek canlandırılan durumun başka konularla bağı konusunda fikir yürüterek bu konuda bir görüşe, anlayışa ulaşması (İng. Decodification, Alm. Dekodierung).

KONUSAL: Ele alınacak konuların seçimi ve konuların ele alınış tarzı (İng. Thematics, Alm. Thematik).

KONUSAL AÇIMLAMA / AÇILIM: Bir bütünlük oluşturan konuların bölümlenmesi ve "çekirdek öğe"lerine ayrıştırılması. Bu çekirdek öğeler, kodlamanın oluşturulmasına ya da seçilmesine temel oluştururlar (İng. Thematic breakdown, Alm. thematische Unterteilung).

KONUSAL EVREN: Kişinin birinci dereceden anlam atfettiği konuların oluşturduğu evren, yani bu konuların bütünlüğü. Eşanlamlısı: Anlamlı konusal (İng. Thematic universe, Alm. Thematisches Universun).

KURAL BELİRLEME: Başkalarının davranışlarının nasıl olması gerektiğini belirleme, onların hareketlerine sınırlar çizme (İng. Prescription, Alm. Vorschrift).

MANİPÜLASYON: Birinin ya da bir grubun davranışlarının başkalarının hesaplarıyla belirlenmesi. Karşı tarafın belirli bir şekilde davranmasını sağlama. Metinde, bu bakımdan yönlendirme ya da belirlemeden daha geniş anlam içerdiği düşüncesiyle kullanıldı (İng. Manipulation, Alm. Manipulation).

ÖZGÜN/GERÇEK/KENDİ OLARAK VAROLUŞ: İnsanın koşullarla ya da başkaları tarafından belirlenmiş bir nesne değil de, kendi öznelliğiyle, kendi istekleriyle ve edimleriyle var olması (İng. Authenticity, Alm. Echtheit).

ÖZGÜRLEŞME: Bir süreç belirtmesi nedeniyle özgürlüğe; üstte olana karşı kazanılan bir zaferi değil, ezilene atfedilen bir süreci belirtmesi açısından da kurtuluşa tercih edildi. (İng. Liberation, Alm. Befreiung)

PROBLEM TANIMLAYICI EĞİTİM: Dünyayı, öğrenilecek bilgiler olarak değil, incelenip yorumlanması, tartışılması gereken bir sorunsal olarak sunan eğitim (İng. Problem posing education, Alm. problemformulierende Bildung/Erziehung).

PROGRAM İÇERİĞİ: Türkçede garip kaçmakla birlikte, mümkün öteki karşılık olan "müfredat"a tercih edildi. Bunun nedeni, müfredat kelimesinin, konuların zaten belirli olduğu, sadece bunlar arasından hangilerinin seçileceğinin tartışma konusu olduğu eğitim anlayışıyla içlidışlılığıdır (İng. Program content, Alm. Programminhalt).

TANIKLIK: Bir iddiayı, ahlaki değeri, kendini ortaya koyarak, örnekleyerek savunmak. Dini kökenli olan bu kavramın bir benzeri, İslamdaki "şahadet"tir. "Şahadet" kelimesinin çağrışımının yoğunluğu nedeniyle tanıklığı tercih ettik (İng. Witness, Alm. Zeugnis).

ÜRETKEN KONU: Eğitim görenlerin hayatı için önem taşıyan ve tartışılması, düşünülmesi, başka konuların kavranmasının kapısını açan konu (İng. Generative thema (tics), Alm. generative Themen).

VAR OLMAK: Freire bu terimi, insanın hayvanların dünyasını oluşturan yaşamak, yani hayatta kalmak faaliyetinin ötesine geçip bilinçli bir şekilde var olması anlamında kullanıyor. Yani insanın kendi amacı, ereği olan "kendi için varlık" olması (İng. Existing, Alm. Existieren).

YAŞAMAK: (Freire'in kullandığı anlamda) İnsanın, hayvanlarla aynı düzeyde yer alan, hayatını sürdürme etkinliği. Yani, kendi amacı, ereği olmayan "kendinde varlık" olması (İng. Living, Alm. Leben).

YETİ: İnsanın yetenekli olduğu ve onun aynı zamanda varoluşsal ereği olan nitelik (İng. Vocation, Alm. Berufung).

YETKİNLEŞMEMİŞLİK: Gelişmesini tamamlamamış olmak, içinde barındırdığı olanakları gerçekleştirmemiş olmak (İng. Incompleteness, Alm. Unvollkommenheit). Sözdizimine göre yer yer, daha az insan olmak diye de kullanıldı. Karşıtı yetkinleşmişlik, daha tam insan olmak şeklindedir.

Dilek Hattatoğlu - Erol Özbek

Dizin